İÇİMİZDEKİ ÇOCUK

İstanbul Üniversitesi Edebiyat Fakültesi Psikoloji Bölümü'nden lisans diploması alan Doğan Cüceloğlu, ABD'de Univesity of Illinois'de Dil Psikolojisi (Psikolinguistik) alanında doktora yapmıştır. Daha sonra İstanbul Üniversitesi, Hacettepe Üniversitesi ve Boğaziçi Üniversitesi'nde öğretim üyesi olarak görev yapan Cüceloğlu, bu arada bir yıl süreyle Fulbright bursuyla ziyaretçi profesör olarak University of California, Berkeley'de araştırma yapmıştır.

Doğan Cüceloğlu'nun uzmanlık alanı algılama, öğrenme ve dil psikolojisidir. Bilimsel yayınlarının birçoğunu iletişim konusunda yapmıştır; bu yayınlar, aynı toplumda yetişmiş insanlar arasındaki iletişim ilişkilerini olduğu kadar, farklı toplum ve kültürlerde yetişmiş kişilerin iletişim ilişkilerini de kapsar.

Halen California State University, Fullerton'da Office of International Education and Exchange'de (ABD) direktör yardımcısı olarak görev yapan Doğan Cüceloğlu, Öğrenme Psikolojisi, Eleştirel Düşünme, Algılama Psikolojisi, Bilişsel Psikoloji ve Kültürler Arası İletişim alanlarında dersler vermektedir.

Doğan Cüceloğlu

İçimizdeki Çocuk

Yaşamımıza Yön Veren Güçlü Varlık

En iyi dileklerimle

8. Basım

Remzi Kitabevi

Ankara Caddesi, 93 — İstanbul

Bu kitabı
annemin ölümünden sonra
beni sevgisiz bırakmayan
ablam ***Lütfiye Metin***'e
şükranlarımla sunuyorum.

8. Basım: Temmuz 1994

Çizimler: Tan Oral
Kapak: Ömer Erduran

ISBN 975-14-0364-2

Remzi Kitabevi A.Ş.
Selvili Mescit S.3 Cağaloğlu-İstanbul, 1994
Tel. 522 0583 - 511 6916; Fax. 522 9055

Evrim Matbaacılık Ltd. Şti.
Selvili Mescit S.3 Cağaloğlu-İstanbul, 1994

TEŞEKKÜR

Bu kitabın yazımında birçok insanın emeği var. Cengiz Akgün, Suzan Alptekin, Ferhan Bulca, Tayfun Çataltepe, Ali Özer, İsmail Hakkı Toroslu, İsmail Tuncer, Yasemin Yardımcı, Hülya Yetişken elinizdeki kitabın müsveddelerini değişik aşamalarda gözden geçirerek daha okunaklı, kapsamlı, canlı ve derli toplu bir yapıt olmasına yardım ettiler. Ergun Akleman ve Zurkat Murat da katkıları nedeniyle teşekkür etmem gereken kişiler arasında.

Remzi Kitabevi sahipleri Erol Erduran ve Ömer Erduran da kitabı titizlikle gözden geçirerek gerek içerik gerek biçim yönünden önemli katkılarda bulundular. Değerli çizer Tan Oral çizimleriyle kitabın anlatımını güçlendirdi.

Hepsine içtenlikle teşekkür ediyorum.

İÇİNDEKİLER

SUNUŞ, 9

KISIM I : İÇİNİZDEKİ ÇOCUKLA TANIŞIN (19-39)

Bölüm 1 : İnsan Manzaraları, 21
Bölüm 2 : İçinizdeki Çocuğu Tanıyor musunuz? 32

KISIM II : AİLE (41-84)

Bölüm 3 : Söylenmeyen Mesajlar, 45
Bölüm 4 : Sağlıklı Aile ve İletişim, 58
Bölüm 5 : Aile Kuralları, 71

KISIM III: UTANMA VE UTANÇ (85-139)

Bölüm 6 : Utanmanın Çeşitli Anlamları, 89
Bölüm 7 : Çocuğa Kötü Davranmanın Türleri, 105
Bölüm 8 : Çocuğun Temel Gereksinmeleri, 115
Bölüm 9 : Savunucu Davranış ve Savunucu Kişilik, 124

KISIM IV : CEVAPLARINIZA BİR GÖZ ATALIM (141-160)

Bölüm 10 : Özbenliğinizi Nasıl Tanımladınız? 143
Bölüm 11 : Temel Gereksinmeleriniz Karşılanmış mı? 150
Bölüm 12 : Çevrenizde İyi Örnek Var mıydı? 155

KISIM V : İÇİMİZDE KONUŞANLAR (161-187)

Bölüm 13 : Çok Sesli İç Dünyamız, 165
Bölüm 14 : İçinizdeki Çocuğu Tanıyor musunuz? 172
Bölüm 15 : İçimizdeki Çatışmaların Yansıması, 178

KISIM VI : ARAYIŞ: İÇ ÇOCUĞUNUZA KAVUŞMANIN YOLLARI (189-244)

Bölüm 16 : Uyanış, 193
Bölüm 17 : Temel Sorunları Görme, 209
Bölüm 18 : Olumsuzu Olumluya Dönüştürme ve Bütünleşme, 225
Bölüm 19 : Öze Ulaşma, 235

KAYNAKLAR, 245

AÇIKLAMALI TERİMLER, 247

İNGİLİZCE-TÜRKÇE SÖZLÜK, 253

Sunuş

Bu kitap duygu, düşünüş ve davranışımızı sürekli etkileyen önemli bir kaynaktan, ***İçimizdeki Çocuk***'tan söz etmektedir. İçimizdeki Çocuk ve İçimizdeki Ana-Baba duygu, düşünüş ve davranışlarımızı sürekli yönlendirdiği halde, bu kaynakları tanımak için çaba harcamayız. Çoğu kez onların varlığından haberdar bile değilizdir. Ne var ki, İçimizdeki Çocuk ile İçimizdeki Ana-Baba ilişkisi yaşamımızdaki en önemli ilişkilerden biridir. İç Çocuk ve İç Ana-Baba ilişkisi dengesiz olan kişinin mutlu bir yaşam sürdürmesi olanaksızdır.

İçimizdeki Çocuk kitabı, İç Çocuk ve İç Ana-Baba ilişkisinin nasıl oluştuğunu, türlerini ve günlük yaşamımızda duygu, düşünce ve davranışlarımıza nasıl yansıdığını incelemektedir. Kitabın daha sonraki bölümlerinde iç dünyasına denge, ahenk ve huzur getirmek isteyen okuyuculara bir program çerçevesinde alıştırmalar verilmiştir.

Konumuza iki farklı davranışı gözlemleyerek gireceğiz. Bunlardan ilki yaşamında herhangi bir şey aksadığında hemen kendini suçlayan birine, ikincisi, mutsuzluğunun kaynağını çevresinde ve toplumda gören diğerine aittir.

Kendine Kızan Kişi

Yüzünden bir sıkıntısı olduğunu anlamıştım; uzun yıllar aynı üniversitede çalışmış olduğumuz için el kol hareketleri, bedeninin duruşu ve yüz ifadelerinden arkadaşımın nasıl bir duygu içinde olduğunu anlayabiliyordum. "Canını kim sıktı," diye sordum. "Esasında kimseye kızmaya hakkım yok; bütün öfkem kendime," diye cevap verdi. Biraz daha üzerinde durunca canını sıkan olayı anlattı.

«Geri vitese taktıktan sonra frene basınca arabadan bir ses çıkıyordu. Cuma günü tamirciye götürdüm. Gözden geçirdi ve yapılması gereken önemli bir tamir olduğunu bildirdi. Arabayı tamircide bıraktım. O gün bir arkadaşla konferansa gitmiştik, konferans dönüşü ar-

kadaş beni tamircide bıraktı. Tamirci, önemli parçaların değişmesi gerektiğini, bu haliyle arabayı sürmenin tehlikeli olduğunu, ben konferansta olduğum için bana telefonla ulaşamadıklarından benden 'uygun' cevabı alamadıklarını ve bu nedenle arabayı tamir edemediklerini söyledi. Mecburen arabayı orada bıraktım. Pazartesi günü işten sonra bir arkadaş beni tamirciye götürdü. Bardaktan boşanırcasına yağmur yağıyordu, tamirhane kapanmadan ancak iki dakika önce yetişebildik. Tamirci, 'arabanız tamam, her şey yapıldı,' dedi. Ödemem gereken oldukça yüklü bir tamir parası idi.

Parayı ödedim. Arabaya atladım, eve geldim. Park ettim. Aklıma geldi, 'bir deneyeyim, geri vitesten sonra frene basınca ses çıkarıyor mu?' diye. Denedim, yine eski ses aynen orada. 'Arabayı almadan önce niye orada denemedim,' diye kendime kızdım.

Bu adamlar bu sesin tehlikeli olduğunu söyleyerek bana bu kadar araba tamir parası verdirdiler. Bir sürü başka şeyler yaptılar, esas şikâyetim olan şeyi yapmadılar. Hem de bazı insanların bir aylık kazancı kadar para verdim.

Demek ki benim yüzüme bakınca ne kadar saf ve bön biri olduğumu hemen anlayabiliyorlar. Elli üç yaşına geldim; hâlâ ahmaklıktan kurtulamadım. Üç tane çocuğum var; okula gidiyorlar. Bu parayla onlara bir bilgisayar alabilirdim. Kendim o kadar borç içindeyim, bu parayla borcumun bir miktarını ödeyebilirdim.

Velhasılı, şu dünyadan akıllanmadan, ahmaklıktan kurtulmadan çekip gideceğim. İşte en çok bozulduğum bu. Kızgınlığım kendime.»

Yukarıdaki olayı anlatan ve kendine öfkelenen arkadaşım küçük bir Anadolu kasabasında doğmuş ve kalabalık bir ailenin en küçük çocuğu. Babası oldukça sert bir insanmış ve çocukların hata yapmasına hiç hoşgörüsü yokmuş. Sık sık "sizin elinizden iş gelmez; elin çocukları sizi alır, su eşeği olarak kullanır," gibi küçültücü, utandırıcı laflar edermiş. Kendisinden iki yaş büyük olan ağabeyi de, babası gibi sürekli onu eleştirir ve "sen çok ahmaksın, hiç kafanı kullanmazsın; sen salağın tekisin," gibi sözler söylermiş. İlkokul dahil, bütün eğitimi süresince hep başarılı notlar alıp sınıfını geçtiği halde, sınıfının birincisi olamadığı zamanlarda kendini yine "akılsız" ve "ahmak" olarak görürmüş. Türkiye'de üniversiteyi bitirdikten sonra Amerika'ya gelmiş ve orada başarılı bir eğitimden sonra doktora derecesini almış. Ne var ki, akademik başarısı ailesi için bir anlam ifade etmiyormuş. Bu nedenle o da kendi başarısını küçümsüyormuş.

Konuşmamızın sonunda farkına vardığımız noktalardan biri, bu tür bir aile içinde büyümenin onun mükemmeliyetçi olmasına yol açtığı oldu. Hem kendisinden hem de başkalarından mükemmellik bekliyor ve yapılan hataları kolayca affedemiyordu. Farkına vardığımız diğer bir nokta da, nasıl kendine kolaylıkla "akılsız," ve "ahmak" gibi kötü nitelikleri verebildiğiydi. Ayrıca, para konusu onda hemen, "param olmazsa halim ne olacak" türünden temel bir kaygıyı uyandırmaktaydı. Tamircinin kendisini aldattığından o kadar emindi ki, "acaba bir yanlış anlaşılma var mı" sorusu aklına bile gelmiyordu. Tamircinin kendisini aldattığından emin olması, diğer insanlara güven duymadığını, temel bir güvensizlik duygusu içinde olduğunu belirtiyordu. Bu konuları sohbet havası içinde konuştuk.

Ertesi gün kendisiyle tekrar görüştüm. Gidip durumu anlattığında, tamirci samimiyetle özür dilemiş, arabayı tamir eden çırağı çağırarak durumu inceletmiş ve başka bir masrafa yol açmadan aksaklığı düzeltmiş. Ayrıca, arabayla ilgili yapılan işlerin niçin gerekli olduklarını ayrıntılı olarak arkadaşıma anlatmış. Bu görüşmeden sonra arkadaşım kendini ve tamirciyi aşırı suçladığını, böyle durumlarda hemen bunalıma girmekten hoşnut olmadığını söyledi.

Uzun yıllar arkadaşlık ettiğim bu kişi benim kendisini zeki, başarılı ve iyi bir insan olarak gördüğümü biliyordu; "keşke ben de kendimi böyle görebilsem, o kadar mutlu olacağım ki," demesi, onun içindeki mücadeleyi dışa yansıtıyordu. Mücadele, İçindeki Çocuk ve yine İçindeki Ana-Baba arasında yer alıyordu.

Topluma Kızan Kişi

Üniversitedeki arkadaşımın yanı sıra örnek olarak vereceğim diğer kişiyi henüz hiç görmedim. Batı Anadolu şehirlerinden birinde oturan B. E. harfleriyle belirteceğim bu kişi, *İnsan ve Davranışı* adlı psikoloji ders kitabımda değinmiş olduğum bir konuyu daha açıklığa kavuşturmak için bana mektup yazan bir okuyucum. Mektubunun sonlarına doğru şöyle diyor:

> «Kendimden biraz söz etmek gerekirse, yükseköğrenimini Elektrik Mühendisiliği dalında yapmış, 42 yaşında, okumayı seven ve olanakları ölçüsünde popüler bilimsel yayınları izleyen, ülke sorunlarına kayıtsız olmayan, toplumsal yararı kişisel çıkarın üstünde tutan bir insanım. Yüksek enflasyonuyla gelir dağılımını bozan, moral değerlerini altüst eden, özellikle ticari faaliyette bulunan bireyleri sosyopatlaştıran ülkemizin son yıllardaki politik ve sosyo-ekonomik süreci beni ticari ve mesleki yaşamdan nefret derecesinde soğutarak işsizler ordusuna soktu....»

Kendisine yazdığım mektupta sormuş olduğu soru ile ilgili düşündüklerimi belirttikten sonra şunları söyledim:

> «Benim şimdi sizden sormak istediklerim var. Mektubunuzun ikinci sayfasına, 'Kendimden biraz söz etmek gerekirse,...' diye başlıyorsunuz ve oldukça karamsar bir tablo çiziyorsunuz. Bu tablo o kadar karamsar ki, sanki içinde bulunduğunuz şartlar içinde nefes alacak hiçbir pencere, hiçbir mutluluk olanağı yokmuş gibi geldi.
>
> ...Amerika'ya gelseniz ve bu toplum içinde yaşamaya başlasanız, belki Türkiye'dekinden çok toplumdan nefret eder, karamsar olurdunuz. Ve aynı durumu Almanya, İngiltere ya da herhangi bir ülke için de söyleyebilirim. Bunları, Türkiye'de sorun olmadığını ve sizin gözlemlerinizin yanlış olduğunu belirtmek için yazmıyorum.
>
> ....
>
> ...mutsuzluğunuzun kaynağını hep dışarıda aramayın.
>
> Çocukluk, etkileşimler, okul, sizden beklenenler, sizin kendinizden beklediklerinız, vb. gibi iç kaynaklarınızı bir gözden geçirin.
>
> Size teklifim, eğer kabul ederseniz, bana çocukluğunuzun psikolojik hikâyesini yazmanız.»

B. E.'den bir süre mektup gelmedi. Bir süre sonra uzun bir mektup aldım. Mektubun bazı kısımlarını aşağıya alıyorum:

«Doğan Bey, beni o kadar iyi anlamışsınız ki, aynen dediğiniz gibi 'nefes alacak bir pencerem, hiçbir mutluluk olanağım yokmuş' gibi geliyor. İçinde bulunduğum durumun dış nedenlerini, bugünkü bilinç düzeyimle çok iyi biliyor, içimdeki nedenlere bir türlü ulaşamıyorum..... Çocukluk dönemime ait o kadar az şey var ki belleğimde yazmakta zorlanıyorum. ***Aslında çocukluğumu yaşamadım.***(1)
(........) tarihinde, zamana ve yöreye göre oldukça varlıklı, toprak sahibi köylü bir ailenin çocuğu olarak (........)'in (........) ilçesinde doğmuşum. Daha önce üç çocuk sahibi olmuş, bireyler arası iletişimi bozuk tipik bir kırsal kesim ailesi. Anneyi sürekli küçük düşüren bir baba, okuma yazması olmayan bir anne ve ilgiden yoksun geçirilmiş bir çocukluk dönemi. Okul öncesi döneme ilişkin anımsadığım, babanın ailesiyle pek ilgilenmediği, zamanının çoğunu dışarıda geçiren, dediğine karşı çıkılamayan, korkulan ve saygı gösterilmek zorunda olunan bir otorite olduğu. Anneyi boşamaya kalkan baba tarafından seçime zorlanmış, ben anneyi yeğlemiştim. Çok üzüldüğümü ve uzun süre hıçkırıklarla ağladığımı anımsıyorum. İlk ve ortaokuldan sonra yatılı olarak verildiğim İzmir Atatürk Lisesi'nde uğradığım bir haksızlık, çocukluğuma ilişkin, unutamadığım en kötü anımdır. Okul yatakhanesi, tekli demir somyalarla ve iki bitişik somya bir küçük ara şeklinde tanzim edilmişti. Yatakhanenin benim bulunduğum tarafında (........) ortaokulundan gelen öğrenciler vardı. Saat 21'de ışıkların söndürülmüş, herkesin uykuya yatmış olması zorunluydu. Genelde daha önce yatakhanede olunur, uyku saatine kadar şamata yapılırdı. Bir keresinde, yatış saatinden önce bitişik somya ile aramızda bir (........)'lı arkadaş olmak üzere konuşup eğleniyorduk. Işıklar söndürülmüş saat 21'i üç beş dakika geçmiş olmalı ki, işgüzar gece bekçisi numaralarımızı alarak gerekli yerlere bildirmiş. Ertesi gün harekete geçen o disipliniyle ünlü okul yönetimi derhal karar vererek, biri ben olmak üzere iki öğrencinin yatılılıkla ilişkisini kesti. Bu arada iri yarı bir md. mv. tarafından karanlık bir odaya kapatılarak, kafa kol bacak demeden kemiklerimiz kırılırcasına dayaktan geçirildik. Çok büyük bir çöküntüye uğramış, onurum kırılmıştı. Md. mv. edebiyat öğretmeniydi. Dayak olayından birkaç gün sonra sınıfta sınav sonuçlarını okurken, sıra bana geldiğinde, beni ayağa kaldırarak, 'dayak attığım çocuk sendin değil mi?' deyip, pişman olmuş bir ifadeyle yüzüme ba-

---

(1) Önemini belirtmek için mektuptaki bazı cümle ve ifadeler kalın-italik harflerle yazıldı

karak notumun 10 olduğunu söylemişti. (Yıllar sonra, bu öğretim yılında oğlumu aynı okula verdim. Bir vesileyle okul yöneticileriyle konuşurken, dayak geleneğinin sürüp sürmediğini sordum. Çocuğumun böyle bir davranışla karşılaşması halinde asla hoş karşılamayacağımı uygun bir dille anlattım.)

Daha sonra babam geldi. Olayı tam anlayıp beni koruyacağı yerde, asık bir surat ve hışımla (eti senin kemiği benim anlayışı) beni sadece yatılılıktan değil, okuldan da alacağını söyledi. Birinci dönem bittiğinde arabasıyla gelip beni aldı.

İkinci döneme (........) lisesinde başladım. Uyum sağlamam çok güçtü. Bütün öğretmenler sanki bana düşmandı. Çok çalışmama rağmen başarılı olamıyordum. Birkaç dersten bütünlemeye kaldım. Bütünleme sınavlarına girmedim ve sınıfta kaldım. Bu arada, eğer okumazsam, köyde hayvanlara bakmakla tehdit ediliyordum. Ertesi yıl, Demiryolları mensubu, genellikle Kürt kökenli yurttaşlarımızın çocuklarının barındırıldığı, özel bir yurda verildim. (Yapı olarak biçimi ve konumu uygun olmayan bu öğrenci yurdu, yetmişli yılların ortasında çıkan bir yangın sonucu yok olmuş ve 15 civarında öğrenci diri diri yanmıştı.)

Birinci sınıfı yeniden okuyarak, üstün bir başarıyla ikinci sınıfa geçtim. Bu arada ailemden yavaş yavaş kopuyordum. Öyle ki, 28 km. ötedeki evime aylarca gitmediğim oluyordu.

Lisede fen kolunu üstün bir dereceyle bitirdim. (........) yılı sonbaharında İstanbul Teknik Üniversitesi sınavını kazanarak Elektrik Mühendisliği öğrenimine başladım.

Yaşamımın bundan sonraki devresinde hiçbir şeyden memnun olmadım. Başarıdan bile... İçimde hep huzursuzluk vardı. Altmışlı yılların sonlarıyla yetmişli yılların başlarını kapsayan o çalkantılı yıllar İTÜ'deki öğrencilik dönemim oldu. (........) yılında lisans diplomamı aldım. Bir yolunu bulup yurt dışına çıkmak yüksek lisans ve doktora dereceleri almak özlemimdi. Mümkün olmadı.

Çalışma yaşamımın hiçbir devresinde memnun olmadım. Sırasıyla, kamu görevlisi oldum, yüksek ücretle özel sektörde çalıştım, kendi işimi kurup yıllarca serbest mühendis müşavir olarak çalıştım. Çok şey yaptım, kazandım ama beklentilerim gerçekleşmiyordu. Doyumlu, anlamlı bir yaşam süremiyorum. Her şey bana ters ve anlamsız geliyordu. Yaptığım her işten pişmanlık duyuyordum. Olması gereken yerde olmadığım duygusu giderek yerleşiyordu. Ülkemizde son sekiz yıldır kurumsallaşan yüksek enflasyonun yarattığı sosyal ve ekonomik dengesizlikler, her türlü moral değer erozyonu, iç talepteki daralmanın getirdiği durgunluk ve belirsizlikler beni iş yaşamından tamamen soğuttu. (........) yılında her türlü mesleki ve ticari etkinliği bıraktım. Her şey anlamsız ve yanlıştı. İnsanlar yanlış davranıyorlardı.

Bu ortam içinde hep yanlış yapmak zorundaydım. Yanlış yapmaktansa hiçbir şey yapmamayı yeğledim. Kendimi entelektüel gelişmeye verdim. Hiçbir kez doğru zamanda, doğru yerde, doğru kişilerle olamamıştım.

Her şeye rağmen geleceğe karamsar bakmıyorum. Türkiye'de uzlaşmaya dayalı bir demokratikleşme ve onarım dönemi açılıyor gibi görülüyor. Bu bana temkinli bir iyimserlik duygusu veriyor.

Kendim için ilk defa yazıyorum. İnanın çok zorlandım.

Benim için çok değerli ilginiz için tekrar teşekkür eder, en iyi dileklerimi sunarım.

B. E.»

B. E.'nin yazdıklarını okuyup da insanın yüreğinin burkulmaması elde değil. Yaşanmamış milyonlarca çocukluktan bir tanesi. İçindeki Çocuğu utanca boğulmuş, bir kenara itilmiş ve mutluluğu bulmaktan hemen hemen umudunu kesmiş kızgın insanlarımızdan biri. Ama, onurlu bir mutsuzluk. Anlamsal derinliği olan, belirli bir değeri yaşamında tutma çabasıyla yüceleşen bir mutsuzluk. B. E.'yi tanımak benim için anlamlı oldu.

Hepimizin içinde bir çocuk ve bir (ya da birkaç) ana-baba vardır. İçimizdeki Çocukla İçimizdeki Ana-Babanın ilişkileri değişik yapılar gösterirler. En sık gözlenen ilişki, İçimizdeki Ana-Babanın İç Çocuğu ezmesi, utandırması, yargılaması ve sürekli denetlemesidir. Üniversitede çalışan arkadaşım ve B. E.'nin ilişkisi bu türdür. Bu tür ilişki sağlıksızdır.

Bu tür sağlıksız aile içi ilişkiler, çevremizde sık sık gördüğümüz sağlıksız insan tiplerinin büyüdükleri ortamları oluştururlar. Bu insanlardan bazıları "küskün"dür, neşesi yoktur, hiçbir şeyden zevk almaz. Yaşamın coşkulu bir yanını göremez, yaşamak onun için bir yüktür. Bazıları, "gergin"dir, her an kaygılı ve tedirgindir. Çevremizde sık sık "pısırık" insanlar görürüz, kendisi haklı olsa dahi, ne sözleriyle ne de davranışlarıyla haklarını savunamaz. "Yobaz" ya da "bağnaz" olarak tanınan insanlar da sağlıksız aile ortamının ürünleridir. Bağnaz, belirli bir düşünce ya da inanç sistemine körü körüne bağlanır; cahil yobaz olduğu gibi, aydın yobaz da vardır. Çevremizde en sık görebileceğimiz insan türü değişik tutkunlukları, düşkünlükleri olan insanlardır. Sigara düşkünü, içki düşkünü insanların yanı sıra, yiyecek düşkünü insanlar da çevremizde bol miktarda vardır.

Bazen İç Çocuk İç Ana-Babayı öylesine denetim altına alır ki İç Çocuk hiçbir sınır tanımadan istediğini yapar. Çevremizde gördüğümüz bencil, kendinden başka hiç kimseyi düşünmeyen saldırgan insanlar bu tip bir ilişki içindedirler. Bu insanlarla uygarca etkileşimde bulunmak olanağı yoktur; sürekli saldırı halindedirler. Bu saldırı sözlerinde ya da hareketlerinde kendini gösterir. En sakin ortamlarda bile karşılarındakilerle saldırırcasına iletişim kurarlar.

İç Çocuk ve İç Ana-Baba birbirlerini oldukları gibi tanır ve sürekli bir iletişim içine girerlerse, sağlıklı ve dinamik bir yaşamın temeli atılmış olur. İç Çocuk ve İç Ana-Baba arasındaki ilişkinin türü, yukarıdaki örneklerde görüldüğü gibi, yaşamın doyumlu ya da doyumsuz olmasını belirler.

Bu kitap, sizlere İçimizdeki Çocuğun hikâyesini sunuyor. Bu hikâye sizin hikâyeniz olabilir. Ben kitabı yazarken kendim hakkında çok şey öğrendim. Bu kitap bir anlamda benim çocukluk hikâyemi anlatıyor. B. E. gibi ben de çocukluğumu yaşamadım.

Ne var ki, İç Çocuğumuzu keşfederek, ona "merhaba" dememiz, onunla yeniden tanışarak İç Ana-Babayla ilişkilerini düzeltmemiz mümkün. İç Çocuğu size tanıttıktan sonra onunla ilişkilerinizi nasıl iyileştirebileceğinizi inceleyeceğiz.

Türk Toplumuna Uygulanabilir mi?

İçimizdeki Çocuk aile içi ilişkilerin çocuğun yetişmesini nasıl etkilediğini konu ediniyor. Bu konuyu tartışırken sık sık psikoloji alanında geliştirilmiş kavramlara başvurarak anlatım ve açıklamalar sürdürülüyor.

İnsan davranışıyla ilgili anlatım ve açıklamalar, insanın içinde yetiştiği toplum ve kültürün özelliklerini göz ardı ederse, ya yüzeyselleşir ya da ilişkinliğini kaybeder.

İçimizdeki Çocuk yazılırken kullanılan kavramlar ne derece Türk insanının psikolojisini temsil ediyor? Kullanılan kavramlar başka bir toplumda yapılan psikoloji çalışmaları içinde geliştirilmiş ise, Türk insanının davranışını açıklamada kullanmak ne derece geçerli ve sağlıklı olur?

Bu tür sorular okuyucunun sorması gereken anlamlı sorulardır. Aşağıda verdiğim iki nedene dayanarak bu kitapta kullanılan kavramların ve psikolojik açıklamaların Türk insanının davranışına ilişkin olduğunu düşünüyorum.

1) Toplum ve kültürler arasında insan davranışını biçimlendiren farklı etkenler olduğu kadar, kültür farkı gözetmeksizin bütün insanlar için geçerli olan evrensel etkenler de vardır. Bu kitapta kullanılan kavramların çoğu bu tür kültürler arası geçerliği olan kavramlardır. Örneğin, çocuğu cezalandırma biçim ve türü bir toplumdan diğerine değişiklik gösterebilir. Ne var ki, ezilen ve utanca boğulan çocuk, hangi kültür ve toplumda olursa olsun, doğuştan getirmiş olduğu psikolojik gelişme potansiyeline ulaşamayacak, içinde yetiştiği ortamca koşullanmış sağlıksız bir yaşam sürdürecektir.

2) Kitabın yazarı Türkiye'de doğmuş, büyümüş, eğitimini Türkiye'de yapmış ve Türk toplumu içinde çeşitli görevlerde bulunmuş olması nedeniyle sezgisel düzeyde Türk kültürüne ilişkin olan ya da olmayan kavramları anlayabilecek ayrıcalığa sahiptir. Dış ülkelerde yapılan araştırma bulgularından söz ederken yazar sürekli kendi "Türk süzgecini" kullanmaktadır.

Ne söylenirse söylensin, tartışılan konunun bizim insanımızla ilişkisi olup olmadığına okuyucunun kendisi karar verecektir. Okuyucu anlatılan kavramların ve açıklamaların kendi yaşamıyla ilişkisini görebiliyor ve içinde duyabiliyorsa, kitap başarılıdır ve gerçekleştirmek istediği amacına ulaşmış sayılmalıdır.

Bu kitapta yer alan kavramların büyük çoğunluğu Cumhuriyet Bilim Teknik'te bir dizi makale içinde incelenmiştir. Bu makaleleri beğenen birçok okuyucu bana mektup göndermiş ve bu konuda kitap yazmamı istemişlerdir. Bu ilgiyi, *İçimizdeki Çocuk* kitabında kullanılan kavram ve açıklamaların Türk okuyucusuna anlamlı geldiği biçiminde yorumluyorum.

Kitabın Yapısı

Kitap altı Kısımdan oluşuyor. Birinci Kısım'da iki bölüm var ve amacı sizi İçinizdeki Çocukla tanıştırmak. Bu kısımda sizlere bazı sorular soracağız ve cevaplarınızı daha sonra gözden geçireceğiz. İkinci Kısım'da yer alan üç bölümde İç Çocuğun içinde yetiştiği aileyle ilişkisi inceleniyor. Ailenin İç Çocuğu nasıl utanma ve utanca boğduğu Üçüncü Kısım'daki dört bölümde söz konusu ediliyor. Dördüncü Kısım'da daha önce sorulan sorulara verdiğiniz cevapların ne anlama geldiği anlatılıyor. Beşinci Kısım'da üç bölüm var ve bu bölümler iç dünyamızdaki farklı sesleri duymamızı amaçlıyor. Son olarak Altıncı Kısım'da kendi kendinize yardım ederek İç Çocuğunuzla ilişkinizi nasıl geliştirebileceğiniz ele alınıyor.

Terimler

Kitapta kullanılan psikolojik terimler, kitabın sonunda verilen "Açıklamalı Terimler" kısmında özet olarak açıklanmıştır. Psikolojik terimler ve süreçler konusunda daha ayrıntılı bilgi edinmek isteyen okuyucular yazarın *İnsan ve Davranışı* (1991) adlı kitabından yararlanabilirler.

BİRİNCİ KISIM

İçinizdeki Çocukla Tanışın

Hepimizin içinde bir çocuk vardır. Sağlıklı bir aile ortamı içinde büyüyen kişinin İç Çocuğu ve İç Ana-Babası birbirlerini tanır ve oldukları gibi kabul ederler. Ne var ki, psikolojik yönden sağlıklı aile sayısı azdır; çoğumuz korku, öfke ve utancın baskın olduğu aileler içinde yetişiriz.

1. Bölüm'de, toplumumuzda yer alan bazı olayları gözler önüne sererek İçindeki Çocuğu sağlıksız insanın davranışlarından örnekler vereceğiz. 2. Bölüm'de size bir egzersiz sunuyoruz; sorulan sorulara vereceğiniz cevaplarla İç Çocuğunuzun ne durumda olduğunu anlamaya çalışacaksınız.

Bu iki bölüm İç Çocuğunuzla sizi tanıştıracak ve daha sonraki bölümlerde incelenecek kavramların temelini oluşturacaktır.

1

İnsan Manzaraları

Ufak Bir Alıştırma

Gelin sizinle ufak bir alıştırma yapalım.

Kâğıt kalem alın ve sakin bir köşeye oturun. Kafanızdan günlük iş ve gücün telaşını attıktan sonra, şu soruya içtenlikle cevap verin:

"Şu anda nerede olmak ve ne yapmak isterdiniz?"

Gözünüzü kapatın, üç dakika kadar kendinizi sorumluluklarınızdan, yükümlülüklerinizden arıtarak düşünün:

"Nerede olmak isterdiniz?"

"Gönlünüzden ne yapmak geçerdi?"

Aklınıza gelenleri kısa başlıklar altında yazın. Düşüncelerinizi engellemeyin, aklınıza neler geliyorsa, onları sonradan hatırlayacak biçimde kâğıt üzerine özet olarak dökün. Artık aklınıza hiçbir şey gelmeyinceye kadar yazmaya devam edin.

Listeyi tamamladıktan sonra, bir iki saat bir köşeye koyun ve üzerinde düşünmeyin. Bu listeye "A" listesi adını verelim.

Bir süre sonra "A" listesini okuyun. Nerede olmak ve ne yapmak istediğinizi belirten listedeki her bir ifadenin gerçek yaşamda sorumlu bir insan olarak sizde uyandırdığı düşünce ve duyguları şimdi başka bir kâğıda yazın. İkinci kâğıda yazmış olduğunuz, ilk listedeki ifadelere tepki olarak aklınıza gelen duygu ve düşünceleri içeren bu listeye "B" listesi adını verelim.

İki Ayrı Bakış

"A" ve "B" listelerini karşılaştırın.[2] Bu iki listenin içeriğini ve duygusal tonunu karşılaştırarak, İçinizdeki Çocukla ilişkiniz hakkında bir fikir edinebilirsiniz.

---

(2) Bu listeleri saklayın, 13. Bölüm'de bu listeye yeniden bakmanızı isteyeceğiz.

"A" listesi daha özgür, duygusal, coşkulu, saf ve hayal dolu bir yanınızı belirtirken, "B" listesi sınırlı, mantıksal, ağır başlı, deneyimli ve gerçekçi bir yanınızı belirtecektir. "A" listesindeki ifadelerin kaynağı İçinizdeki Çocuk'tur. "B" listesindeki ifadeler ise, yine içinizde taşıdığınız İç Ana-Babanızdan gelir.

Hepimizin içinde bir çocuk vardır. İçimizdeki Çocuk her zaman sağlıklı bir ortam içinde gelişmez. Aile, okul, genel kültür ortamı, çoğu kere çocuğun sağlıklı gelişmesini engeller. Birey bedenen büyür, fakat İçimizdeki Çocuk, psikolojik anlamda sağlıksız ve cılız kalır.

İçimizdeki Çocuk sağlıklı olmadan biz yetişkinlerin sağlıklı ve doyumlu bir yaşam gerçekleştirmesi olanaksızdır. Bu kitap İçimizdeki Çocuğun öyküsünü anlatarak, onun yaşamımızda ne kadar önemli bir yeri olduğunu göstermeyi amaçlıyor.

İçimizdeki Çocuk sağlıksız aile ve kültür ortamında normal psikolojik gelişimini gerçekleştiremez. Böyle sağlıksız ortamda yetişen kişiler, kendileri yetişkin olunca, kendi çocukları için sağlıksız bir ortam yaratmak için ellerinden gelen her şeyi yaparlar. Çocuklarının da kendileri gibi sağlıksız yetişmesi onlar için önemlidir; ancak bu şekilde kendi sağlıksız durumları onlara "normal" gözükür. Bu durumu devam ettirebilmek için sağlıksız aile kendine özgü gelenekler, sağlıksız toplum da o topluma özgü kültür değerleri yaratır.

İnsan Portreleri

Aşağıda, gazetelere geçmiş bazı olayları gözler önüne sereceğiz. Amacımız, İçimizdeki Çocuk sağlıklı gelişimini tamamlayamadığı zaman, birbirinden farklı görünen, ama aynı temel kökene dayanan birçok olumsuz davranışın çevremizi sardığını göstermektir.

İlk alıntı, gençlerin hata yapmalarını olgunlukla karşılayıp, bu fırsattan yararlanarak onlarla iletişim kurma yerine, İçimizdeki Çocuğu yeren, boğan ve yaşama hakkı tanımayan bir anlayışı sergiliyor.

Sınıfta Yazılan Mektup Uğruna

«Matematik dersindeydiler. Öğretmen karatahtada cebir denklemleri çözüyordu. Birden bir öğrencinin önünde bir mektup yakaladı. Öğretmen çok kızdı mektuba. .....Önce bütün sınıfı bir güzel haşladı, sonra "Kim bu mektubu yazmışsa ortaya çıksın!" dedi. Yazan kolay kolay çıkar mı ortaya. Çıkmadı elbet. Öğretmen müdürü çağırdı.

Öğretmenin şüphelendiği bazı öğrencilere mektuptaki kelimeler yazdırıldı. Böylece mektubu kimin yazdığı ortaya çıkacak ve o disiplin kuruluna verilecekti. Disiplin kurulu da onu okuldan atacaktı....

Mektubu yazan yazısının tanınmayacağından emindi. Ama vicdanı rahat değildi. Onun yüzünden kimbilir kim yanacaktı. Hem öğretmen sınıftan çıkarken ne demişti?

"Bu mektubu kim yazmışsa akşama kadar bana gelirse affedeceğim. Gelsin, özür dilesin."

Öğrenci akşam eve gitmeden önce öğretmenin evine uğradı:

"O mektubu ben yazdım öğretmenim! Özür dilerim!"

Ama öğretmen affetmiyordu. "Seni disiplin kuruluna vereceğim!" diyordu. Öğrencinin ağlaması, yalvarması nafileydi. Öğretmen kesin kararlıydı.

Öğrenci perişan halde evine geldi. Annesine her şeyi anlattı. Annesi çocuğu dinledikten sonra, "Doğru bir iş yapmamışsın!" dedi.

"Hatalısın! Sınıfta ders dinlenir, mektup yazılmaz. Yarın öğretmene gideriz. Ben senin adına özür dilerim."

Ana, kız ertesi gün okula gittiler. Anne öğretmeni buldu ve özür diledi. Ama öğretmen yumuşamıyordu. Ceza verdirmekte kesin kararlıydı.

Ana, kız ağlayarak eve döndüler. Son umut sınıf öğretmenine kalmıştı. Yarın bir kere de ona gideceklerdi.

Ama o yarın çok acı oldu...

17 yaşındaki genç kız hayatına kıydı.

Bir mektup uğruna, bir öğrenci şakası uğruna, 17 yaşında bir yıldız kayıp gitti...» (Hasan Pulur'un *Olaylar ve İnsanlar* köşesinden)

Burada olayın temel iki kahramanı, öğretmen ve öğrenci, psikolojik gelişimini sağlıklı yapamamış iki İç Çocuğu belirtiyor. Öğretmenin katı ve affetmez tutumu, kendi çocukluğunu yaşayamamış, sevgi ve hoşgörü tanımamış, kurallar ve yönergelerle boğulmuş bir kişiliği yansıtıyor. Öğretmenin İçindeki Çocuğun sesi boğulmuştur; o kişide varlığını gösteren sadece öğretmenin İçindeki Ana-Babanın sesidir.

Öğrenci de kendi İçindeki Çocuğun sesini kolaylıkla göz ardı edebilmekte ve bütün dikkatini İçindeki Ana-Babaya yöneltmektedir. İçindeki Ana-Babanın düşünüş tarzı onun tüm benliğini yargılamakta, İçindeki Çocuğun sesini duyamamaktadır. Otoritenin beğenisi onun için bir ölüm kalım meselesi olmuştur. Yazık!

Öğretmen ve öğrenci aynı tür sağlıksız davranış içindedir; farklı olan yaşamın onlara oynattığı öğrenci ve öğretmen rolleridir.

İkinci örnek, gelişimini tamamlayamamış İçimizdeki Çocuğun sağlıksız davranışını gösterir.

Ringden Sevgilerle

«Macaristan'da yapılan 26. Avrupa Boks Şampiyonası'ndan bizim Talay Erker bildiriyor.

Boks şampiyonasına renk katan haberin bir parçasını yazıma alıyorum:

"Avrupa Boks Şampiyonası'nda ringde bir dakika kalamayan Eyüp Can, 'İtalyan modası bu' diye gösterdiği şalvar tipi pantolonu ve ceketi ile sabaha karşı âlem yapanların arasındaydı. Otelin lobisinde cepleri para dolu hakem ve yöneticiler, ayıp olmasın ama en azından beraber olabilmek için yüz dolar isteyen kadınlarla koltuk üstlerinde alt üst olup şakalaşır ve fiyat düşürmeye çalışırken, Eyüp Can da Fin Boks Federasyonu'nun 'erkek delisi' diye adı çıkan genç dilberini bir köşeye çekmiş, Danimarkacası ve çok az İngilizcesi ile bağlamaya çalışıyordu... Salona baktık, acaba bir başka ülkenin de boksörü var mı diye... Onlar çoktaaan odalarına çıkmışlardı, çoktan yatmış ya da uyumuşlardı."

Bulgar Tobolakov'un önüne hazırlıksız çıkan ve 'yüzde yüz altın madalya benimdir,' diyen 51 kilo Eyüp Can'ın bir dakikalık milli görevinden sonraki hali pek tabii olarak düşündürücüdür.

Bu, 26. Avrupa Boks Şampiyonası'ndan ancak bir yapraktır. (........) Ve 26. Avrupa Boks Şampiyonası da neticelendi.

Üç, dört altın düşünenler, giderayak, "Bu kez iyiyiz..." diyenlerin, şimdi masallarını dinleyeceğiz.

En önde, yani ağlamanın birinci maddesi, her zamanki gibi, 'Hakemler hakkımızı yediler!'» (Tahsin Öztin'in, *Kulak Misafiri* köşesinden)

Bu alıntıda sadece bir boksörün değil, onu yönetme durumunda olan kişilerin de sorumsuzluğu söz konusudur. Sorumsuz davranış, kişinin sağlıklı bir psikolojik gelişimi tamamlamadığını gösterir.

Bu boksör şampiyona bittikten sonra kendini eğlendirse idi, davranışından söz etmeyecektik. Ne var ki, bir ulusun kendine gösterdiği güveni hiçe sayarak, anlık bir zevk için görevini bir kenara itmesi, psikolojik gelişmesi yıllar önce durmuş bir insanın yapabileceği bir davranıştır. Bu tür insanlara psikolojide, "yetişkin çocuklar" *(adult children)* adı verilir.

İlk örnekte verilenin aksine, bu kişide İçteki Çocuk denetimi ele almış, sorumluluk ve gerçeği temsil eden İçteki Ana-Baba bir kenara itilmiştir.

Boksörümüzün bu tür davranışı bizi kızdırır ve bu tür sorumsuzların ulusu temsil etmesini istemeyiz. Bir başka yönden boksörümüz ulusunu iyi temsil etmiş de olabilir. Belki de çoğunluğunu "yetişkin çocukların" oluşturduğu bir ulusuz; Eyüp Can da "yetişkin çocuk" olma niteliğini davranışlarında göstererek, bize özgü bir yönümüzü iyi canlandırmıştır ("iyi temsil etmiştir").

Aşağıdaki alıntı bu olasılığı destekler yöndedir:

"Yeter ki emret"

«*Nokta* dergisi son sayısında, kolay kolay unutulmayacak bir gazetecilik başarısı sergiledi.

Sokaktaki vatandaşın, "Meçhul bir otoritenin buyrukları"na karşı gösterdiği uyum ve tepkileri ölçtü.

Tiyatro sanatçısı Ezel Akay'a siyah bir pardesü giydirdi, eline bir de megafon verdi. Akay'la *Nokta* ekibi başladılar kentte dolaşmaya...

Önce Yeni Cami'nin arkasındaki parka gittiler. Hava güneşliydi. Banklarda insanlar oturuyordu.

Akay, megafonla bağırarak sert bir komut verdi:

"Derhal ayağa kalkın!.."

İtirazsız, sessiz, kurulmuş robotlar gibi herkes hemen ayağa kalktı.

Eminönü iskelesinde başka bir komut:

"Herkes hemen yere çöksün!"

İskelede kim varsa hemen yere çöktü.

Beyoğlu'nde başka bir komut:

"Herkes sıraya girsin, sayım var!"

Herkes hemen sıraya girdi.

Mecidiyeköy'de bir duvar dibinde başka bir komut patladı:

"Herkes elleriyle duvara yapışsın, ölçüm var!"

Herkes elleriyle hemen duvara yapıştı.

Bir fabrika kapısında işçilere komut verildi:

"İçeri girerken herkes parmak bassın şu kâğıda.!"

İşçiler parmak basarak girdiler fabrikaya...

Beyaz önlükle lastik eldivenler giymiş bir hanım gazeteci, fabrikanın içindeki kadın işçilere değişik bir komut verdi:

"Herkes soyunsun, bekâret muayenesi yapılacak..."

Kadın işçiler hemen soyunmaya başladılar...

Buna karşılık Boğaz iskelelerinden birinde, vapurdan çıkanlara komut vermediler, kibarca ricada bulundular:

"Film çekiyoruz, lütfen bir dakika durur musunuz?"
Ricayı kimse iplemedi.

Nokta'nın yaptığı deney, toplumun ruhsal yapısını gösteren müthiş bir röntgen....

Ne kimse komutu verenin kimliğini merak ediyor, ne hangi hak ve yetkiyle vatandaşlara o komutları verdiğini soruyor, ne de herhangi bir direnme gösteriyor...

İşte yüzyıllardan beri, daha küçük yaşlardan başlayan dövülmüşlüğün, sövülmüşlüğün, ezilmişliğin sonucu...»[3] (Çetin Altan'ın, *Şeytanın Gör Dediği* köşesinden)

Yeni Cami'nin arkasındaki parkta oturanların, Eminönü iskelesindekilerin, fabrikadaki işçilerin ve Boğaz iskelesindekilerin davranışı tipik "yetişkin çocuk" davranışıdır. Önceki örnekteki boksörümüz gibi onlar da yetişkin çocuk olarak davranmışlardır; aradaki tek fark, davranışın içinde yer aldığı bağlamdır. Ama, kendi kişiliğinin sınırlarını bilmeme, onurlu bir insan olarak özgürlüklerinin kapsamının farkında olmama yönünden aralarında bir fark yoktur.

İç Çocuğu gelişmemiş kişinin en önemli özelliklerinden biri, otorite yanındayken ona sınırsız boyun eğmesi, otorite yanından uzaklaşınca da, son derece sorumsuz davranmasıdır. Bu nedenle, otoriteye itirazsız boyun eğen vatandaşla, otoritesini sorumsuzca uygulayan polis arasında bir fark yoktur. Her ikisi de aynı sağlıksız iç dünyayı yansıtır.

İçindeki Çocuğun gelişimi durunca, kişi bedenen büyüse dahi, psikolojik yetenekleri bakımından "çocuğumsu" ve "çarpık" kalır. Bu çocuğumsuluk ve çarpıklık yetişkin çocukların psikolojik yeteneklerinin temelini oluşturur.

"İçimizdeki Çocuğun gelişimi nasıl köstekleniyor," "İç Çocukla İç Ana-Baba arasındaki denge nasıl bozuluyor," gibi soruları ileride ayrıntılı olarak inceleyeceğiz. Şimdi, İç Çocuğu sağlıklı gelişmesini tamamlayamamış kişilerin gösterebilecekleri davranış türlerine kısaca bir göz atalım. Bu davranış türleri gazetelere konu olacak uç noktada değildir; ne var ki günlük yaşamımızda bu tür davranışlara sık sık tanık oluruz.

---

(3) Kalın harflerle belirtme bu kitabın yazarınca yapılmıştır.

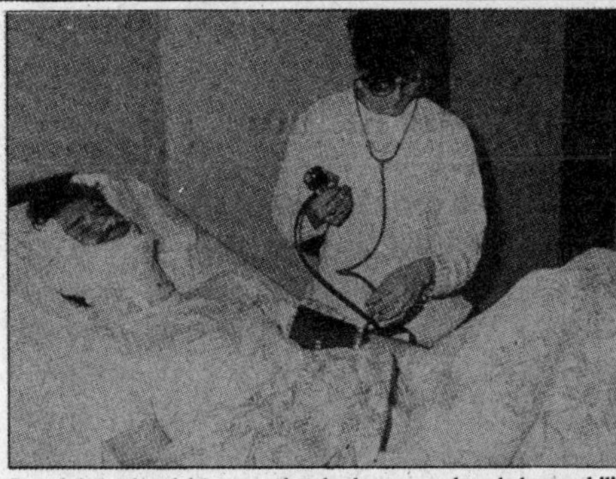

Çenesi de kırılan doktor, ancak yakınlarının yardımıyla konuşabiliyor. Genç doktor Hüseyin Gazi Yaman, "Nerede kaldı şeffaflık?.. Beni dövenler, felç kalırsam aileme bakacaklar mı?" diye sordu.

Polisten şeffaf dayak...

FELÇ TEHLİKESİ İstanbul Sirkeci'de düzenlenen, memur zamlarını protesto gösterisinde, güvenlik güçleri tarafından feci şekilde dövülen Dr. Hüseyin Gazi Yaman, omuriliği zedelendiği için felç olma tehlikesi taşıyor.

Orhan CAN / *İSTANBUL, (Hürriyet)*

TÜM- Sağlık Sendikası tarafından, cumartesi günü Sirkeci'de memur zamlarını protesto gösterisinde, polis tarafından dövülen Dr. **Hüseyin Gazi Yaman,** omuriliği zedelendiği için, felç olma tehlikesiyle karşı karşıya kaldı.

Olaydan sonra, Cerrahpaşa Tıp Fakültesi Hastanesi Plastik Cerrahi Bölümü'ne kaldırılan 28 yaşındaki Dr. **Yaman**'ın, yediği dayak nedeniyle çenesinin kırıldığı ve omuriliğinin zedelendiği belirtildi. İETT'de doktor olarak çalışan bir çocuk babası **Yaman**'a bu nedenle tıbbi müdahale yapılamadığını belirten meslekdaşları, **Yaman**'ın felç olma tehlikesiyle karşı karşıya kaldığını ifade ettiler. Arkadaşlarının tedavisini sürdüren doktorlar, şöyle konuştu:

"Bir insan, böyle vahşice dövülür mü? Yaman **buraya geldiğinde, onu hastaneye yatırmamamız için, polisten baskı gördük. Ancak, gece saat 03.00'de hastaneye yatırabildik."**

15 POLİS DÖVDÜ

Arkadaşlarının yardımı ile konuşabilen Dr. **Hüseyin Gazi Yaman,** 15 polis tarafından Sirkeci Garı içinde, bir odaya sokulduktan sonra dövüldüğünü söyledi.

Çenesi kırık olduğu için, anlatmak istediklerini güçlükle söyleyen Dr. **Yaman,** şöyle devam etti:

"İnsan hakları, bunun neresinde. Memur, memuru döver mi? Beni acımasızca döverlerken, 'Burada gazeteci yok. İstediğimiz gibi dövelim' **diye bağırıyorlardı. Nerede kaldı şeffaflık?.. Beni dövenler, felç kalırsam aileme bakacaklar mı?"**

Bu arada, İstanbul Tabip Odası Yönetim Kurulu da, Dr. **Yaman**'ın dövülmesi olayını kınadı.

(Hürriyet, 8 Ocak 1992)

Çarpık Kişilikler Sergilemesi

Küskün insan: Küskün insanın neşesi yoktur, hiçbir şeyden zevk almaz. Yaşamın coşkulu bir yanını göremez, yaşamak onun için bir yüktür.

Kızgın insan: Her şeye kızmaya hazır, "sürekli burnundan soluyan" biridir. Normal bir konuşma, iletişim sürdüremez; hemen öfkelenir ve hiddetini söz ve hareketlerle gösterir.

Gergin insan: Sürekli gerginlik içindedir, her an kaygılı ve tedirgindir. Yemek hazırlanması, komşuyu ziyarete gitmek gibi günlük doğal olaylar bile ona gerginlik ve kaygı verir.

Saldırgan insan: Uygarca etkileşimde bulunmak olanağı yoktur; sürekli saldırı halindedir. Bu saldırı söz ve hareketlerine yansır. En sakin ortamlarda bile karşısındakilerle saldırırcasına iletişim kurar.

Pısırık insan: Saldırgan insanın tam tersi davranış içindedir; haklı olsa dahi ne sözleriyle ne de davranışlarıyla hakkını savunabilir. Sürekli alttan alır; amacı başkalarını memnun etmektir; kendisinin ne istediği pek önemli değildir.

Yobaz/bağnaz insan: Belirli bir düşünce ya da inanç sistemine körü körüne bağlanan ve bunun dışında hiçbir düşünceyi dinlemeyen kişidir. Ülkemizde cahil yobaz olduğu kadar, okumuş/aydın yobaz da vardır. Cahil yobaz, kendi ailesinden ve çevresinden gelen inanışları hiçbir eleştiriden geçirmeden kabul eder ve başkalarına da kabul ettirmeye çalışır. Okumuş yobaz, belirli bir düşünüş biçimini, ideolojiyi eleştirisiz kabul eder ve onun ötesinde hiçbir düşünceyle ilgilenmez. Bunlar "tek yol"culardır.

Tutkunluğu, düşkünlüğü olan insan (addict): Çevremizde en sık görebileceğimiz insan türü değişik tutkunlukları, düşkünlükleri olan insanlardır. Tutkunluklar iki kategoriye ayrılabilir: (1) Dış nesnesi olan ve (2) dış nesnesi olmayan tutkunluklar.

Sigara düşkünü, içki düşkünü insanların yanı sıra, yiyecek düşkünü insanlar da çevremizde bol miktarda vardır. Bunlar dış nesnesi olan tutkunluklara örnektir. Sigara düşkünü günde bir, iki paket sigarayı tüketir; içki düşkünü de her akşam "keyif" için içer.[4] Yiyecek düşkünü yaşamın anlamını yerken bulduğundan sürekli yer. İçki, sigara düşkününden söz edilebildiği gibi, esrar, seks düşkünlüğünden de söz edilir. Bu tür tutkunlukların sigara ve içki gibi yine bir dış nesnesi vardır.

Dış nesnesi olmayan belirli davranış türlerine düşkünlük/tutkunluklar da mümkündür. Örneğin, kimi insanda mükemmeliyetçilik tutkusu gözlenir, yani durum ve koşullar ne olursa olsun bu insanlar mükemmel bir sonuç almayı beklerler. Bunun gibi, başkalarını

(4) Bazı okuyucular, sigara ve içki düşkünlüğünün normal dışı bir davranış olduğunu kabul etmek istemeyebilirler, çünkü kendileri de bu tür tutkunluklar içindedirler. Onlara söyleyeceğim şu: Sigara ve içki düşkünlüğünüzü, bu kitabı bitirdikten sonra bir daha gözden geçirin, o zaman karar verin.

denetlemek için eline güç geçirmeye tutkun, sürekli güç peşinde koşan kişiler de vardır.

Bu davranış türleriyle İçimizdeki Çocuğun ilişkisini tüm kitap boyunca farklı yönlerden inceleyeceğiz. Şimdi, daha önce hazırlamış olduğunuz "A" ve "B" listelerini önünüze koyun; İçinizdeki Çocuğun ve Ana-Babanın aşağıdaki özelliklerini görebiliyor musunuz?

Temel Özellikler

İç Ana-Baba ile İç Çocuğun temel özellikleri aşağıdaki listede verilmiştir:

İç Çocuk Özellikleri	*İç Ana-Baba Özellikleri*
• Duygusal	• Mantıksal, zihinsel
• Bireyci	• Sosyal
• Hayalci	• Gerçekçi
• Saf	• Deneyimli
• Açık, oyun seven, şakacı	• Kapalı, ciddi
• Şevkli, heyecanlı, enerji dolu	• Durgun, ağırbaşlı
• Sürece yönelik	• Sonuca yönelik
• Yapmak istediği faaliyetten alacağı coşku önemli	• Başkasının ne diyeceği önemli

Kendi "A" ve "B" listelerinizde aradaki farkı görebiliyor musunuz? Verilen yönergeyi aynen uyguladıysanız, "A" listesindeki duygu ve düşünceleri İçinizdeki Çocuğun yönetiminde türettiniz. "B" listesindeki ifadelerde ise, sorumluluk taşıyan İç Ana-Babanız ağırlığını koymuştur.

İç Diyalog

Sağlıklı psikolojik yaşamı olan insanlarda İç Çocukla İç Ana-Baba arasında sürekli bir diyalog, konuşma vardır. Her iki taraf birbirini tanır, sınırlarını bilir ve diğerine saygılıdır.

Bu iç diyalog:

- Büyürken çocuğun çevresinde yer alan dış konuşmanın zamanla içleşmiş halidir,
- İç Çocuğun ve İç Ana-Babanın kendilerine özgü bir üslup ve iletişim tarzları vardır,
- Derindir,
- Her zaman, her yerde ve her durumda devam eder,
- Farkına varabilmek için iyi gözlemci olmak gerekir; çünkü belli belirsiz bir enerji düzeyinde yer alır.

Kişi normal bir çocukluk devresi geçirerek sağlıklı bir aile yaşamı içinde büyümüşse, İçindeki Ana-Babayı ve İç Çocuğu duyar ve ikisi arasında bir denge kurar.

Kişi sağlıklı bir aile ortamı içinde büyümemişse, İç Ana-Baba ve İç Çocuk arasında bir denge yoktur; kişiliğinde ya İç Ana-Baba, ya da gelişmesi durmuş, normaldışı bir İç Çocuk baskın rol oynar.

İçindeki Çocuğu sağlıklı geliştirebilmiş bireylerin kişiliği "gerçek"tir; çünkü bu kişilik, bireyin kendine özgü düşünce, duygu ve davranışını belirtir. Bu bireylerin İç Çocuklarıyla ilişkileri kuvvetlidir, her an İç Çocukla iletişim halindedirler. İç Çocuğu horlama, aşağı görme, değersiz bulma yoktur.

Önümüzdeki bölümde, size kendi İç Çocuğunuzu gözleme olanağı vereceğiz. İkinci Bölüm'ü bitirdikten sonra, kitapta verilen bilgileri daha ilginç bulacağınızı umuyorum.

İkinci Bölüm'e geçmeden önce şimdiye kadar söylediklerimizin bir özetini yapalım.

SÖZÜN KISASI

Hepimizin içinde bir çocuk vardır. İçimizdeki Çocuk her zaman sağlıklı bir ortam içinde gelişmez. Aile, okul, genel kültür ortamı, çoğu kere çocuğun sağlıklı gelişmesini engeller. Birey bedenen büyür, fakat İçimizdeki Çocuk, psikolojik anlamda sağlıksız ve cılız kalır.

İçimizdeki Çocuk sağlıklı olmadan biz yetişkinlerin sağlıklı ve doyumlu bir yaşam gerçekleştirmesi olanaksızdır.

İç Çocuğun gelişimi durunca, bedenen büyüse dahi, psikolojik yetenekleri bakımından kişi "çocuğumsu" ve "çarpık" kalır. Bu çocuğumsuluk ve çarpıklık yetişkin çocukların psikolojik yeteneklerinin temelini oluşturur. Bu kişileri küskün, kızgın, gergin, saldırgan, pısırık, bağnaz, tutkunluğu, düşkünlüğü olan insanlar olarak çevremizde görürüz.

Kişi normal bir çocukluk devresi geçirerek sağlıklı bir aile yaşamı içinde büyümüşse İçindeki Ana-Baba İç Çocuğu duyar ve ikisi arasında bir denge kurulur.

2

İçinizdeki Çocuğu Tanıyor musunuz?

İçinizdeki Çocuğu tanıtmak için aşağıda bazı sorular verilmiştir. Bu sorulara içtenlikle cevap verin. Cevaplarınızı şimdilik kimseyle paylaşmayın; kitabı okuyup bitirdikten sonra, daha bilinçli bir aşamada, isterseniz kendinize yakın bulduğunuz dost ve arkadaşlarınızla paylaşabilirsiniz. Önemli olan bu aşamada İçinizdeki Çocuğu tanımaya yönelmenizdir.

Aşağıdaki her bir ifadeyi, sizi ne kadar iyi temsil edip etmediğine karar vererek, "Evet" ya da "Hayır" olarak işaretleyin. "Evet" cevabı, söz konusu ifadenin sizin düşünce, duygu ya da davranışınızı belirttiğini gösterir; "Hayır" cevabı ise, o ifadenin, düşünce, duygu ya da davranışınızla ilişkisi olmadığını gösterir. Bu cevaplar, İçinizdeki Çocuğun ne kadar sağlıklı ya da "yaralı" olduğu konusunda bir fikir verecektir.

Her bir soruyu okuduktan sonra, 15-20 saniye kadar bekleyin ve içinizde nasıl bir duygunun belireceğini gözleyin. Yaralanmanın dereceleri vardır:

Kolaylık olsun diye yaralanma şiddetini 1 ile 100 arasında düşünebilirsiniz. Bazı sorulara kolaylıkla cevap verebildiğinizi gözleyeceksiniz; çünkü içinizden gelen tepki açık seçik olarak "Evet," ya da "Hayır" kategorisine girecektir. Bazı ifadelere ise, "Evet" ya da "Hayır" olarak kesin cevap vermek kolay olmayacaktır. Böyle durumlarda, içinizdeki hissin "Evet," yönünde mi, yoksa "Hayır" yönünde mi bir eğilimi olduğunu gözleyin, ona dikkat edin. Duygunuz "Evet" yönünde bir eğilim gösteriyorsa "Evet", zıt yönde bir eğilim gösteriyorsa "Hayır" cevabını işaretleyin.

Unutmayın, bu sorular kendi İç Çocuğunuzu gözlemeniz ve ona olan duyarlılığınızı artırmak amacıyla verilmiştir. Gözlemlerinizi ve düşüncelerinizi bu amaçla kullanın; bu tür bilgi ve gözlemler önünüze her gelenle tartışılacak türden bilgiler değildir.

Özbenlikle İlgili Sorular [6]	*Evet*	*Hayır*
1. Yeni bir şey yapmayı düşündüğüm zaman bir gerginlik ve kaygılanma durumu yaşarım.	....	....
2. Sürekli başkalarını memnun etmeye çalışırım; kendimin ne istediğini çoğu kez hiç düşünmem.	....	....
3. Ben isyankâr biriyim. Biriyle çatışma içine girince kendimi "yaşıyor" hisseder ve canlanırım.	....	....
4. Kalbimin en gizli köşesinde biliyorum ki bende bir eksiklik, bir tuhaflık var. Ben normal değilim.	....	....
5. Hiçbir şeyi atamam. Değerli, değersiz elime geçen her şeyi biriktiririm.	....	....
6. Cinselliğimle ilgili olarak kendimi gergin ve huzursuz hissederim.	....	....
7. Ne zaman kendi hakkımı korusam içimi bir suçluluk duygusu kaplar; "keşke, kendimin değil, diğerlerinin istediklerini yapsaydım," diye düşünürüm.	....	....
8. Bir projeye, işe başlamakta güçlük çekerim.	....	....
9. Başladığım bir projeyi ya da işi bitirmekte güçlük çekerim.	....	....
10. Kendime özgü bir düşüncem ya da görüşüm yoktur.	....	....
11. Sürekli yetersizlik duygusuna kapılır ve bu nedenle kendimi eleştiririm.	....	....
12. Günahkâr biri olduğum kanısındayım; ben herhalde cehenneme gideceğim diye korkarım.	....	....

---

(6) "Özbenlik" terimini İngilizce "*core identity*" karşılığı kullanıyorum. Daha ilerde "özbenlik" yerine, uygun yerlerde "öz" kavramını kullandım. Türkçenin akışı içinde böyle bir kısaltma bana daha uygun geldi. "Ben," "benlik," kavramlarını İngilizce "*self*" karşılığı kullandım. Bu kelimeler, konunun vurguladığı temaya göre bazen birbiri yerine kullanılabilmektedir.

		Evet	*Hayır*
13.	Katı ve mükemmeliyetçi bir kişiliğim var.	....	....
14.	Elimden hiçbir iş gelmez; mutlaka yanlışlıklar yapar ve elimdeki işi doğru dürüst bitiremem.	....	....
15.	Gerçekten ne istediğimi bilmediğim duygusu içindeyim.	....	....
16.	Her şeyin en iyisini benim yapmam gerekir; en üstün başarılı kişi ben olayım diye sürekli çabalarım.	....	....
17.	Cinsel yönden kendimi ispatlamazsam, seviştiğim kişiyi sürekli memnun etmezsem, benim bir değerim olmayacağı kanısındayım.	....	....
18.	Yaşamım bomboş; genellikle karamsar ve çöküntü içindeyim.	....	....
19.	Kim olduğumu pek bilmiyorum. Temel yaşam ilkelerimin ne olduğunu ve hayatımın hangi yönde gelişmesi gerektiğini kestiremiyorum.	....	....

Evet'lerin toplamı: ..... *Hayır*'ların toplamı: .....

Temel Gereksinmelerle İlgili Sorular

1.	Bedensel gereksinmelerimi tanıyamıyorum. Ne zaman açım, ne zaman yorgunum ya da ne zaman cinsel bakımdan uyarılmış durumdayım pek farkına varamıyorum.	....	....
2.	Dokunulmaktan hoşlanmam.	....	....
3.	Pek istemediğim halde cinsel ilişkide bulunmaktan kaçınmam.	....	....
4.	Yiyecek konusunda kendimi pek denetleyemem; ya çok yerim ya da çok az.	....	....
5.	Normal cinsel ilişkiden ziyade oral seksten hoşlanırım.	....	....
6.	Nasıl duygular içinde olduğumu bilemem.	....	....
7.	Kızdığım zaman kendimden utanırım.	....	....
8.	Kolay kolay kızmam. Ama bir öfkelendim mi, etrafa dehşet saçarım.	....	....

		Evet	*Hayır*
9.	İnsanların bana kızmasını hiç istemem. Elimden gelen her şeyi yaparak insanların bana kızmasını önlemeye çalışırım.	....	....
10.	Ağladığım zaman kendimden utanırım.	....	....
11.	Korktuğum zaman kendimden utanırım.	....	....
12.	Hiçbir zaman olumsuz duygular ifade etmem.	....	....
13.	Normal cinsel ilişkiden ziyade anal seksten hoşlanırım.	....	....
14.	Sevişirken acı vermekten ya da acı verilmekten hoşlanırım.	....	....
15.	Bedenimin biyolojik fonksiyonlarından utanç duyarım.	....	....
16.	Rahat uyku uyuyamam.	....	....
17.	Pornografik yayınlara bakmaktan hoşlanırım ve bunun için uzun süre zaman harcarım.	....	....
18.	Karşı cinse laf atmaktan ve onları utandırmaktan hoşlanırım.	....	....
19.	Çocukları cinsel yönden çekici bulurum ve içimde böyle uygunsuz bir davranışta bulunacağım korkusu var.	....	....
20.	Kanımca yiyecek ve seks benim en önemli gereksinmelerim.	....	....

Evet'lerin toplamı: ..... *Hayır*'ların toplamı: .....

Sosyal Yaşamla İlgili Sorular

		Evet	*Hayır*
1.	Kendim de dahil, hiç kimseye güvenmem.	....	....
2.	Sigara, içki ya da başka bir şeye tutkunluğu, düşkünlüğü olan biriyle evliyim.	....	....
3.	İlişkilerimde saplantılarım vardır ve ilişki içinde bulunduğum kişiyi sürekli denetlemeye çalışırım.	....	....
4.	Sigara, içki gibi vazgeçemediğim bir tutkunluğum, düşkünlüğüm var.	....	....
5.	İnsanlarla birlikte olmaktan, özellikle otorite durumunda olan kişilerin çevresinde olmaktan hoşlanmam.	....	....

	Evet	*Hayır*
6. Yalnız kalmaktan nefret ederim ve yalnız kalmamak için elimden gelen her şeyi yaparım.	....	....
7. Her zaman başkalarının benden bekledikleri neyse onu yaparım.	....	....
8. Başkalarıyla çatışma ve sürtüşmeye girmemek için elimden gelen her şeyi yaparım.	....	....
9. Başkalarının önerilerine hemen hemen hiçbir zaman itiraz etmem; onların önerileri benim için sanki yapılması gereken bir emirdir.	....	....
10. Kendimi her şeyden sorumlu hissederim. Başkalarının sorunlarına çare aramak kendi sorunlarımla ilgilenmekten daha kolay geliyor.	....	....
11. Hiç kimsenin yüzüne doğrudan "Hayır" demem. Ama istemediğim şeyi yapmamak için dolambaçlı yollara gider, pasif direniş gösteririm.	....	....
12. Biriyle sürtüşme içine girince ya karşımdakinin üzerine bütün gücümle yüklenir ve onu çökertmeye çalışırım ya da tamamiyle içime kapanır o kişiyle ilişkimi keserim.	....	....
13. Anlamadığım konuların açıklığa kavuşması için ender olarak soru sorarım.	....	....
14. Başkalarının ne söylediğine değil niyetlerinin ne olduğuna önem verir ve cevabımı ona göre veririm.	....	....
15. Kendimi anama da babama da yakın hissetmedim.	....	....
16. Sevgi ve acıma duygularını pek ayırt edemem; acıdığım insanları daha kolaylıkla severim.	....	....
17. Kendim de dahil hata yapana küçük düşürücü sözler söylerim.	....	....
18. Bir grup içinde olduğum zaman çoğunluğun dediği yönde fikrimi kolayca değiştiririm.	....	....
19. Rekabetten çok hoşlanan biriyim ve yenilgiyi kolay kolay kabul edemem.	....	....
20. En büyük korkum sevdiklerimin beni bırakıp gitmesidir.	....	....

Evet'lerin toplamı: ..... *Hayır*'ların toplamı: ....

"Evet" cevapları yaralanmış bir İç Çocuk belirtir. Sorulara verilen "Evet" sayısı, İç Çocuğunuzun ne kadar yaralandığına işaret eder.[7] Yukarıda 3 ayrı grup olarak verilen soruların tümünün 10 ya da daha fazlasına "Evet" cevabı vermişseniz, İç Çocuğunuzla ilgili öğrenmeniz gereken önemli bilgiler var demektir; bu kitap sizin için yazılmıştır.

Sağlıklı Temel Kişilik ve Bağlaşık Kişilik Özellikleri

İçindeki Çocuğu sağlıklı gelişimini tamamlayamamış kişinin en temel özelliği kendini, kendi başına bir varlık olarak düşünememesi, kendi öz varlığını *(existence)* bir başkasına bağlamış olmasıdır. Bir başka deyişle bu kişiler kendi başlarına var olamazlar ve psikolojik yönden başkalarına sürekli bağlanmış durumdadırlar.

İçindeki Çocuğu sağlıksız olan bireylerin kişiliği "bağlaşık"tır;[8] çünkü bu bireyler yaşamın anlamını, mutluluklarını, kendi değerlerini ilişki içinde oldukları başkalarının gözünde, sözünde, davranışında, kısaca başkalarının kendilerine verdiği değerde ararlar; başkalarının algılamalarına bağlanmışlardır. Bağlaşık kişilik onların temel yapısını oluşturur.

Sağlıklı bir ortamda gelişen kişinin İç Çocuğu sağlıklıdır; gelişim devresini aşama aşama sağlıklı olarak tamamlamış olduğundan kendine özgü gerçek bir kişiliği vardır.

---

(7) Bu sorular değişik eserlerden bizim kültürümüze uyması amacıyla bu kitap için adapte edilmiştir. Yararlanılan eserler şunlardır: John Bradshaw, 1990; Charles L. Whitfield, 1989; 1990; 1991; Laurie Weiss, 1991.

(8) "Bağlaşık kişilik" terimini, İngilizce *"co-dependent personality"* karşılığı kullanıyorum. İlk bakışta bu yanlış bir çeviri olarak gözükür; çünkü *"co-dependent,"* "karşılıklı dayanışma içinde olan" anlamına gelir. *"Co-dependent"* kişiler, kendi yaşamlarının anlamını sürekli ilişki içinde oldukları insanların algılamasında ararlar; kendi iç kaynaklarının önemi yoktur. Türkçede "dayanışma" olumlu bir anlam taşır; ne var ki, yukarıda tanımladığımız kişilik, olumlu bir anlam taşımaz. Bu nedenle, "dayanışma" yerine, kişilerin karşılıklı birbirine bağlandığı bir durumu ifade eden "bağlaşık" terimini yeğliyorum. Bu anlamda, *"co-dependency"* "bağlaşıklık" ve *"co-dependent,"* "bağlaşık" kelimeleriyle karşılıyorum. "Bağlaşık" kelimesini "tanışık" kelimesine benzer bir yapı içinde görüyorum. "Bağlamak," "tanımak" gibi tek yönlü bir fiildir; "-ş" takısı eklenerek iki yönlülük kazandırılır: "Bağlaşmak" iki kişinin "birbirlerine bağlanmalarını," "tanışmak" karşılıklı birbirini tanımalarını ifade eder. "Tanışık" iki kişinin birbirlerini tanımış olduğunu, "bağlaşık" iki kişinin birbirine bağlanmış olduğunu ifade eder.

Gerçek ve bağlaşık kişiliklerin bazı özelliklerini aşağıdaki tablo özet olarak veriyor.

Sağlıklı Temel Kişilik	*Bağlaşık Kişilik*
Otantik, orijinal, gerçek	Maskeli, sahte, yapmacık
Kendiliğinden	Kalıplaşmış plan ve program
Kucağı açık, sevgi dolu	Sırtı dönük, korku dolu
Verir, karşıdakine ulaşmaya çalışır	Tutar, kendi içine kapalı
Kendini ve diğerlerini yargılamadan olduğu gibi kabul eder	Haset dolu, eleştirici, mükemmeliyetçi
Şefkat ve anlayış dolu	Diğerlerinin beklentileri doğrultusunda hareket eder
Koşulsuz sever	Sevgisi koşulludur
Duygularının farkındadır ve onlardan korkarak saklamaz	Duygularını inkâr eder ve saklar
Kendine güvenli davranış içindedir	Ya saldırgan ya da pasif davranır
Mantık ve aklının yanı sıra sezgisini de kullanır	Sadece mantık ve aklını kullanır, sezgisini reddeder
İçindeki Çocuğu tanır, sever ve çocuk gibi masum ve mutlu olabilir	İçindeki Ana-Baba çok kuvvetlidir, sürekli yetişkinleri taklit eder ya da uygun olmayan çocuksu davranışlar ortaya koyar
Oyun ve eğlence yaşamının bir parçasıdır	Oyun ve eğlenceden kaçar
Zayıf noktalarını bilir ve kabul eder	Her zaman kuvvetli görünümü vermeye çalışır
Kendi kudret ve gücüne gerçekten inanır	Kendi kudret ve gücüne inanmaz
Başkalarına güvenmeye ve inanmaya açıktır.	Hiç kimseye inanmaz
Başkalarının kendine hoş ve olumlu mesajlar vermesine izin verir	Başkalarının kendine hoş ve olumlu mesajlar vermesine izin vermez

Yaşamı olduğu gibi kabul eder	Yaşamı sürekli denetlemeye çalışır
Bilinçaltından gelen mesajları duyabilir, onlara açıktır	Bilinçaltından gelen mesajları duyamaz, onlara kapalıdır
İnsanlığın bir aile olduğu ve kendisinin bu ailenin bir üyesi olduğu duygusu ağır basar	Kendini diğer insanlardan ayrı, kopuk ve yalıtılmış görür
Sürekli psikolojik gelişim süreci içindedir	Psikolojik gelişim onun için anlamsızdır. Saplanıp kalmış olduğu davranış biçimlerini, ne kadar acı verici olsa da, tekrar eder durur.
Kendine özgü zengin bir iç dünyası vardır	Kendine özgü bir iç dünyası yoktur; onun hakkında herkes her şeyi bilir

Bağlaşık kişilik nasıl gelişiyor? Önümüzdeki kısımda bu soruya yöneliyoruz. Çocuğun gelişiminde en önemli etkenin aile ortamı olduğunu biliyoruz. Bilmediğimiz, aile içindeki ne gibi etkileşimlerin İçimizdeki Çocuğu yaraladığı ve onun sağlıklı gelişmesini durdurduğudur. İkinci Kısım'da yer alan bölümlerde ailenin, ailenin de içinde yer aldığı toplum ve kültürün İçimizdeki Çocuğu yaralayarak kişiyi nasıl bağlaşık kıldığını inceleyeceğiz.

SÖZÜN KISASI

Bu bölümdeki sorulara verdiğiniz cevaplara bakarak, İçinizdeki Çocuğun İçinizdeki Ana-Babayla sağlıklı ya da sağlıksız bir ilişki içinde olduğunu anlayabilirsiniz. Verilen sorular özbenliğiniz, temel gereksinmeleriniz ve sosyal yaşamınızla ilgilidir.

İçindeki Çocuğu sağlıksız olan bireyin kişiliği "bağlaşık"tır, çünkü bu birey yaşamın anlamını, mutluluğunu, kendi değerini ilişki içinde olduğu başkalarının gözünde, sözünde, davranışında, kısaca başkalarının kendisine verdiği değerde arar; kendine verdiği değer başkalarının onu algılamalarına bağlanmıştır. Bu anlamda bağlaşık kişilik temel yapıyı oluşturur.

İKİNCİ KISIM

Aile

Bu kısımda yer alan üç bölümde aile kurumunun değişik yönlerini inceleyeceğiz.

3. Bölüm'de aileyi bir sistem olarak ele alacağız. Aile her şeyden önce bir sistemdir; bu sistem içinde yer alan her kişinin farklı rolleri vardır. Bu roller bazı ailelerde katı, bazı ailelerde esnek olur. Katı roller "kalıplaşmış benlik yapısına," esnek roller ise çok yönlü, hoşgörülü insanlar yetişmesine yol açar. Aile içinde karşılanması gereken temel gereksinmeler vardır. Bu temel gereksinmeler karşılanmazsa, kişinin İç Çocuğuyla ilişkisi sağlıksız olur.

4. Bölüm'de sağlıklı ailenin temel özelliklerini gözden geçireceğiz. Sağlıklı aile, üyelerinin gereksinmelerini karşılar ve onların gelişmesi için olumlu bir ortam oluşturur. Aile üyeleri arasındaki ilişki rahat ve akıcıdır; olumlu bir duygusal tonu vardır. Aile, toplumla ilişkisini dengelemiştir; ne toplumdan kopar, ne de toplumun baskısına tümüyle boyun eğer. Böyle bir aileden olgun insan yetişir.

Olgun insan şu özelliklere sahiptir: (1) İyi belirlenmiş benlik sınırları vardır; (2) kendini değerli bulur; (3) yaşamının değişik yönleri arasında denge kurar; (4) duygularını tanır ve ifade eder.

Ailedeki ilişkiler arasında en önemlisi, ailenin temelini oluşturan karı-koca arasındaki ilişkidir. Bu ilişki ne kadar sağlıklı ise, ailenin temeli o kadar sağlamdır. Sağlam temeller üzerine kurulu ailede algılama, düşüncelerini ve duygularını ifade edebilme, neyi istediğini ya da istemediğini belirtme ve kendini istediği yönde geliştirme özgürlüğü vardır. Aile içindeki iletişim bu özgürlükleri ya canlı tutar ya da sürekli baltalar.

5. Bölüm, aile içindeki iletişimi düzenleyen aile kurallarını inceler. Her aile sisteminin işlerliğini sağlayan aile kuralları vardır. Bu kurallar sağlıksız ailede gizli ve örtük kalırlar. Sağlıklı ailede kurallar daha belirgin ve açık-seçiktir. Sağlıklı ailede çatışmanın var olduğu bilinir, tanınır ve üzerinde konuşulur; çatışmayı çözmede kullanılacak kurallar oldukça belirgin olarak ifade edilmiştir ve aile üyelerince bilinir. Sağlıksız ailede çatışmadan hiç söz edilmez; kullanılan kurallar gizli olduğu için her şey dolaylı ve örtük olarak ifade edilir.

Sağlıklı ailede yetişen kişi içten denetimli olduğu halde, sağlıksız ailede yetişen kişi dıştan denetimlidir. Sağlıklı ailenin olduğu kadar, ne yazık ki, sağlıksız ailenin de dayandığı temellerin çoğunu toplumun kültürü verir. Bu sosyal ortam içinde sağlıksız aile kurmak, sağlıklı aile kurmaktan çoğu kere daha kolay olur. Kültürün evlilik, ana-baba, itaat anlayışı aileyi kurarken kullanılan temel kaynakları oluşturur.

3

Söylenmeyen Mesajlar

Gerçek Bir Olay

Uzun zaman Silifke'ye gitmemiştim. Doğup büyüdüğüm bu kasabada çok sayıda akrabam olduğundan, Silifke'ye her gidişte yoğun aile ve akraba "ziyaretleri" yapardım.

Bu tür bir aile ziyaretinde evin 23 aylık oğlu İbrahim[9] sürekli konuşma konusu oluyor ve onun başarıları tek tek bana sayılıyordu. İbrahim genç çiftin ilk çocuğuydu. Son zamanlarda oğlunun yeni bir beceri kazandığını gururla anlatan baba, çocuğun bu becerisini bana göstermeseni istiyordu. Oğlan çocuğunun kazandığı beceri, küfür ederken el ve kollarıyla belirli bir davranış yapmasıydı.

Baba birçok kereler, "Haydi oğlum göster amcana nasıl sövdüğünü," diye ısrar etti. Ne var ki, bu sırada İbrahim, duvar dibinde gördüğü iki karıncayı büyük bir dikkatle izlemekteydi; çıkardığı sesler karıncaları izlemeye kendini tamamıyla kaptırdığını belli ediyordu. Babasını duymadı bile. Baba sesini yükseltti ve yine oğlunun yeni becerisini misafir amcasına göstermesini istedi. İbrahim hâlâ kendi dünyası içindeydi.

Baba kalktı, çocuğu kaldırdı ve odanın ortasına getirerek yüzü bana dönük biçimde oturttu ve isteğini yineledi. İbrahim hemen kalktı ve karıncaların olduğu yere gitti ve onları aramaya başladı. Baba bozulmaya başlamıştı. Sesini daha da yükseltti ve çocuğun dikkatini çekmeye çalıştı, ne var ki, başarılı olamadı.

Baba çocuğun kıçına hafifçe vurarak, onu kolundan tuttu ve benim önüme getirdi, "Haydi göster amcana nasıl sövdüğünü," dedi. Çocuk yine geri dönüp karıncaların olduğu yere gitmeye yeltenince, "Ulan eşşoğlu eşşek şimdi tokadı patlatırım, ha! Göstersene amcana nasıl sövdüğünü," diye şiddetli bir tavırla çocuğa çıkıştı. Çocuk şaşırmıştı. Sanki rüyadan uyanır gibi, ilk defa babasının dediğini duyuyordu. Anlayamadı. Babasının yüzüne bakmaya devam ediyordu. "Yüzüme ne bakıyorsun eşşoğlu eşşek, söylediğimi yapsana," diye baba bir kere daha çıkıştı.

---

(9) Verilen isimler değiştirilmiştir; gerçek yaşamdaki kişilerin isimlerini okuyucularımın anlayacağı nedenlerden dolayı kullanmak istemedim.

İbrahim ağlamaklı bir yüze büründü, yine babasına bakıyordu. Baba, "Hanım al şu çocuğu öbür odaya götür, aksi halde benden dayak yiyecek," dedi ve karısı (benim yeğenim), "Oğlum neden yapmıyorsun babanın dediğini," diyerek İbrahim'i kolundan sürükleye sürükleye öbür odaya götürdü. Öbür odadan İbrahim'in içli içli ağladığını duyuyordum. Annesi, "Haydi sus, ağlama!. İnsan babasının dediğini yapmaz mı?" diye ona nasihat ediyordu.

Bu etkileşim bizim insanımızın psikolojik yapısı hakkında ilginç bilgilerle yüklüdür. Bu etkileşimin çocuğu ve babayı ilgilendiren psikolojik boyutlarının yanı sıra, toplumu ilgilendiren kültürel yönleri de vardır. 23 aylık erkek çocuğunun sövebilmesi ve söverken "müstehcen" bazı el kol hareketleri yapması, "baba" tarafından "oğlan çocuğu"ndan istenilen bir davranıştır. Bu, sorunun toplumsal ve kültürel yönlerinden biridir. Ne var ki, bu kitapta temel konumuz İçimizdeki Çocuk olduğu için, bu etkileşimin ancak psikolojik yönleri üzerinde duracağız.

İbrahim'in Aldığı Mesajlar

İbrahim'in babasıyla yukarıda kısaca özetlediğimiz etkileşimi psikolojik anlamda önemlidir. Bu etkileşimden İbrahim, düşünsel anlamda değil ama, sezgisel anlamda şu mesajları alır:

> Babamın izni olmadan benim bir şeyle ilgilenmem, araştırma yapmam istenmiyor. Demek ki benim bir şeye ilgi duymam, incelemem, ondan zevk almam önemli değil. Önemli olan babamın istediğini yerine getirmem. Babam, isteğini yerine getirdiğim sürece beni sever; eğer kendi istediğim şeyleri yaparsam, beni sevmez. Babam çok kuvvetli. Babam çok bilgili. Babamın istediğinden farklı bir şey yapmaya

kalkmam hata; demek ki ben hata yapma eğilimi olan, kötü bir çocuğum.(10)

İbrahim'in babası, "Çocuk şimdi önemli bir şeyler inceliyor; doğanın bir parçasını keşfediyor. İlgilendiği bir konuda çocuğun inceleme yapması istenen bir davranış ve zaten bu onun doğal hakkı," diyemiyor. Niçin diyemiyor?

Çünkü kendisi o şekilde büyütülmemiş. Kendi babası, amcası, dayısı, hatta öğretmeni, kendisine nasıl davranmışsa, o da İbrahim'e öyle davranmaktadır.

Aile içindeki bu etkileşim dinamiğine daha yakından bakalım.

AİLE İÇİNDEKİ ETKİLEŞİMLER BİR SİSTEM OLUŞTURUR

Aileye, bir ilişkiler sistemi olarak bakış, 1950'lerin ortalarında, psikolog ve sosyologlar tarafından kabul edilmiştir.

Sistem kavramıyla neyi kastediyoruz? Soyut anlamda ele alındığında sistem, bir dizi birim arasındaki ilişkileri, belirli kurallar çerçevesinde tanımlayan düzene verilen addır.

Aile sistemi dediğimiz zaman, aile içindeki bireylerin, bir başka deyişle ana, baba, kardeşler, varsa büyükbaba, büyükanne, teyze, hala, dayı ve amca gibi kimselerin birbiriyle nasıl etkileşimde bulunduklarını düzenleyen kuralların tümünü kastederiz.

1950'li yılların ortalarında psikologlar ve psikiyatristler, davranış sorunları olan kişilerin aile düzenleriyle ilgilenmeye başlamışlardır. Bu ilgi bir dizi araştırmalara yol açmıştır; elde edilen bulgular, kişilerin davranış sorunlarıyla, içinde yetiştikleri aile düzeninin sıkı ilişki içinde olduğunu göstermiştir.(11)

---

(10) Kişiler arası ilişkilerde, ilişkiden kaynaklanan sözsüz mesajların ne kadar etkileyici olduklarını örnekleriyle başka bir kitabımda incelediğim için, burada babasıyla İbrahim arasındaki iletişim ayrıntılarına girmeyeceğim. Konuyla ilgilenen okuyucu yazarın, *Yeniden İnsan İnsana*, kitabında, Bölüm 2, s. 19-32'ye bakabilir.

(11) Günümüzde Amerikalı psikologların çoğu maalesef aile gerçeğine gereken önemi vermemekte ve aileyi inceleme görevi daha ziyade sosyologlara bırakılmaktadır. Çiğdem Kâğıtçıbaşı'nın (1981, 1982, 1990) belirttiği gibi bireyi sosyal ve kültürel bağlamından soyutlayarak incelemeye çabalayan Amerikan psikolojisi, insan gelişiminde en önemli işlevi olan aileyi de araştırma dışında bırakmaktadır. Ne var ki klinik çalışmalarda, özellikle alkolik ve ilaç düşkünlüğü olan kişilerle ilgili araştırmalarda bireyin aile zemini zorunlu olarak işin içine girmekte ve incelemenin bir parçası olmaktadır.

Ünlü sosyal bilimci Gregory Bateson (1958, 1960, 1961), aile içindeki iletişim türünün kişiliğin yapılaşmasında en önemli rolü oynadığını savunmuştur; çocuğun ruhen sağlıklı ya da sağlıksız bir birey olarak yetişmesinde, aile içindeki iletişimin etkisi ön plandadır. Bateson'un bu gözlemleri, «aile psikiyatrisi» adı altında yeni bir psikiyatri dalının gelişmesine yol açmıştır.

Yine ünlü psikoterapistlerden Virginia Satir (1967), «aile sistem patolojisi» adını verdiği bir kavram geliştirmiştir; hem yetişkinlere hem de çocuklara psikoterapi uygularken bu kavramdan yararlanmıştır.

Okuyucu, "bütün bu söylenenlerin benim günlük yaşantımla ilgisi ne?" diye düşünebilir. Bir örnek vererek açıklayalım: Yukarıda sözünü ettiğimiz İbrahim'in utangaç, sıkılgan, istediğini söylemekten çekinen bir çocuk olarak yetişmiş olduğunu; babasının, oğlunun bu tür davranışlarına kızdığını varsayalım.

İbrahim diğer çocuklarla oynarken sürekli çekingen davranıyor, diğer çocuklar onun oyuncağını elinden aldığında kendi hakkını koruyamıyor, gözleri yaşlı annesine koşup ondan yardım istiyor. İbrahim'in babası Sıtkı Bey, kendine güvenli, atılgan, sinirli, herkese kendi sözünü dinletmek isteyen baskın kişiliği olan biri. Oğlunu diğer çocuklarla oynarken böyle çekingen ve pısırık görünce kızıyor ve oğlunu çağırarak, "Eğer seni bir daha öyle çekingen görürsem, başka çocuklara oyuncağını elinden aldırır ve annene koşarsan, sana ne yapacağım biliyor musun? O oyuncağı senden alıp öbür çocuğa vereceğim, ayrıca kemiklerini kırıncaya kadar seni döveceğim! Bak o zaman anlarsın, pısırık olmanın ödülü neymiş! Ben kimseye Sıtkı Bey'in oğlu pısırığın, korkağın biri dedirtmem!" diyor.

Oğluyla yukarıdaki gibi konuşan Sıtkı Bey'e göre, İbrahim isterse pısırık, isterse cesur ve atılgan biri olabilir. Sıtkı Bey çocuğunu korkutarak, onun atılgan ve girişken biri olmasını istiyor.

Psikolog Ne Demeli?

Sıtkı Bey'in, İbrahim'i bir psikoloğa götürdüğünü, oğlunun çekingenlikten kurtulup atılgan biri haline gelmesi için ondan yardım istediğini düşünelim. Psikoterapist aile içindeki ilişkileri incelemeden, Sıtkı Bey gibi, İbrahim'in davranışının onun isteminden kaynaklandığını düşünür ve değişik koşullama yöntemleriyle onun çekingenlik davranışını değiştirmeye yönelirse, önemli bir hata işlemiş olur.

Aileyi bir sistem olarak kabul eden psikoterapist, İbrahim'in çekingenlik davranışının, aile düzeni içindeki iletişim türünden kaynaklandığını düşünür. Baskın kişilikli Sıtkı Bey'in ailesindeki iletişim ilişkileri gözlenirse, büyük bir olasılıkla, karısının da çekingen bir kişi olduğu gözlenecektir. Esas üzerinde durulması gereken İbrahim'in babasıyla olan ilişkisinin türüdür. Bu ilişki düzeltilmedikçe İbrahim'in sağlıklı bir kişilik kazanması olanaksızdır. Büyük bir olasılıkla İbrahim, kendine saygısı olmayan, kendi duygu ve düşüncelerine güvenemeyen, otoriteye koşulsuz boyun eğen, çekingen ve mutsuz bir kişi olarak yetişecek, içinde yetiştiği aile gibi mutsuz bir yuva kuracak ve kendisi gibi mutsuz çocuklar yetiştirecektir.

İbrahim'i içinde bulunduğu ailenin iletişim örüntüsünden yalıtarak inceleyen, psikoterapi yaklaşımları etkili olamaz. Aileyi tüm bir sistem olarak ve bağlı olduğu kültürle ilişki içinde gören, tüm aileyi psikoterapiye alan yaklaşımlar daha başarılı olur.

Aile İçinde Roller

Aile içindeki bireyler değişik roller alırlar; bu roller aracılığıyla ortaya farklı aile sistemleri çıkar. Her bir sistem ve bu sistem içinde yer alan her bir rol, kendine özgü bir kişilik ve davranış yapısı oluşturur. Bu kişilik ve davranış türlerinin bazıları bireyleri uyuma, bazıları ise uyumsuzluğa götürür.

Bazı bilim adamları, henüz doğmamış fetüsün ilkel, fakat önemli duyumlamaları olduğunu ve bu duyumlamalara dayanarak ilkel bir duygusal yaşam geliştirebileceklerini öne sürmüşlerdir. Bu görüşe göre, fetüs, henüz doğmadan annenin gergin ya da huzurlu olduğunu, sağlığa yararlı ya da yararsız maddeleri alıp almadığını duyumlayabilir ve bu duyumlamalara dayanarak kendisinin istenen, önem verilen bir yaratık olup olmadığına ilişkin bilinçaltında izlenimler geliştirmeye başlar. Fetüsün bu ilkel algılamaları onun benlik kavramının çekirdeğini oluşturur.

Doğumla beraber bebeği etkileyen ilişkilerin çerçevesi genişler; aile içindeki kişilerin sayısı anne gibi tek bir kişiden, anneyi de içine alan baba, abla, ağabey, amca, hala, dayı, teyze, çocuk bakıcı gibi daha birçok kişiyi içerir. Bu kişiler aile sistemini oluştururlar.

Aile sistemi bir bütündür, tek tek kişilerin toplamı olarak düşünülmemelidir; aile, içindeki bireylerin birbirleriyle etkileşiminden oluşan bir düzendir. Her bir aile üyesinin diğeriyle ilişkisi vardır. Bu ilişkiler ağı içinde her birey, kendi benlik bilincini ve kişiliğini yapılaştırır.

Esnek ve Katı Roller

Aile içindeki ilişkiler katılaşmış rollere dayalı ise, kişisel özelliği olmayan, belirli kategoriler içinde dünyayı gören, "kalıplaşmış benlik yapıları" olan bireyler yetişir. Bu kişiler, kendilerine özgü bir yaşam geliştirme girişimi için gerekli enerjiyi, isteği ve cesareti içlerinde bulamazlar.

Katılaşmış roller içine kapanmış iki kişiye örnek olarak sınıfta yazılan mektuptan dolayı öğrencisini affetmeyen öğretmen ve öğretmenin tepkisinden dolayı intihar eden genç kız verilebilir. Bu kişiler, "öğretmenlik" ve "öğrencilik" rollerine o kadar katı bağlanmışlardır ki, yaşamın ortaya çıkardığı değişik durumlarda gereken esnekliği gösterememekte, hem kendilerine hem de çevrelerindekilere acı vermektedirler.

Çocuklarıyla arkadaşça bir düzeyde konuşamayan baba, çocuklarına özgürlük tanıyarak onların kendi davranışlarından sorumlu bir duruma gelmelerine olanak veremeyen anne, aile içindeki katı rollere göre davranarak, "baba" ve "anne" rollerinden kopamamaktadırlar.

Aile içindeki ilişkiler kalıplaşmamış ve duruma göre değişebilen esnek rollere dayalı ise, iç dünyası daha zengin, dünyayı çok boyutlu görebilen, hoşgörülü bireyler yetişir.

İlk bölümde sözü edilen öğretmen bu tür bir aileden gelmiş olsaydı, öğrencinin hatasını görecek, öğrenciyle ilişki içine girerek onun daha olgunlaşmasına ve yaşamı tanımasına çalışacaktı. Öğrenci esnek bir aileden gelseydi, bu olayı bu kadar ciddiye almayacak, yaşamını böyle öğretmen uğruna boşu boşuna harcamayacaktı.

Rollerin esnek olduğu ailelerde hem anne hem de baba, duruma göre çocuklarının arkadaşı, öğretmeni, sırdaşı, gerektiğinde ise güçlü bir otorite olur.

Birey Davranışlarıyla Tüm Aileyi Yansıtır

Her bir birey kendi benlik tanımlaması içinde ailenin tüm düzenini yansıtır; koşullar olanak verdiğinde, kendi bildiği türden bir aile ortamı yaratmaya girişir. Daha doğrusu koşul ve olanakları, kendi bildiği aile türünden bir aile yaratacak biçimde kullanır. Bu nedenle, babası alkolik olan kız, genellikle alkolik erkekle evlenir; annesinden duygu yönünden yalıtılmış, sevgi görememiş erkek çocukları, anneleri gibi duygusal yönden soğuk kadınlarla evlenirler. Aile içindeki roller, kuşaktan kuşağa kendi kendini böylece yineler, çoğaltır.

Daha önceki yazıda sözünü ettiğimiz sıkılgan ve çekingen İbrahim'in babası Sıtkı Bey, büyük bir olasılıkla, «ben-merkezli», otoriter, sinirli, kendi dediğinin ötesinde başka hiçbir görüşe ilgisi olmayan, herkesin kendisinden çekinmesini isteyen bir baba ile, bütün görevi kocasını memnun etmek olan, pasif, sessiz bir annenin oluşturduğu aileden gelmektedir.

Sıtkı Bey katılaşmış, kalıplaşmış rollerin egemen olduğu bir aile içinde büyürken, en önemli şeyin otoriteyi memnun etmek olduğunu anlamış, korkutarak başkalarını yönetme gerekliğini görmüş ve buna inanmıştır. Sevgiyle iletişim kurma, karşıdakinin duygularını anlama ve bu duygulara saygı duyma, Sıtkı Bey için yabancı yaşantılardır. Oğlu İbrahim'i kendi bildiği kalıplar içine sokuncaya kadar içi rahat etmeyecek, elindeki olanakları kullanarak oğlunun kendine özgü özelliklerini ortadan kaldıracaktır. Büyük bir olasılıkla, otuz yıl sonra İbrahim de kendi oğlunu, babasının yöntemleriyle kalıplaştırma çabası içinde olacaktır.

Aile Kuralları

Aile içinde rolleri belirlenmiş kişiler, yine belirli kurallar aracılığıyla birbirleriyle ilişkiler kurarlar. Bu kurallar aileden aileye farklıdır; her aile kendi özgeçmişi içinde kurallarını geliştirir. Kurallar genellikle bilinçaltındadır, ancak psikoterapi gibi amaçlı gözlemler altında bilin düzeyine çıkar.

John Bradshaw (1988) aile kurallarının şu alanları kapladığını savunur: Para ve alışveriş alanı; ev işleri; neyin ne zaman kutlanacağı; sosyal ilişkiler; eğitim; duygu ve heyecanlar; meslek; cinsiyet; beden sağlığı ve ana-babalık. Ona göre her bir kuralın tutumsal, davranışsal ve iletişimsel yönleri vardır.

Örneğin, ev işleri alanındaki kuralın yönleri şöyle olabilir:

1. *Tutumsal:* Ev temiz ve tertipli olmalıdır ve bundan anne sorumludur.

2. *Davranışsal:* Her yemekten sonra bulaşık yıkanmalıdır.

3. *İletişimsel:* Eğer ev temizlenmez ya da bulaşık yıkanmazsa, baba anneyi azarlar.

Kalıplaşmış roller içine giren katı aile yapısında kurallar donmuştur ve değiştirmek olanaksızdır. Bu tür aile içinde yetişen kişiler benliklerini bu kalıplar içinde kazandıklarından, doğuştan getirmiş oldukları duygusal, düşünsel ve manevi yaşam potansiyelleriyle ilişkileri zamanla kesilir. Bir kasetçalar ya da bilgisayar gibi, boyuna aynı kaseti ya da programı tekrarlayıp dururlar. Doğal olarak, yaşamın getirmiş olduğu yeni durumlara uyum sağlayabilme yetenekleri zayıflar.

AİLE SİSTEMİNİN GEREKSİNMELERİ

Kişilerin gereksinmelerinin ötesinde, ailenin bir sistem olarak gereksinmeleri vardır. Örneğin her aile sisteminde, bir «anne»ye ve bir «baba»ya gerek vardır. Babanın alkolikliği nedeniyle, aile içinde «baba» gereksinmesi karşılanmıyorsa, dayı, amca ya da yetişkin erkek çocuklardan biri, bu rolü farkında olmadan üstlenerek, «baba» eksikliğini gidermeye çalışır.

Anne, hipokondriyak (hastalık hastası) olup, her fırsatta «anne» olma sorumluluğundan kaçarak kendini yatağa atıyorsa, aile sistemi içinde yer alan teyze, hala ya da yetişkin kız çocuklardan biri, annelik görevini yüklenir.

«Anne» ve «baba», ailenin düzenini en çok etkileyen temel ögelerdir. Bu gereksinmelerin doğal olarak yerine getirilmesi, sorumluluk bilinci içinde birbirleriyle evlenerek, kendilerine ortak bir yaşam kuran yetişkinlere bağlıdır. «Anne» ve «baba» gereksinmelerinin karşılanmadığı aile düzenleri çarpık olur ve bu düzen içinde yetişen kişilerin yaşamlarının her yönünü olumsuz etkiler.

Temel Aile Gereksinmeleri

Aile siteminin önemli gereksinmelerinden bazıları şunlardır:

(1) Değerli olma duygusu. Aile içindeki etkileşim, çocukları ya "ben değerliyim," ya da "değersizim" duygusuna götürür. Bu gereksinme aile içinde yerine getirilmezse, kişi her türlü davranışla bu duyguyu elde etmeye çalışır.

Genç yaşta evlilik dışı cinsel ilişkiye giren kızların büyük bir çoğunluğunun, ilk defa yaşamlarında "ben değerliyim, önemliyim" duygusunu, bir erkekle cinsel olarak beraber oldukları zaman yaşadıkları gözlenmiştir. Ergenlik çağındaki erkek çocukların çete *(gang)* kurarak, çoğu kere ölümle sonuçlanan çatışmaları da, kendilerini önemli görmeyen aile ortamlarına bir tepki olarak yorumlanır: "Ben değerliyim" duygusunu aile içinde elde eden birey, kendini kanıtlamak için aşırı davranışlarda bulunmaya gerek duymaz.

(2) Güven ortamı. Aile içinde kişilerin emniyette olduğu, dışarıdaki tehlikeli olayların aile içine giremeyeceği duygusu, bu gereksinmenin temel nedenidir. Güven ortamı yaratılamazsa, aile üyeleri daha güven duydukları başka bir ortama yönelirler. Örneğin, çocuklar, babalarının ve annelerinin yanında kendilerini güven içinde hissetmiyorlarsa, daha güven verici bir ortam yaratan, amca, dayı, büyükbaba gibi bir başkasının kanadı altına girmeye yönelirler. Kadın kocasından güven duygusu alamıyorsa, bu gereksinmeye karşılık veren başka birine yönelir. Erkek karısının yanında kendini güven içinde hissetmiyorsa, bu duyguyu veren bir başka kadın, ona daha çekici gelmeye başlar.

(3) Yakınlık ve dayanışma duygusu. Aile üyelerinin birbirleriyle dayanışma ve güven duygusu içinde olması, temel gereksinmelerden bir diğeridir. Aile içinde karşılıklı güven duygusu ve dayanışma varsa, aile dışında bireyin karşılaştığı stres getirici olumsuz olaylar yıkıcı etkisini pek göstermez. Güven duygusunun baskın olduğu aile, dış dünyanın yaratmış olduğu üzüntü ve kaygılardan kurtulucak bir sığınak, bir ortam oluşturur.

Dayanışma ve güvenin baskın olduğu ailelerden gelen kişiler, bu güven ve dayanışmayı diğer insanlarla olan ilişkilerinde de gösterirler; karşısındakinin iyi niyetli ve dürüst olduğuna inanmak onların temel varsayımıdır. Güvensizlik ortamının baskın olduğu aile ortamından gelen kişiler ise, kendileri de dahil, hiçbir kimsenin sözüne inanmazlar ve kimseyle dayanışma içine giremezler. Güvensizlik duygusu o kadar derinlere inmiştir ki, kendilerine dahi güvenemezler. Bu insanlar, her an değişebilen, kimsenin diğeriyle dayanışma içinde olmadığı, herkesin birbirini kullanmaya çalıştığı bir dünyayı temel varsayım olarak kabul ederler.

(4) Sorumluluk duygusu. Aile sistemi içinde temel birim olan anne ve baba, davranış ve sözleriyle sorumluluk duygusunu ifade ederler. Aile içinde yalnız anne ve baba değil, herkes sorumluluk duygusunu paylaşmak durumundadır. Çocuklar kendi yaşları oranında sorumluluk yüklenmeli, bu sorumlulukla aile içindeki davranışlarını biçimlendirmelidirler. Tüm sorumluluğu kendi üzerine alan ve çocuklarını her türlü sorumluluktan kurtaran anne ve babalar, kendi yaşamını biçimlendirmekten aciz, sürekli başkalarının yönetiminde olmaya yönelik bireyler yetiştirirler. Bu tür aile içinde yetişen kişiler, kendi yaşamlarında yer alan olaylardan kendilerini değil, başkalarını sorumlu tutarlar.

Örneğin, okulda başarılı olmayan öğrenci, kendi çalışma yöntemini ve konuyla etkileşim biçimini inceleyip, yaptığı hataları keşfederek daha başarılı olma yolları arayacağı yerde, sürekli ya okul idaresini ya da öğretmeni suçlayarak, kendi başarısızlığından onları sorumlu tutar. Birinci bölümde vermiş olduğumuz Macaristan'da yapılan 26. Avrupa Boks Şampiyonası'yla ilgili gazete haberini ve gazeteci Tahsin Öztin'in yapmış olduğu yorumu burada yeniden hatırlatmakta yarar var:

> «Üç, dört altın düşünenler, giderayak, "Bu kez iyiyiz..." diyenlerin, şimdi masallarını dinleyeceğiz.
>
> En önde, yani ağlamanın birinci maddesi, her zamanki gibi, "Hakemler hakkımızı yediler!»

Gelişim aşamalarına uygun bir denge içinde, çocuklara kendi yataklarını yapma, oturdukları odayı temizleme, ev işlerine yardım etme gibi görevlerle kendi yaşamlarından kendilerinin sorumlu olmasını öğretmek, anne ve babanın yapabileceği en sağlıklı ve önemli görevlerden biridir.

(5) Zorluklarla mücadele ederek onların üstesinden gelmeyi öğrenme. Çocuğa her şey hazır verilmemelidir. Sorumluluk duygusuyla ilgili olarak söylenenler, çocukların zorluklarla mücadele etmesinde de geçerlidir. Çocuğun içinde bulunduğu gelişme aşamasına uygun zorluk derecesindeki sorunlarla çocuğu baş başa bırakmak, onların bu zor sorunlarla mücadele ederek uğraşmasına olanak vermek, kendine güvenli, sorun çözme becerileri gelişmiş bireyler olarak yetişmeleri için gereklidir. Ailenin bu gereksinmeyi karşılaması gerekir. Karşılaştığı her zorlukta çocuğuna yardım eden ana-baba, sürekli başkalarından yardım bekleyen, kendi beceri ve yeteneklerine güvenemeyen kişiler yetiştirir.

(6) Mutluluk ve kendini gerçekleştirme ortamı. Aile ortamı bir mutluluk ortamı olmalıdır. Şimdiye kadar sayageldiğimiz gereksinmeler karşılandığı takdirde, aile ortamı başka hiçbir ortamda bulunamayacak mutluluk olanakları sağlar. Bir babanın ya da ananın çocuklarıyla gurur duyması, onların iyi ve sağlıklı insanlar olarak topluma katıldıklarını görmesi, büyük mutluluk kaynağıdır. Çocuklar anne ve babalarını dünyanın en önemli ve kudretli insanları olarak görürler. Çocukların, anne ve babaları tarafından kabul edilip, sevilip desteklenmesi, başka hiçbir kimsenin yapamayacağı kadar, onları mutlu ve yaşamlarından doyumlu kılar.

Mutlu aile ortamında yetişen insanlar, başlarına gelen olayların çoğunluğunda mutlu olunacak bir yön bulurlar. Mutsuzluk içinde yetişmiş insanları mutlu edecek olayların sayısı ise yok denecek kadar azdır.

(7) Sağlıklı manevi yaşamın temellerini oluşturma ortamı. Manevi yaşam[(12)], tüm evreni anlamlı bir biçimde bütünleştiren bir dünya görüşünü temsil eder. Katı din kuralları içinde yetiştirilen çocuk, kendi dışında bazı kurallara göre yargılanacağına ya da ödüllendirileceğine inanır. Bağnaz din koşullandırmasının baskın olduğu aile ortamında yetişen çocuk, kendi yaşantı ve deneyimlerini zenginleştirecek, iç ve dış dünyasını araştırıp keşfedecek bir tutum yerine, körükörüne itaati, kendi düşünce ve duygularından utanmayı öğrenir.

Bu tür aile ortamında yetişen insanlar, sadece kendilerini değil, bütün insanları yargılamayı öğrenirler. İnsan yaşantısı ve deneyimi değerli bir süreç olmaktan çıkmış, her insan ve olay, kendilerinin de tam anlamadığı bazı kurallara uygunluk derecesine göre değerlendirilmeye başlanmıştır.[(13)]

Evrenin bir bütün olduğu, bu bütün içinde yer alan her birimin, her olayın, kendine özgü, benzersiz bir yerinin bulunduğu; bu nedenle ailedeki her bir bireyin kendi yetenekleri, düşünceleri, duyguları içinde olduğu gibi kabul edilmesi gerektiği, manevi özgürlüğün temelini oluşturur. Bu tür temel, bizdeki tasavvuf anlayışına yakın düşen, birleştirici, kaynaştırıcı, evrensel bir dünya görüşü geliştirir. Sağlıklı manevi yaşam, ailenin yetiştirdiği çocuklara verebileceği en güzide armağandır. Sağlıklı bir manevi temeli olan insanlar güler yüzlü, sevgi dolu, insanlara olduğu kadar doğaya da saygılı bireyler olarak yaşamlarını sürdürürler.

---

(12) Manevi yaşam deyimi İngilizce "*spiritual life*" karşılığı kullanılıyor. Bu anlamıyla "manevi yaşam," "din" kavramından daha kapsamlı oluyor. Din, belirli kurallara dayalı bir sosyal kurum oluşturmaya yönelirken, manevi yaşam kişinin kendi içinde Tanrı'yı ve "hakikati" bulmasına yönelir. Din *toplum* (cemaat), manevi yaşam *birey* vurguludur. Manevi yaşamı öğretilerine temel alan kişilere mistik, mutasavvıf adı verilir. Mistiklere örnek olarak Mevlana ve Yunus Emre gösterilebilir. Bölüm 19'da bu konu daha geniş olarak incelenecektir.

(13) Yargılayıcı tutumun insanlar arasındaki ilişkileri nasıl olumsuz etkilediği yazarın *Yeniden İnsan İnsana* kitabında (6. Bölüm, s. 133-166) ayrıntılı olarak tartışılmıştır.

SÖZÜN KISASI

Aile bir sistem oluşturur; ailedeki her bir kişi bu sistemin bir parçasıdır ve değişik roller üstlenerek sisteme işlerlik kazandırır. Her bir sistem ve bu sistem içinde yer alan her bir rol, kendine özgü bir kişilik ve davranış yapısı oluşturur. Bu kişilik ve davranış türlerinin bazıları bireyi uyuma, bazıları ise uyumsuzluğa götürür.

Doğumla beraber bebeği etkileyen ilişkilerin çerçevesi genişler; aile içindeki kişilerin sayısı anne gibi tek bir kişiden, anneyi de içine alan baba, abla, ağabey, amca, hala, dayı, teyze, çocuk bakıcısı gibi daha birçok kişiyi içerebilir. Bu ilişkiler ağı içinde her birey, kendi benlik bilincini ve kişiliğini yapılaştırır.

Aile içindeki roller katı ise, dünyayı kategoriler içinde gören, "kalıplaşmış benlik yapısı" olan insanlar yetişir. Aile rolleri esnek ise, dünyayı çok boyutlu görebilen hoşgörülü insanlar yetişir. Birey davranışıyla içinde yetişmiş olduğu aileyi yansıtır.

Ailenin karşılaması gereken temel gereksinmeler vardır. Bunlar: 1. Değerli olma duygusu; 2. güven ortamı; 3. yakınlık ve dayanışma duygusu; 4. sorumluluk duygusu; 5. mücadele etme ve başarma; 6. kendini gerçekleştirme; 7. manevi yaşamın temellerini oluşturma ortamıdır. Bu gereksinmeleri karşılanan çocuklar sağlıklı, karşılanmayanlar sağlıksız büyürler.

4

Sağlıklı Aile ve İletişim

Sağlıklı aile düzeni, ailenin gereksinmelerini doğal olarak karşılar ve her bir aile üyesi, o aileye ait olmaktan mutludur. Sağlıksız aile düzeninde gereksinmeler karşılanamaz ve aile üyeleri, mutsuz ve doyumsuz oldukları halde, bu hastalıklı durumu devam ettirebilmek için çaba gösterirler. Bu bölümde sağlıklı aile düzeninindeki etkileşimi inceleyeceğiz; böylece, aileyi sağlıksız yapan temel özellikleri daha iyi anlayabilecek hale geleceğimizi umuyoruz.

Sağlıklı aile düzeninde aile üyelerinin hepsi görev ve sorumluluklarını doğal olarak yerine getirirler; aralarında olumlu duygusal bağlar vardır ve kişiler bağımsız oldukları halde, birbirlerine isteyerek ve zevkle yardım ederler. Sağlıklı aile düzeni içinde, ana-baba da dahil, herkes duygusal ve bilinçlenme yönünden sürekli bir gelişim içindedir. Aile, kendi üyelerini değerli bulur ve aile üyeleri benlik değerlerini olumlu yönde geliştirir. Aile, toplumla ilişkisini dengelemiştir; ne toplumdan kopar, ne de toplumun baskısına tümüyle boyun eğer. Kısacası, sağlıklı aile, insanların psikososyal yönden olgunlaşmasını temin eden temel sosyal bağlamı oluşturur.

Olgun İnsan

İnsan yaşam boyu deneyimleri sonucu olgunlaşır. Olgun insan, gelişme sürecini doğal aşamaları içinde gerçekleştiren kişi olarak aşağıdaki temel özellikleri kazanır:

(1) Olgun insan, kendini diğerlerinden ayıran sınırların farkındadır ve kendi benliğinin sınırlarını korumakta duyarlılık gösterir. Bu tür insan, kendi ailesiyle iyi ilişkiler içindedir ve sürekli yardımlaşma davranışı gösterir; ne var ki, başkalarının kendisini kullanmasına, isteği dışında kararlar alıp yönlendirmesine, kendisine emir verilmesine izin vermez. Bir başka deyişle, olgun insan, korku ve suçluluk duygularından kurtulmuştur; kendi istemi içinde yaşamına yön verir.

Çetin Altan'ın *Nokta* dergisinin denemesiyle ilgili birinci bölümde verilen yazısı, bu bağlamda anlamlıdır. Söz konusu denemede insanlar, kendilerinin özgürlük sınırlarını bilmemekte, otorite kılığına bürünmüş herkes, kolaylıkla onların yaşam ve davranışlarına yön verebilmektedir.[14]

Sağlıksız ailede, çocuğun kendine özgü bir benlik geliştirmesine izin verilmez. Aile içinde otoriteyi elinde tutan kişi, bağımsız benlik geliştirmesine karşıdır; herkesin boyun eğmesi, itaatkâr olması istenir. Otoritenin istediği yönde davranışlarını düzeltmeyenler, değişik yollardan cezalandırılır. Çocuk kabul edilmek ve onaylanmak ister; eğer aile ortamı ona kendi benliğini tanımlama özgürlüğü veriyorsa, sağlıklı bir biçimde olgunlaşma yolunda gelişir. Aile ortamı çocuğa kendi benliğini tanımlama olanağını vermiyorsa, o zaman, ailenin istediği yönde bağımlı bir kişi olarak gelişir; psikolojik ve sosyal olgunlaşması dumura uğrar.

(2) Olgun insan kendini değerli bulur, kendine saygısı vardır ve kendini olduğu gibi kabul eder. Kendine saygı ve kendini değerli bulmanın çekirdeği aile içinde atılır. Çocuğu olduğu gibi kabul eden, onu destekleyip yüreklendiren aile üyeleri, çocuğun benlik değerinin tohumlarını eker.

(3) Olgun insan beden, zihin ve manevi yaşam arasında denge kurmuş biridir. Sırf bedensel görünüme önem veren, ya da sadece düşünsel (entelektüel) faaliyetlerde doyum arayan kişiler, kendi çocukluklarında aile içinde bu yönde desteklenmişler, diğer yönlerini

---

(14) Burada önemli bir kültür konusuna değinmeden geçemeyeceğim: *Yeniden İnsan İnsana* kitabımda da belirttiğim gibi (Cüceloğlu, 1991b, s. 235-266) geleneksel Türk kültürünün baskın özelliklerinden biri otoriter olmasıdır. Resmi otoriteye başkaldırmak Türkiye'de olağanüstü bir cesaret gerektirir; çünkü herkes başının ne kadar derde gireceğini bilir. Çetin Altan'ın yazısında sözünü ettiği durumda üniformalı kişilere karşı gelmek, birçok kişilerce, "gereksiz yere yapılan bir cesaret gösterisi" olarak kabul edilir. Bu gözlemi yapınca okuyucu şu iki yorumdan birini kabul etmek durumundadır: 1) "Olgun insan" tanımı bu kitapta Türk kültürü ve Türk anlayışı içinde yapılmamış, Amerikan psikolojisinden aktarılan bir kavram çerçevesinde Türk insanının davranışı haksız biçimde yargılanmıştır; 2) Türk sosyal yaşamı, psikoloji biliminin tanımladığı anlamda "olgun insan" yetişmesine pek olanak vermemektedir. Her iki yorumun geçerli yönleri olduğunu bilmekle beraber, bu kitapta ikinci yoruma daha ağırlık verilmiştir. Bu konuya dikkatimi çeken Tayfun Çataltepe'ye özellikle teşekkür borçluyum.

geliştirememişlerdir. Aile sağlıklı ise, çocuk her yönünü geliştirmeye doğal olarak yönelecektir; önemli yönlerden biri de kişinin evrenle ilişkisini tanımlayan manevi boyuttur. Çocuğun algılama düzeyine uygun, onun kavrayabileceği kavramlar içinde, bedenle, zihinle, doğayla ve evrenle ilgili soruları cevaplandırılarak, zaman içinde dengeli bir dünya görüşü geliştirmesi sağlanır.

(4) Olgun insan, heyecan ve duygularını tanır ve onların gerçekçi bir biçimde ifade edilmesine olanak sağlar. Heyecanlar, yaşamın en önemli enerjisini bir kapsül gibi içlerinde tutarlar. Bu enerjiye ifade olanağı verilmezse, kapsül içinde sıkışıp kalır ve kişinin doğal gelişimini kösteklemeye başlar.

Duygu ve heyecanlarımız iç ve dış dünyamızla ilişkimizin daha etkili olmasını sağlarlar. Örneğin:

Kızgınlık, kişinin benlik sınırlarını ve onurunu korumasına olanak verir.

Korku, tehlikeli durumlardan sakınmamıza yol açar.

Hüzün, ayrılma zamanı gelmiş bir olay ya da kişiyi simgeler; yeni bir aşamanın başlayabilmesi için, bir devrenin kapanıp bitmesi gerekir.

Suçluluk, vicdan duygusunu oluşturmamıza yol açan bir duygudur.

Utanma, kendi sınırlarımızı bilmemiz gerektiğini, gücümüzün ne kadar sınırlı olduğunu öğretir.

Sevinç, her şeyin yolunda olduğunu bildirir.

Sağlıklı Aile Düzeninde Evlilik

Ailenin temeli karıkoca arasındaki ilişkidir. Eğer evlilik bilinçli bir işleyişe sahipse, o aile çocukların gelişmesi için sağlıklı bir sosyal ortam oluşturur.

Sağlıklı bir ilişki, iki kişinin bilinçli olarak, düşünüp taşınıp, sorumluluk içinde aldığı karara dayanır. Sağlıklı ilişki içine giren bireyler, diğerini değerli ve onurlu görür ve onu olduğu gibi kabul eder. Bu kişiler kendi sınırlarının farkındadırlar; ne var ki, sürekli etkileşim ve dayanışma içinde olmaktan çekinmezler; olgun insanlardır.

Bu kişiler, evliliğin yaşaması ve bir "yuva"nın kurulması için, kendi gereksinmeleriyle "yuva"nın gereksinmeleri arasındaki bir denge kurarlar. Bu disiplin sayesinde: 1. Uzun vadeli mutlulukları, kısa vadeli geçici doyumluluklara yeğlerler; 2. kendi davranış, düşünce ve duygularından kendilerini sorumlu tutarlar; 3. doğru bildiklerini söylemekte ısrar ederler ve gerçekçi olmaya özen gösterirler; 4. manevi yaşamı zenginleştirmeyi, kendi bencil sınırları içine kapanıp kalmaya üstün tutarlar.

Korunması Gereken Beş Özgürlük

İki olgun insan ana-baba olmaya karar verdiği zaman, davranışlarıyla olgun insan modelini çocuklarına gösterirler. Bu kişilerin kendilerine ve diğerlerine saygıları vardır. Çocuk yetiştirmeyi dünyanın en sorumlu görevi olarak kabul ederler. Çocuklarını olgun ve iyi insanlar olarak yetiştirmeye kendilerini adamışlardır.

Böyle ana-babanın kurduğu aile içinde yetişen çocukların gereksinmeleri doğal olarak karşılanır. Çocuklar bu güven ve sevgi ortamı içinde kendi benliklerini keşfedebilmek için değişik deneyimlere girebilme cesareti gösterirler. Bu tür ailelerde, çocuklar arasındaki bireysel farklılıklar oldukça yüksek düzeydedir. Aynı aileden yetişen çocukların birbirlerinden farklı olabilmesi, aile içinde, bireyleri olduğu gibi kabul edebilme özgürlüğüne işaret eder. Bu ailelerde çocuklar, ana-babanın kendi gereksinmelerini gidermek aracı olarak kullanılmamışlardır.

Sağlıksız ailelerdeki mutsuz anne ve mutsuz baba, kişisel becerileri ve girişimleriyle kendi gereksinmelerini karşılayamadıkları için, gereksinmeleri karşılamada çocuklarını araç olarak kullanırlar. Çocukların kendi gereksinmeleri ve kişisel gelişme potansiyelleri, böyle ana-babalar için önemli değildir; çocuklar gelişemezler ve kendi kişiliklerini bulamazlar.

Lise öğrencisiyken yengemin birinin, henüz dört yaşındaki oğluna yemek verdiği, ya da onun üstünü değiştirdiği zamanlarda, "Ben şimdi böyle sana emekler veriyorum; büyüyüp evlenince beni unutursun, elin kızını seversin, anneni bir köşeye atarsın!" diye konuştuğunu anımsıyorum. Çocuk "Anne öyle konuşma, ben seni hiç unutmam," dediği zaman, "Unutursun, unutursun, el kızı sana unutturur," diye cevap verir ve bu söz çocuğu ağlatırdı. Yengem gülümseyerek bana bakar, sanki kazandığı bir tür zaferi kutlardı. Bunun doğru olmadığını, ortada sağlıksız bir durumun bulunduğunu «hissederdim», ne var ki, niçin böyle hissettiğimi açıklayabilecek hiçbir bilgim yoktu.

Şimdi daha iyi görebiliyorum, yengemin bu çocuğu kendi gereksinmeleri uğruna nasıl kullandığını ve çocuğun kişilik gelişimine ne büyük darbeler indirdiğini. Yıllar sonra, bu kişinin evliliğinde büyük stresler oluştu ve büyük acılar çekildi. Bu tür sözler sadece erkek çocuklarına söylenmiyor tabii, kız çocuklarına, "yarın evlenirsin, kocanın annesine 'anne', babasına 'baba' dersin, bizleri unutursun" deniyor. Bu ortamlarda yetişen iki kişi evlenince, birbirlerini sevmeye, birbirlerine önem vermeye direniyorlar ya da birbirlerini sevince, "anne ve babalarına karşı suç işlemiş" duygusuna kapılıyorlar. Ömrü boyu bu duygulardan kurtulamamış, bu nedenle karısı ya da kocasıyla bir yabancı gibi ilişkisini sürdürmüş çok insan tanıdım.

İki olgun insanın oluşturduğu sağlıklı aile düzeni içinde çocuk kendine öz potansiyeli ve yetenekleri içinde öğrenme, heyecanlanma, karar verme, hayal etme, keşfetme, hata yapma özgürlüğüne sahiptir. Bu ailede çocuklar, ana-babanın amaçları ve bilinçaltı hesapları uğruna kullanılmaz, yargılanmaz ve sağa sola itilmez. Kendilerine özgü bir gelişim izlemeleri teşvik edilir. Bu ortamda yetişen çocuklar cıvıl cıvıl neşeli, yaratıcı, sağlıklı olurlar. Doğuştan getirdikleri yete-

nekleri gerçekleştirme olanakları vardır. Herkesin doğuştan hakkı olan beş özgürlük aile içinde yaşar, canlıdır.

Beş Özgürlük

Ünlü terapist Virginia Satir (1967), her insanın doğuştan beş temel özgürlükle doğduğunu savunur. Bu özgürlükler şunlardır:

(1) Şimdi ve burada olanı duyma ve görme (algılama) özgürlüğü. Sağlıksız ana-baba çocuklarını geçmişe, geleceğe veya olması gerekene yöneltirler; şu anda ve burada olan olayları olduğu gibi algılamalarına izin vermezler.

Yukarıda sözünü ettiğimiz, "Ben şimdi böyle sana emekler veriyorum; büyüyüp evlenince beni unutursun, elin kızını seversin, anneni bir köşeye atarsın!" diyen anne oğlu üzerinde iki olumsuz etkiye yol açıyor:

1. Oğlunun o andaki durumu (oyun, güzel giysi gibi) algılamasını engelliyor; 2. oğluna, ilerisi için kendi kafasındaki «olması gereken ilişkiyi» empoze ediyordu. Bu davranışıyla anne, zavallı yavrunun doğuştan getirdiği temel özgürlüklerden birini acımasızca çiğniyor ve onun gelişmesini köstekleminiş oluyordu.

(2) Kendi düşündüğünü olduğu gibi ifade edebilme özgürlüğü. Sağlıksız ana-baba, çocuklarının ne düşündüğüyle ilgilenmezler, *ne düşünmesi ve yapması gerektiğiyle* ilgilenirler.

Sağlıklı aile ortamı çocuğun kendine özgü algılayış ve düşüncesini ifade etme olanağı sağlar; sağlıksız aile, çocuğun nasıl algılaması, düşünmesi ve davranması gerektiğiyle ilgilenir. Çocukları belirli bir *kalıba sokmak,* bu ana-baba için, çocuğun kendi olarak gelişmesinden daha önemlidir.

Daha önce Üçüncü Bölüm'de verdiğimiz ***Gerçek Bir Olay*** başlıklı örneği bu konuyla ilgili olarak bir kere daha hatırlayın: (*Beyaz İtalik* [eğik, yatık] yazılar babanın kısıtlayıcı davranışına, ***Siyah İtalik*** yazılar çocuğun kendi dünyasındaki olaylara dikkati çekiyor.)

(....) İbrahim genç çiftin ilk çocuğuydu. Son zamanlarda oğlunun yeni bir beceri kazandığını gururla anlatan baba, çocuğun bu becerisini bana göstermeseni istiyordu. (.....) Baba birçok kereler, "Haydi oğlum göster amcana nasıl sövdüğünü," diye *ısrar etti.* Ne var ki, bu sırada İbrahim, duvar dibinde gördüğü ***iki karıncayı büyük bir dikkatle izlemekteydi; çıkardığı sesler karıncaları izlemeye kendini tamamıyla kaptırdığını belli ediyordu. Babasını duymadı bile.*** *Baba sesini yükseltti* ve yine oğlunun yeni becerisini misafir amcasına göstermesini istedi. İbrahim yine kendi dünyası içindeydi ve babasını duymadı bile.

Baba kalktı, çocuğu kaldırdı ve odanın ortasına getirerek yüzü bana dönük biçimde oturttu ve isteğini yineledi. ***İbrahim hemen kalktı ve karıncaların olduğu yere gitti ve onları aramaya başladı.*** *Baba bozulmaya başlamıştı. Sesini daha da yükseltti* ve çocuğun dikkatini çekmeye çalıştı, ne var ki, başarılı olamadı.

Baba kalktı, çocuğun kıçına hafifçe vurarak, onu kolundan tuttu ve benim önüme getirdi, "Haydi göster amcana nasıl sövdüğünü," dedi. ***Çocuk yine geri dönüp karıncaların olduğu yere gitmeye yeltenince,*** *"Ulan eşşoğlu eşşek şimdi tokadı patlatırım, ha! Göstersene amcana nasıl sövdüğünü," diye şiddetli bir tavırla çocuğa çıkıştı.* Çocuk şaşırmıştı. Sanki rüyadan uyanır gibi, ilk defa babasının dediğini duyuyordu. Anlayamadı. Babasının yüzüne bakmaya devam ediyordu. *"Yüzüme ne bakıyorsun eşşoğlu eşşek, söylediğimi yapsana," diye baba bir kere daha çıkıştı.*

İbrahim ağlamaklı bir yüze büründü, yine babasına bakıyordu. Baba, "Hanım al şu çocuğu öbür odaya götür, aksi halde benden dayak yiyecek," dedi ve karısı (benim yeğenim), *"Oğlum neden yapmıyorsun babanın dediğini,"* diyerek İbrahim'i kolundan sürekleyerek öbür odaya götürdü. *Öbür odadan İbrahim'in içli içli ağladığını* duyuyordum. Annesi, *"Haydi sus, ağlama!. İnsan babasının dediğini yapmaz mı?"* diye ona nasihat ediyordu.

Bu verilen örnek, babanın amacı için çocuğun nasıl kullanılmak istendiğini açıkça gösterir. Başkalarına gösteriş aracı olarak kullanılmak istenen çocuğun, o andaki ilgilerine, düşünüş ve davranışına saygı gösterilmemiştir. Çocuğun sağlıklı gelişimiyle ilgilenen baba, çocuğun o anda dünyayı nasıl algıladığını, neler düşündüğünü anlamak ister; önce çocuğun iç dünyasıyla temas kurar, daha sonra etkileşime başlar.

Verilen etkileşimde İbrahim, kendi algılamasının, düşünce ve davranışının önemli olmadığını, kendi ilgi ve istekleri ne olursa olsun onları bir yana bırakıp babasının istediği yönde davranması gerektiğini öğrenmektedir. Sadece baba değil, "İnsan babasının dediğini yapmaz mı?" diyen anne de böyle istemektedir.

Aile içindeki etkileşimler hep bu temel mesajı veriyorsa, İbrahim gelişimi boyunca merak etmemeyi, düşünmemeyi ve kendi istediği yönde hareket etmemeyi öğrenir.

(3) Kendi duygularını olduğu gibi ifade edebilme özgürlüğü. Sağlıksız aile ortamı içinde çocuğun hangi duygular içinde olduğuna önem verilmez, hangi duyguları ifade etmesi gerektiği daha önemlidir.

Çocuk gülüyorsa, gülmesi; ağlıyorsa ağlaması kınanır. Korkmuşsa, korkaklığıyla alay edilir. Çocuğa kızma hakkı verilmez, "kapa çeneni," denilir.

Sağlıklı aile ortamı içinde, çocuğun kendine özgü duyguları duyma ve ifade etme özgürlüğüne saygı vardır ve bu olanak çocuğa her zaman sağlanır.

(4) Kendi arzularına göre bir şeyi isteme ya da reddetme özgürlüğü. Sağlıklı ailede çocuğa kendi istediğine kendisinin karar vermesi ve bu kararın sorumluluğunu yüklenmesi öğretilir.

Örneğin, sağlıklı ailede çocuk yemek yemeye zorlanmaz. Yemek zamanı gelince ailenin beraberce yemek yemesi beklenir; ne var ki, kimse belirli bir miktar yemeye zorlanmaz. Yemek zamanı yemeyen çocuk bir saat sonra, "Benim karnım acıktı, bana yemek ver," diye annesine gelince, annesi, "Bir saat önce yemek zamanıydı, o zaman yemedin. Burası lokanta değil, istediğin zaman sana yemek hazırlanamaz. Önümüzdeki yemek zamanına kadar beklemek zorundasın," der. Böylece çocuk, ortak sofrada yemek yememe davranışının sonucuna katlanmak zorunda bırakılır. Ne var ki, anne yemek masasında çocuğuna, "Şimdi iyice ye de, bir saat sonra benim karşıma, anne karnım aç diye çıkma!" demez. İstediği kadar yemek yeme yine çocuğun kararına bırakılır.

Sağlıksız ailede, çocuğun neyi ne kadar yemesi gerektiği sürekli kendisine söylenir. Çocuğun kendi davranışlarından sorumluluk kazanmasına olanak verilmez. Sorumluluk kazanan insan zamanla bağımsız olmaya yönelir; sağlıksız ailenin ise bağımsız insana tahammülü yoktur.

(5) Olmak istediği yönde gelişerek kendi özünü gerçekleştirme özgürlüğü. Sağlıksız ailede, kimin ne olması gerektiği, aile içindeki katı kurallar çerçevesinde belirlenmiştir. Kişinin nasıl bir insan olarak yaşamını sürdürmesi gerektiği, dolaylı ve dolaysız, sürekli kendisine empoze edilir.

Bu tür yönlendirme küçükken çocuğun nasıl bir oyun oynayacağı ile ilgili iken, büyüdükçe nasıl bir meslek seçmesi ve kiminle evlenmesinin gerektiğine dönüşür.

Manevi yaşamla ilgili olarak da kişi sürekli baskı altında tutulur. Neye, ne kadar ve nasıl inanacağı çocuğa sürekli söylenir. Bunun dışına çıkma cesaretini gösterenler korkutulur. Kişinin araştırma, keşfetme, kendini daha mutlu eden bir dünya geliştirme özgürlüğü yoktur.

Yukarıda saydığımız beş özgürlüğün korunabilmesi için, aile içinde sağlıklı ve etkili bir iletişim olması gerekir. Aşağıda aile üyeleri arasındaki iletişimin özelliklerini gözden geçireceğiz.

AİLE İÇİNDE İLETİŞİM

Ofisteki müdürün bencilliğinden, memurların müdüre yaranmak için yaptığı dalkavukluktan bunalan anne, eve geldiğinde, çocukların evi temizlemediğini, odalarını toplamadığını görür. Eve geldikten beş dakika sonra çocuklara bağırmaya başlar: "Kendinizden başka hiç kimseyi düşünmeyen, bencil, sorumsuz, değersiz insanlarsınız. 'Annem çalışıyor, yardım edelim' diyeceğinize, sanki ben sizin hizmetçinizmişim gibi, evi temizlememi, odalarınızı toparlamamı istiyorsunuz. Utanmazlar!"

Anne, ofisten getirdiği stres ve engellenme duygusunu *(frustration)*, çocuklara yüklemiş ve onları yargılayarak, kendilerini suçlu hissetmelerini sağlamıştır.

Sağlıklı ailede olgun bir anne, "Kendimi çok yorgun ve bitkin hissediyorum; ofiste beni kızdıran değişik olaylar oluyor. Bir süre yalnız kalıp dinlenmem gerekiyor. Odalarınızı toparlayın, evi temizleyin, kendinize yiyecek bir şeyler hazırlayın. Daha sonra konuşuruz, çocuklar!" der ve odasına çekilirdi.

Kendi mutsuzluğundan çocuklarını sorumlu tutmaz, onları yargılayarak kendilerini suçlu hissetmelerine olanak vermezdi.

Çocukları sürekli eleştirip, onları yargılama suçlama ile çocuk yetiştirmeye, bazı psikologlar, «zehirli terbiye» *(poisonous pedagogy)* adını vermişlerdir. Zehirli terbiye eşitsizlik üzerine kurulmuştur; hükmeden ve hükmedilen vardır. Ana-baba olmak, çocuğa esir muamelesi yapmaya yeterli bir nedendir. Baba alkolik, yalancı, tembel ve ahlaksız da olsa, sırf baba olduğu için çocuklarını yargılamaya, hükmetmeye hak kazanır. Ne kadar haksız olurlarsa olsunlar, anababaya her zaman, her konuda boyun eğilmelidir.

Ailede, yargılama ve suçlama oranına bakarak zehirli terbiyenin bir ailede yer alıp almadığını, anlarız. Sağlıksız ailelerde hâkim olan zihniyet zehirli terbiyedir ve yargılama, suçlama, aşağılama ve kötülüme kuralları baskındır. "Sersem," "ahmak," "sen ne bilirsin ki," "manyak," nitelikleri sık sık duyulur ve aşağılayıcı lakaplar takılır.

Zehirli terbiye, çocuğun kendine olan saygısını yok eder, iç dünyasını zehirler, kendine güvensiz, başkalarını memnun etmek için yaşayan insanlar ortaya çıkarır.

Olgun ana-babanın oluşturduğu sağlıklı ailede etkili iletişim vardır. Etkili iletişim sağlıklı bir aile ortamını yaratır, devam ettirir. Etkili iletişim, sağlıklı ailenin; iletişim aksaklığı ise, zehirli terbiyenin ve sağlıksız ailenin göstergesidir.

Etkili İletişim

Etkili iletişimin temelinde farkında olma, ayrıntılı olarak iç ve dış dünyanın bilincinde olma yatar. İyi iletişimci, hem kendi iç dünyasını, başka bir deyişle duygu, düşünce ve tutumlarını iyi tanır, onların ne anlama geldiğini kavrar, anlar hem de karşıdaki kişinin davranışlarını gerçekçi bir biçimde değerlendirmesini bilir. Kişinin kendini bilmesi, onun kendi algılama, yorumlama, yansıtma, duygu ve arzularının farkında olması demektir. Karşıdakinin farkında olan kişi ise, onun davranışların nasıl bir iç dünyaya işaret ettiğini, onun deneyim ve yaşantılarının ne olduğunu anlar. Yüz ifadeleri, bedenin duruşu, sesin titreyiş ya da iniş çıkışı, karşıdakinin iç dünyası hakkında ipuçları verir. İyi iletişim yetenekleri olan kişi ipuçlarını anında görür ve onları gerçekçi olarak değerlendirir.

İletişimi Baltalayan Alışkanlıklar

İnsan iletişiminde dil temel araç olarak kullanıldığı için, dilin kullanılışıyla ilgili kötü alışkanlıklar kişiler arası iletişimdeki verimliliği aksatır. Bu kötü alışkanlıklardan bazıları şunlardır:

(1) Genelleme. "Kadınlar 9 ay dolaylarında hamilelikten sonra doğum yaparlar" ifadesi dış dünyada geçerliği olan bir genellemedir ve bir bilgi birikimini ifade eder. Ne var ki, genelleme her zaman bilgi ifade etmek için değil, ön yargılarımızı ifade etmek için, "bilgi imiş" gibi kullanılır. Örneğin, "Kadınlara zayıf tarafınızı göstermemelisiniz, en zayıf zamanınızda size kötülük etmeye kalkarlar," ifadesi kanıtlanması zor, birinin ön yargısını ifade eden bir genellemedir. Bu tür yanlış genellemeler her dil ve kültürde vardır. Böyle genellemelerin etkisinden kurtulabilmek ancak kişinin bilinçlenmesi ve kendini tanımasıyla mümkündür.

(2) **Yaygın tutumlar.** "Kürtler çok iyi avcıdırlar," ya da "Lazlar iyi matematikçi olurlar," "Kayserililer tüccar olurlar" gibi tutumlar, incelenmemiş, ağızdan ağıza yayılmış, tutumlardır. Bu tür tutumlar kişilerin bireysel farklılıklarını görmemizi engeller, onları ayrışmamış bir grubun tipik örnekleri düzeyine indirir.

(3) **Neden-sonuç ilişkilerinde bozukluk.** "Bak anneni hasta yaptın," "başımı ağrıttın, artık git!" gibi ifadeler, sanki biri diğerini gerçekten hasta yapar ya da başını ağrıtır izlenimi verir. Baş ağrısının ya da hasta olmanın temelinde yatan biyo-nörolojik süreçler oldukça karmaşıktır ve bir tek kişiyi suçlamak, neden-sonuç ilişkilerini basite indirgemek anlamına gelir.

(4) **Aklından geçenleri bilme.** "Sen beni çocukların kadar sevmiyorsun," "şimdi kızgınsın ama söylemeye çekiniyorsun," "oğlunu kızından daha çok seviyorsun, fakat bunu kabul etmeyi kendine yediremiyorsun," gibi ifadeler, iki kişi arasındaki iletişimi olumsuz yönde etkiler. Bir kimsenin yaşantısını ondan daha iyi bildiğini iddia etmek, karşıdaki kişinin ya (a) bilinç düzeyinin düşük olduğu, bu nedenle kendi duygu ve düşüncelerinin farkında olmadığı (b) şu veya bu nedenle yalan söylediği; ya da (c) gerçekle teması olmayan, tutarsız biri olduğu anlamına gelir. Böyle bir temel üzerine iyi iletişim kurulamaz.

Sağlıklı iletişim daha önce özelliklerini incelediğimiz olgun insanlar arasında kolaylıkla gerçekleşir. Yukarıdaki özelliklere eklemek istediğim bir iletişim becerisi de, zamanında ve konuya ilişkin geri-iletim vermektir. Anlaşılmayan bir konunun açıklığa kavuşması; yanlış bir yargılamanın ne gibi temellere dayandığını anlamak için sorular sorma; duygularını karşıdakine dürüstlük ve samimiyetle söyleme bu tür geri-iletime örnektir.

SÖZÜN KISASI

Sağlıklı aile, üyelerinin gereksinmelerini karşılar ve onların gelişmesi için olumlu bir ortam oluşturur. Aile üyeleri arasındaki ilişki rahat, akıcı ve olumlu bir yapıya sahiptir. Aile, toplumla ilişkisini dengelemiştir; ne toplumdan kopar, ne de toplumun baskısına tümüyle boyun eğer. Böyle bir aileden olgun insan yetişir.

Olgun insan şu özelliklere sahiptir: 1. İyi belirlenmiş benlik sınırları vardır; 2. kendini değerli bulur; 3. yaşamının değişik yönleri arasında denge kurar; 4. duygularını tanır ve ifade eder.

Ailedeki ilişkiler arasında en önemlisi, ailenin temelini oluşturan karı-koca arasındaki ilişkidir. Bu ilişki ne kadar sağlıklı ise, ailenin temeli o kadar sağlamdır. Sağlam temeller üzerine kurulu ailede algılama, düşüncelerini ve duygularını ifade edebilme, neyi istediğini ya da istemediğini belirtme ve kendini istediği yönde geliştirme özgürlüğü vardır. Aile içindeki iletişim bu özgürlükleri ya canlı tutar ya da sürekli baltalar.

5

Aile Kuralları

Her ailede uyulması gereken kurallar vardır. Ne var ki, bu kurallar bilinç düzeyinde kolaylıkla ifade edilemez. Nasıl ki, dilbilimci olmayan biri Türkçeyi mükemmel konuştuğu halde Türkçe'nin gramer kurallarını açık seçik söyleyemezse, aile içindeki kişiler de, aile içinde neyin "uygun," ya da "uygunsuz" olduğunu bilirler; ne var ki, bu değerlendirmelerin altında yatan kuralları söyleyemezler.

Sağlıklı ailede kurallar gizli değil, açık ve seçik ortadadır. Karı ve koca aralarındaki farkları saklamazlar; her ikisi de birbirlerinin farklı yönlerini bilir; farklılığı nedeniyle biri diğerine üstünlük iddia etmez; her ikisi de farklı, ama eşit olduklarının bilincindedir.

Sağlıklı ailede karı-koca arasında çatışma olmaz mı? Olur. Karı-koca arasında çatışma olmayan sağlıklı aile enderdir; çatışma olmayan ailede, büyük bir olasılıkla, kişiler birbirlerine gerçekte olduğu gibi görünmüyor, sosyal maskeler takarak etkileşimde bulunuyorlardır. Maskeler takarak birbirleriyle iletişim kuran aile sağlıklı değildir. [(15)]

Çatışma, uzun süreli ilişki içinde olan kişiler arasında doğal olarak ortaya çıkar. Önemli olan çatışmanın çıkmasını önlemek değil, çatışma çıktığı zaman kişilerin birbirleriyle nasıl etkileşim kuracağının bilinmesidir. Aralarında çıkan çatışmayı, birbirlerini kırmadan çözebilme becerisini gösteren çiftler, sağlıklı bir aile kurar.

Evlenerek beraber yaşamaya başlayan kişiler, kendi özgeçmişlerinden değişik alışkanlıkları, ortak hayatlarına getirmeye başlarlar. Örneğin, Ethem'in ailesi, bayram süresince farklı tatil köylerine giderek dinlenmeye önem verirdi. Yasemin'in ailesi ise, bayramları, akraba ve arkadaşları ziyarete ayırırdı.

---

(15) Sosyal maskeler aracılığıyla iletişim konusu *Yeniden İnsan İnsana* kitabında ayrıntılı olarak incelenmiştir (Cüceloğlu, 1991b, s. 133).

Ethem ve Yasemin evlendikten sonra ilk bayramda ne yapacaklar? Hangisinin alışkanlığı benimsenecek? Diğer eş buna ne diyecek?

Aile içindeki çatışmalar, yukarıdaki örnekte olduğu gibi "bayram tatilinde ne yapmalı?" konusundan doğabilir ya da, "çocuğu nasıl terbiye etmeli?" gibi, oldukça önemli konuları da kapsar.

Karı-koca, ortaya çıkan bir çatışmayı çözmeye girişmeden önce, bu **çatışmayı çözmede kullanılacak kurallar** üzerinde anlaşmaya varmak zorundadır. Bu tür kuralların gelişmesi zaman alır; ne var ki, bu kuralları saptamadan çatışma konusunda etkin ve sağlıklı iletişim kurma olanağı azalır.[16]

Sağlıklı Ailede Çatışma Çözümünde Kullanılan Kurallar

Daha önce belirttiğimiz gibi sağlıklı ailede kurallar açık seçik ortadadır; herkes bu kuralları bilir ve uygular. Çatışma çözümünde kullanılan kurallar şöyle özetlenebilir:

(16) Çatışma ve çatışma çözümü konusunda daha ayrıntılı bilgiyi yazarın aşağıdaki eserlerinde daha ayrıntılı olarak bulabilirsiniz: (Cüceloğlu, 1991a, sayfa 281-6; 1991b sayfa 195-218.)

(1) Duygu ve düşünceler, azaltılmadan ve abartılmadan, olduğu gibi ortaya konulmalıdır. Bu tutuma, *kendine güvenli ve kendine saygılı* tutum adı verilir. Bu tutum içinde olan kişinin kendine saygısı olduğu kadar, karşıdakine de saygısı vardır.

Bu tutumun karşıtı iki uç vardır:

(a) Kendine güveni olmayan, karşıdakini güçlü görüp, kendini güçsüz gören tutum. Bu tutum içinde olanlar, karşıdakinin görüşlerini olduğu gibi kabul ederler. Bu tür insanlara günlük dilde, «pısırık,» «itaatkâr,» «utangaç» gibi isimler veririz. Bu insanlar, kendilerinin hiçbir zaman haklı olamayacaklarını baştan kabul etmişlerdir.

(b) Kendinden başka kimseye değer vermeyen, kendi söylediğinden başka kimsenin söyleyecek bir sözü olduğuna inanmayan, saldırgan tutum. Bu tutum içindeki insanlar, ister haklı ister haksız olsunlar, karşıdakini her konuda mutlaka ezmek isterler. Daha önceki yazılarımızda bahsettiğimiz İbrahim'in babası Sıtkı Bey, saldırgan tipe; annesi ise, pısırık tipe örnektir.

Sağlıklı ailede hem karı hem de koca, kendine güvenli ve kendi söz hakkına olduğu kadar, karşıdakinin söz hakkına da saygılı kişilerdir. Kişiyi ezmek söz konusu değildir; karşıdakinin görüşlerini öğrenerek bir uzlaşmaya varmak temel amaçtır.

(2) Sorunlar şimdiki bağlam içinde ele alınmalı ve eski birikimler işin içine sokulmamalıdır. Bu tutum içinde, karı-koca arasında çıkan çatışma, «şu andaki boyutlar» içinde ele alınır. Örneğin, Murat, akşam eve hergünkünden daha geç geldi; karısı Hülya, Murat'ın akşam saat 6'da eve geleceğini düşünerek, akşam yemeğini hazırlamıştı. Şimdi saat 8 ve yemekler soğumuş durumda.

Hülya daha önce Murat'ın geç kalmış olduğu günleri hesaba katarak, "Bu, son üç ay zarfında, haber vermeden dördüncü kez geç kalışın. Beni insan yerine koymadığın belli," gibi söze girişirse, ikinci kurala uymuyor demektir.

İkinci kurala uyan Hülya'nın, "Bu akşam iki saat seni yemek için bekledim; yemekler soğudu, seni merak ettim. Telefon edemez miydin?" gibi, şimdiki zaman içinde, konuyu şu anda olan olaylar çerçevesinde irdelemesi gerekir.

(3) Karşıdakine uzun konuşmalarla nasihat verilmemeli, davranışlar somut bir biçimde ayrıntılı olarak ele alınmalıdır. Örneğin

Hülya, "İnsan karısının merak edeceğini düşünmeli, ne yapıp mutlaka ona haber vermeli," biçiminde konuşursa, Murat'a nasihat ediyor durumuna düşer. Halbuki, "İki saat yemek masasında seni beklemek, özellikle merak içinde ve aç karnına beklemek, hiç hoş değil. Bazı günler geç geleceğini önceden haber verebilir misin?" biçiminde konuşursa, nasihat etmeye değil, belirli bir çözüme yönelmiş olur.

(4) Yargılamaya gidilmemeli, kişiler kendi duygu ve düşüncelerini belirtmelidirler. "Sen sorumsuzsun," yargılayıcı bir ifadedir. "Karnım aç, merak ettim, üzüldüm," kişinin kendi duygularını belirten türden ifadelerdir.

(5) Duygu ve düşünceler, ne az ne eksik, olduğu gibi ifade edilmelidir; karşıdakinin ne beklediğine ya da en mükemmel olması gerekene göre ifadeler ayarlanmamalıdır. Hülya, «iyi ev kadını, kocasını merak eder»; "şimdi bu konuda tepki göstermezsem, gittikçe işi azıtır; şimdi ben onu doğduğuna pişman edeyim ki, ileride bir daha buna cesaret edemesin!" gibi kalıplaşmış rollere ve beklentilere göre değil, kendi gerçek duygu ve düşünceleri ne ise, onlara göre etkileşimini kurmalıdır.

(6) Konunun özü ile, konuya ilişkin olmayan ayrıntılar birbirinden ayırt edilmelidir. Hülya kocasına, "İki saat geciktin," dediğinde, Murat, "Hayır, bir saat kırk beş dakika geciktim," dememelidir.

(7) Çatışma konusunda aktif dinleme kullanılmalıdır. Karşıdakinin ne söylediğini anlayacağınızdan tam emin oluncaya kadar, onun söylediğini nasıl anladığınızı ifade ederek, doğruluğunu denetleyin.(17)

(8) Belirli bir zaman konusu içinde ancak bir çatışma üzerinde durulmalı, başka çatışma konuları tartışmaya katılmamalıdır. Hülya, "Hem geç kalıyorsun, hem de bana ev işlerinde hiç yardım etmiyorsun!" diyerek iki konuyu birden ortaya atmamalıdır.

(9) Birinin haklı çıkması yerine, her iki tarafın da anlaşabileceği bir çözüme yönelinmelidir. Hülya, "Ben haklıyım, aile hayatına daha uygun davranışlar içindeyim," görüşünü Murat'a kabul ettirmeye

---

(17) Aktif dinleme kavramının ayrıntılı bir anlatımı için Cüceloğlu, 1991b, s. 167-194'e bakınız.

çalışmak yerine, Murat'ın içinde bulunduğu durumu değerlendirip anlayarak, her ikisinin de kabul edebileceği gerçekçi bir çözüm bulmaya yönelmelidir.

Ailede kullanılan kurallar, yukarıdaki gibi açık seçik ifade edilmeyip, gizli kaldığı zaman, mevcut çatışmaların çözümü olanaksızlaşır. Karı-kocanın her ikisi de, farkında olmadan, farklı kurallar kullanarak çatışma içine girerler. Bu tip kural farklılıklarının kendisi de çatışmaya neden olur. İşine gelen, özellikle otorite durumundaki kişi, kuralı istediği gibi değiştirir. Böyle bir aile ortamında karşılıklı güven ve sağlıklı dayanışma gelişemez.

EKSİK İNSANLAR

Ailede en önemli üç ilişki vardır:

(1) Annenin kendisiyle olan ilişkisi,
(2) Babanın kendisiyle olan ilişkisi ve,
(3) Anne ve babanın birbirleriyle olan ilişkileri.

Sağlıksız aile, eksik insanların ilişkileri üzerine kurulur. Eğer anne ve baba, kendi bütünlüklerini gerçekleştirememişlerse, onların kendi içlerinde ve aralarında kuracağı ilişki sağlıksız olur ve yetiştirdikleri çocuklar da eksik kişilikli olarak yetişirler.

Anne ve baba ailenin mimarlarıdır. Onların kişilikleri ve ilişkileri ailenin tümünü ister istemez etkiler ve aile içindeki süreçleri belirler.

Kişiliklerini bütünleyememiş eksik ana ve baba, kendilerini olduğu gibi kabul edemezler, bir tür hayal dünyası içinde, kendilerini olduklarından daha farklı görürler. Duyguları, düşünceleri, amaçlarıyla ilişkileri kopuktur; bu nedenle, yaşamlarını kendi diledikleri yönde değil, çevrelerindeki kişilerin diledikleri yönde yaşarlar. Ama, pek çoğu bunun farkında değildir.

Yaşamını kendi özgür istemiyle istediği gibi yaşayamayan kişi, bir esir gibi, ömrü boyu diğerlerinin dileklerini yerine getirmek için çabalar. Bu durumu açık seçik görebilen kişiler ise, eksikliklerinden dayanılmaz bir acı duyarlar. Bu acı o kadar kuvvetlidir ki, durumun kötülüğünü algılamamak için eksik kişi, farkında olmadan, değişik savunma mekanizmaları geliştirir. Bu savunma mekanizmaları zamanla kuvvetlenerek kişinin tüm yaşamını etkisi altına almaya başlar; bir süre sonra kişi gerçekle ilgisini kaybeder, aile içinde geliştirilmiş ve pekiştirilmiş olan savunma mekanizmalarından örülü «aile gerçeği»ni yaşamaya başlar. Aile üyeleri, ne tür bir savunucu çıkmaz içine gömüldüklerini anlamadan ömürlerini tüketirler.

Eksik kimseler, kendileri gibi diğer eksik kimselerle evlenirler. Bunun bir tür doğa kanunu olduğunu savunan yazarlar vardır (Alice Miller, 1989; John Bradshaw, 1988, 1990; Charles Whitfield, 1990). Bu yazarlar, eksik kimsenin savunucu bir dünya içinde yetiştiğini, bir tür hayal dünyası içinde kendi benliğini tanımlamış olduğunu, bu nedenle ancak kendisi gibi eksik bir kimseyle karşılaştığı zaman kendini «anlamlı» bir ilişki içinde bulduğunu belirtirler.

Bu tür ilişki özellikle alkolik ve kötü davranılan ailelerin çocuklarında görülür. Örneğin, alkolik bir babanın kızı, babasından dayak yiyerek büyümüştür; babanın bencilliği baskındır ve çocuk sevgi ve şefkat görmemiştir. Ne var ki, alkolik ailede kurallar hep gizlidir ve babanın alkolik oluşu hiç konuşulmamıştır. Çocuk, mutsuzluğunu ve yalnızlığını anlayıp değerlendirebilecek zihinsel güce erişemeden, kendi benliğini tanımlamaya ve kişilik yapısını oluşturmaya başlar. Belirli bir yaş aşamasında kişilik yapısı oluşup, özbenlik gelişimi, sağlıksız da olsa, tamamlanınca, kendisini ailesindekine benzer ortamlarda «anlamlı» görmeye başlar. Ve bu nedenle, alkolik babanın kızı, babası gibi alkolik bir erkekle evlenir ve onun kendini dövmesini ve kötü davranmasını yaşamın zorunlu bir parçası imiş gibi doğal kabul eder.

Bu özelliğinden dolayı, eksik insan ve eksik insanlar üzerine kurulmuş olan sağlıksız aile, kişilerin yaşam boyutlarını aşar, kuşaklar arası bir sosyopsikolojik olay özelliğini gösterir. Sağlıksız ailelerde, her kuşak, bir önceki kuşağın yaratmış olduğu sahte «gerçeği», yani savunma mekanizmalarını devam ettirmek için elinden geleni yapar ve yeni kuşakları kendileri gibi eksik yetiştirir.

Kişilik gelişimlerini tamamlamış, bütünlüklerini gerçekleştirmiş insanlar, kendi mutlulukları için başka bir insanın varlığını zorunlu görmezler. Kendi başlarına mutlu ve tamdırlar; kurmuş oldukları ilişki onları daha mutlu, daha etkili, daha doyumlu yapar. İlişki kurmuş oldukları kişileri kendi amaçları için kullanma gereği duymazlar, çünkü, temel mutluluklarının kendi iç dünyalarından geleceğini bilirler. Herhangi bir tutku *(addiction)* ya da bağlaşıklık *(codependency)* gereksinmesinin zorlayıcı etkisi altında değil, özgür iradeleriyle, istedikleri için evlilik kurarlar. Bu tür ilişki sağlıklı ai temelidir ve bu ailede kişiliğini geliştirmiş, bütünleşmesini tamam mış insanlar yetişir.

Kendi bütünlüğünü tamamlayamamış, kendine saygı ve sevgisini geliştirememiş kişi, başkasını gerçek anlamda sevemez. Benlik sınırlarını belirleyememiş kişi, yaşam sınırlarının nerede başladığını bilemez, bu nedenle iç dünyasını koruyamaz ve yine bu nedenle başkaları ona istediklerini yaptırırlar.

Üç Temel Özellik

Kendi benlik sınırlarını iyi tanımlamış kişiler aşağıdaki üç temel özelliği gösterirler:

(1) Duygu ve düşüncelerini birbirlerine karıştırmazlar; duygu ve düşüncelerinin ayrı ayrı farkındadırlar.

(2) Bedensel, duygusal ve düşünsel yönden eşlerinin kendilerinden farklı olabileceğini bilirler ve bunu doğal olarak kabul ederler.

(3) Kendi mutluluklarından kendilerini sorumlu tutarlar.

Bu özellikleri yaşamlarında gerçekleştirmiş insanlar kendileri için bir iç özgürlük ortamı yaratmakla kalmazlar; eşleri ve çocukları için bir dış özgürlük ortamı da yaratırlar. Birbirleriyle etkileşim, eşitlik temeline ve birbirlerini olduğu gibi kabule dayanır.

Kişiliklerini bütünlemiş insanların evliliği, dış etkilerden – özellikle ana-babalarının karışmalarından – kendisini korumasını bilir. Aile içinde birbirini suçlama ve yargılama yoktur. Herkesin birbirine koşulsuz sevgisi vardır.

Koşullu sevgi, "şöyle davranırsan seni severim, böyle davranırsan sana küserim," mesajını sürekli verir. Öte yandan koşulsuz sevgi, "sen, sen olduğun için sevgiye layıksın; kendin olarak istediğini düşün, duy, yap; benim sevgim devam edecektir," der. Böyle bir ortamda kişi kendi olmaktan korkmaz ve gelişim aşamasını doğal süreci içinde tamamlayarak bütünleşir.

Sağlıksız ailedeki kurallar ve etkileşimler ise oldukça farklıdır. Çocuğun gelişimini olumsuz yönde etkilediği için ayrı bir başlık altında gözden geçirmeye değer.

E GİZLİ KURALLAR

arı bilinçaltındadır ve açık-seçik ifade edilmemiş-
lları kimse tartışamaz. Bu kurallar ailenin sağlık-
yaratır, hem de devam ettirir. Sağlıksız ailelerde
lı gizli kurallar şunlardır:

...etleme: Bireyler, etkileşimlerinde, duygu, düşünce ve davranışlarını yüzde yüz denetleme gereğini hissederler. Denetlenmeden söylenilen söz, ifade edilen duygu ve heyecanlara izin verilmez; kendiliğinden ortaya çıkan davranış kötüdür ve mutlaka cezalandırılmalıdır. Denetleme kendiliğindenliği *(spontaneity)*, doğal olarak gelişen ve ifade edilen duyguları öldürür.

Sağlıksız ailenin en temel savunma mekanizması denetlemedir: Böylece her şeyin önceden kestirilebilir, kontrol altına alınabilir olduğu belirtilmek istenir. Bu tür denetleme, aileye sağlıksız bir güven duygusu verir. Yaşamın önceden kestirilemeyen, denetlenemeyen karmaşık yönlerinin doğuracağı kaygı, bu tür sahte bir güven duygusuyla karşılanmaya çalışılır.

(2) Mükemmeliyetçilik: Yapılan her işte, söylenilen her sözde, girilen her sınavda kişinin mükemmel olması beklenir. Her şey göstermeliktir, başkalarının beğenisi için yapılır. Ölçütler kişinin dışında, başkaları tarafından belirlenmiştir; o ölçütler çerçevesinde bireyin en mükemmeli yapması beklenir. Herkes bu ölçüte uymak zorundadır; bireyin ölçütleri değiştirmeye ya da tartışmaya hakkı yoktur.

Mükemmeliyetçilik kuralı, kişinin kendi gerçeğinin hiçbir değeri olmadığını, kendi düşünüş ve değerlendirişinin önemsiz olduğunu ifade eder. Bu kuralın geçerli olduğu sağlıksız aile ortamında yetişen çocukların yaşamla ilgili en temel duyguları umutsuzluktur. Kendilerini değersiz bulurlar; değersizlikten utanç duyarlar; ileride değişebileceklerine inanmazlar ve bu nedenle umutsuzdurlar.

(3) Suçlama: Denetlenmeden yapılan ve mükemmel olmayan davranışlar ortaya çıkınca suçlama kendini gösterir. Suçlama, olayları olduğu gibi kabul etmemenin bir sonucudur.

Matematik dersinde, öğretmeni Kenan'ı tahtaya kaldırdı ve bir problem vererek çözmesini istedi. Kenan çözüm sırasında en azından üç hata yaptı ve öğretmenin yardımıyla problemi çözebildi.

Sağlıklı ailede bu durum, Kenan'ın matematikle ilgili bazı konularda henüz öğrenmesi gereken yeni kavramlar ve çözüm yolları olduğu algılayışına yol açacaktır. Kişilerin yeni kavramlar ve çözüm yolları öğrenmesi, özellikle öğrenci oldukları okullarda doğal bir durum olacağı için, kişi suçlanmayacak, yargılanmayacaktır.

Sağlıksız ailede Kenan, ya öğretmeni ya da o sırada sınıftaki başka bir durumu suçlayacak, kendi bilgisinin eksik olduğunu kabul etmeyecektir. Ana-babası, yukarıda tartıştığımız denetleme ve mükemmeliyetçilik kurallarının etkisi altında, Kenan'ın matematik problemini çözemeyişini, utanılacak bir yüz karası olarak algılayacak ya öğretmeni, ya okul sistemini, ya da Kenan'ı bu «utanılacak durumdan» sorumlu tutacaktır.

Bu tür suçlamalarla aile, her şeyin denetim altında tutulması gerektiği ve her yapılan şeyin mükemmel olmasının zorunlu olduğu kurallarını pekiştirmiş olur. Kenan'ın matematik öğrenirken izlediği doğal gelişim aşamaları, hatalar yaparak kademeli olarak gittikçe en iyiye doğru ilerleme basamakları dikkate alınmaz. Bu nedenle Kenan, matematik öğrenmekten, daha doğrusu hiçbir şey öğrenmekten zevk alamayacak, sürekli bir kaygı ve utanç içinde okula gidecek ve ders çalışacaktır.

(4) Beş temel özgürlüğün inkârı: Sağlıksız ailede kişilerin doğal olarak geliştirdikleri algılama, duygu, düşünce, davranış, arzu ve amaçları inkâr edilir: "İçinden geldiği gibi değil, mükemmeliyetçi kurala uyarak, başkalarının senden beklediği biçimde algıla, duygulan, düşün, davran, arzu et ve amaç edin."

Bu kuralın etkisi son derece olumsuzdur; çocuğun sağlıklı gelişiminin temelinde bulunması zorunlu olan onun psikolojik gerçeğini inkâr eder. Kişinin kendi gerçeği inkâr edildiği zaman, o kişi, tamamiyle dışa bağımlı, kendi iç dünyasıyla ilişkisi kopuk, bir robot gibi yaşar. Böyle bir kişinin mutlu olması söz konusu olamaz.

(5) Konuşmak yasak: Aile içindeki sağlıksız durumdan, bu durumun ortaya çıkmasına yol açan kurallar ve davranışlardan söz etmek yasaktır. Bu kural dördüncü kuralın doğal bir sonucudur. Kişilerin konuşmalarını yasaklamak, önemli gördükleri bir konuda iletişimlerini engellemek, insanların en temel süreci olan iletişim olanağını ortadan kaldıracağından, onların insanlığını reddetmek anlamına gelecektir. Ailenin, kuşaklar boyunca bir kuşaktan diğerine sağlıksız durumunu aktarabilmesi, özellikle 4. ve 5. kurallar aracılığıyla gerçekleşir.

(6) Küskünlük ve kırgınlıkların sürdürülmesi: Aile içindeki kırgınlık ve küskünlüklerin sürdürülmesi, kişilerin birbirlerini anlamalarını ve sağlıklı ilişkiler kurmasını önler. Bu tür kırgınlık ve küskünlükler, ailenin sağlıksız oluşunun temelinde yatan esas nedenleri sakladığından, sağlıksız aile düzeni bu kırgınlıkların devamını ister. Bu nedenle, kronik çatışma ve sürtüşmeler ailede sürer gider.

(7) Kimseye güvenememe: Sağlıksız ailede kimse kimseye güvenemez; yüzeyde sanki herkes birbirine güvenir gibi davranır ama, gerçek anlamda kimse birbirine güvenmez.

Güven duygusu, kişilerin birbirlerine değer verdiği, desteklediği bir ilişkiler ortamı içinde gelişir. Bu ortam sağlıksız ailede yoktur. Sağlıksız ailede yetişen kişi, kimseden saygı ve gerçek sevgi görmediği için, kimsenin kendine yardım edeceğine inanmaz. Yardım etmek isteyenlerin mutlaka bir "art düşüncesi, çıkarı vardır," diye düşünür.

Sağlıksız aile ortamı içinde yetişen insanlar kendi duygu ve düşüncelerine güveni olmayan, sürekli başkaları tarafından güdümlenmek istenen "dıştan denetimli" kişiler olarak yetişirler. Aşağıda, "dıştan denetimli kişi" kavramının anlamını ayrıntılı olarak anlatacağız.

SAĞLIKSIZ AİLE VE DIŞTAN DENETİMLİ KİŞİ

Sağlıksız aile içinde yetişen kişilerin en belirgin özelliği «dıştan denetimli» olmalarıdır. Sağlıksız ailede kendi gerçeğinin sürekli inkâr edilmesi sonucu, çocuk kendi algılama, duygu ve düşüncelerine güvenemez. Başkalarının algılamaları, duyguları ve düşünceleri, onun gerçeğinin yerine geçer. Böylece, sağlıksız ailede yetişen çocuk, dıştan denetimli bir kişilik oluşturur. "Başkaları ne der?" düşüncesi, davranışlarının temelinde yatan temel neden olur. Zamanla, kendi duygu ve düşüncelerinden gittikçe kopar ve uzaklaşır.

Sağlıklı ve sağlıksız ailenin her ikisinin de kökenlerinin birçoğu, toplumun kültüründe bulunur. Eğer toplum, kendine güveni olmayan, davranışlarını, "başkaları ne der," düşüncesiyle belirleyen insanların yetişmesine uygun bir sosyal ortam hazırlarsa, bu sosyal ortam içinde sağlıksız aile kurmak, sağlıklı aile kurmaktan daha kolay olur.

Evlilik Anlayışı

Örneğin, evlilik anlayışını alalım. Yakın geçmişe kadar, kişinin kim ile evleneceğine ana-babası karar verirdi. Bu gelenek, küçük kasaba ve kırsal bölgelerde, özellikle kızlar için hâlâ geçerlidir. Kişiler, kendi mutlulukları için değil, kendi dışlarında bazı güçlerin düşündükleri bir yaşam düzenini gerçekleştirmek için *evlendirilirler.*

Evlendirilen çiftler, kendi istedikleri gibi bir yuva kurmakta özgür değildir. "Kız tarafı" ve "oğlan tarafı", çocuklarının nasıl bir evlilik kuracaklarına karar verirler; ne var ki, çoğu kere, iki "taraf"ın beklentileri birbirinden farklıdır. Yeni evlenen çiftin mutluluğu, üzerinde durulup düşünülecek, saygı duyulacak bir yön değildir; bu "taraflar", kendi dediklerinin olması için, genç evliler üzerinde ellerinden gelen baskıyı kullanırlar; öbür "taraf" kazanacak korkusu, çocuklarının mutluluğundan daha önemlidir.

Çocuklarını yetiştirirken çoğu anneler, Dördüncü Bölüm'de verdiğim örnekte olduğu gibi, çocuklarının ileride eşlerine değil, kendilerine önem vermelerini ve eşlerini ikinci plana atmalarını, onları yetiştirirken sürekli empoze ederler. Bu tür zehirli bir eğitimin sonucu kocasını seven kadın, karısını seven koca, elinde olmadan çoğu kere kendini suçlu hisseder. Mutluluklarını, kendi yuvalarında ve birbirlerinde değil, anne ve babalarına olan "bağlaşıklık"larında, sadakatlerinde ve onları memnun etmekte ararlar. Sözün kısası dıştan denetimli kişiler olarak yaşamlarını sürdürürler; kendi çocuklarını da dıştan denetimli olarak yetiştirirler.

İyi Baba, İyi Anne Anlayışı

Toplum, kendi mutluluğunu önemli sayan, kendi gereksinmelerini gidermeye öncelik veren ana-babayı pek takdir etmez. "Gece gündüz çalışarak çocukları için ekmek parası kazanan baba" ile "saçını süpürge ederek çocuklarını memnun etmek için kendini feda eden ana" ideali, kültürde kuvvetli olarak yaşar. Ana-babalık bu ideallere değerlendirilir.

Gerçeğe uymayan bu tür idealler, dengeli bir yaşamı yansıtmaz. Ana ve baba yetişkin insanlar olarak kendi gereksinmelerinin, kendi amaçlarının ve arzularının farkında olmalı, çocukların gereksinmeleriyle bunları bir denge ve ahenk içinde tutabilmelidir. Unutulmamalıdır ki, kendi doğal gereksinmeleri sağlıklı bir biçimde karşılanmayan bir ana ve baba, başkalarına verecek sağlıklı ilgi ve sevgiyi içinde bulamaz.

32 yaşındaki Ayten'i örnek alalım. İlkokul öğretmeni olarak görev yaparken, arkadaşlarıyla voleybol oynar, piyano çalar ve özellikle bilim kurgu kitapları okumaktan hoşlanırdı. Yedi sene önce, anne ve babasının ısrarı sonucu, kendisinden daha az eğitim görmüş, zengin bir ailenin oğluyla evlendirildi. Kocası mutaassıp bir aileden geldiği için, voleybol oynaması ve piyano çalması Ayten'in evliliğiyle birlikte son buldu. Evliliğinin ilk üç yılında iki oğlan ve peşinden bir kız çocuk doğurdu. Öğretmenlik yapmaktan alıkondu, tüm zamanını ev işlerine vermesi istendi. Evliliğinin ikinci yılında mide ülseri oldu, üçüncü yılında sinir buhranları geçirmeye başladı. Doktorlara

kucak dolusu para dökmekten çekinmeyen kocası ve kayınpederi, onun piyano çalmasına ve yeniden sportif faaliyetlerde bulunmasına katiyyen izin veremeyeceklerini belirttiler. Genç yaşta saçları beyazlaşmaya başlayan Ayten, "kendi istek ve amaçlarını bırakarak, yaşamını sadece çocuklarına adayan" milyonlarca anneden biri olamaya mahkûm edildi.

İtaat Anlayışı

Sağlıksız ailenin en belirgin özelliği, soruşturma ve eleştirmelerin üstünde bir otoritenin ailedeki herkesin yaşamını etkilemesidir. Çoğunlukla bu otorite babadır. Eğer geniş aile yapısı içinde yaşanıyorsa, büyükbaba, yaşlı amca, dayı gibi bir başka erkek, otorite rolünü benimsemiştir. Ailede yaşlı erkek yoksa, ailenin gelirini temin eden anne, hala, teyze gibi bir kadın da otoriteyi temsil edebilir.

Otorite, daha önceki yazılarda sözünü ettiğimiz gizli aile kurallarını uygulayan ve pekiştiren kişidir. Otoriteye itaat, hiç itiraz etmeden onun dediğini yapma, bir meziyet olarak gösterilir. Kim otoriteyi memnun ederse, o değerlidir.

Kişinin kendi duygu ve düşünceleri, otoritenin onayını aldığı sürece değerlidir; otoritenin beğenmediği algılama, duygu ve düşünceler değersizdir. Bu tür aile ortamında çocuk, kendi düşünce ve duygularına güvenmemeyi öğrenir; en büyük meziyetin, otorite olan kişiyi memnun etme, onun beklentileri yönünde algılama, düşünme ve duygularını değiştirme olduğunu anlar. Kendi içi boş, dıştan denetimli biri olma yoluna girmiştir.

Aşağıda aktaracağım olay, bir akrabama arkadaşı tarafından, bir erkeğin evde nasıl bir hâkimiyet kurması gerektiğine örnek olarak anlatılmıştır. Anadolu kasabalarından birinde, yetim bir kızı evlatlık alan evin reisi, kız zamanla yetişip, gelişince onunla cinsel ilişki kurmuş ve bunu bir süre kendi karısından ve çocuklarından saklayabilmiştir. Durumdan şüphelenen karısı, kızını yanına alarak, yatak odasına gitmiş ve kocasını suç üstü yakalamıştır. Koca, hışımla yataktan kalkmış, yataktaki evlatlık kıza, "Sen çık dışarı!" emrini verdikten sonra, "Bu evde, bu olayın bir kere dahi olsa ağza alındığını duyarsam, kara bulut gibi üzerinize çöker, sizi doğduğunuza pişman ederim" demiştir.

Suçlu olmak; ve korumak amacıyla yanına aldığı kimsesiz kızın yaşamını ömrü boyunca mahvetmiş olmak, "aile otoritesi"nin üzerinde duracağı önemli konular değildir. Onun, istediği zaman, istediğini yapmaya hakkı vardır. Bu hakkı soruşturan, eleştiren ya da elinden almaya kalkan olursa, "kara bulut gibi üzerlerine çöker ve onları analarından doğduklarına pişman eder."

Otorite haksız ya da haklı, akıllı ya da akılsız, ahlaklı ya da ahlaksız olabilir. Sağlıksız ailede üyelerden beklenen, otoriteye, koşulsuz itaattir. İtaat kendi başına bir meziyet olarak kabul edilir.

SÖZÜN KISASI

Her aile sisteminin işlerliğini sağlayan aile kuralları vardır. Bu kurallar sağlıksız ailede gizli ve örtük kalırlar. Sağlıklı ailede kurallar daha belirgin ve açık-seçiktir. Sağlıklı ailede çatışmanın var olduğu bilinir, tanınır ve üzerinde konuşulur; çatışmayı çözmede kullanılacak kurallar oldukça belirgin olarak ifade edilmiştir ve aile üyelerince bilinir. Sağlıksız ailede çatışmadan söz edilmez; kullanılan kurallar gizli olduğu için her şey dolaylı ve örtük olarak ifade edilir.

Sağlıklı ailede yetişen kişi içten denetimli olduğu halde, sağlıksız ailede yetişen kişi dıştan denetimlidir. Sağlıksız ailenin dayandığı temellerin çoğunu, ne yazık ki, toplumun kültürü verir. Böyle bir sosyal ortam içinde sağlıksız aile kurmak, sağlıklı aile kurmaktan daha kolay olur. Kültürün öğretmiş olduğu evlilik, ana-baba ve itaat anlayışı, aile kurulurken kullanılan temel kaynaklardır.

ÜÇÜNCÜ KISIM

Utanma ve Utanç

Bu kısımda dört bölüm yer almaktadır. 6. Bölüm, aile içindeki duygusal yaşamın özel bir yönünü, bir başka deyişle, mahcubiyet ve utanç duygusunu inceler. Sınırlarımızı hatırlatan mahcubiyet sağlıklıdır; kendimizi sevmemeye yol açan duygu ise utançtır ve sağlıksızdır. Mahcubiyet kişinin gelişim tarihçesi içinde yaşam deneyimleri sonucu kendiliğinden oluşur. Çocuğun yetiştiği ortamdaki kişilerin psikolojik anlamda "hastalıklı iç dünya"larının baskısıyla oluşan utançtır ve büyük olumsuz etkileri vardır. Utanç, kişinin kendi iç dünyasıyla ilişkisini kesmesine yol açar. Evde örnek alınan insanların davranışı, çocuğun sevdikleri tarafından psikolojik anlamda terk edilmesi ve olumsuz anıların birikimiyle utanç çocuğun içine yerleşir. Utanç ve suçluluk farklı fakat ilişkili iki duygudur. Çocuğu sürekli suçlu hissettirmek onun zamanla utanca boğulmasına yol açar.

7. Bölüm'de çocuğa kötü davranmanın türleri ve çocuk üzerindeki etkileri incelenmektedir. Çocuğa kötü davranmanın en belirginlerinden biri çocuğu terk etmedir. Çocuğu terk etmenin bedenen ve duygusal olmak üzere iki değişik türü vardır ve çocuğun üzerindeki olumsuz etkisi büyüktür.

Çocuğa en sık cinsel, bedensel ve duygusal olarak kötü davranılır. Cinsel kötü davranışın kendi içinde bedensel, davranışsal, örtük, duygusal farklı türleri vardır. Bedensel kötü davranış ülkemizde en yaygın kötü davranıştır: "Kızını dövmeyen dizini döver," "hocanın vurduğu yerden gül biter," "dayak cennetten çıkmadır," gibi bir sürü söz, dayağın terbiye aracı olarak kültürümüzdeki yerini belli eder. Dayak utanç kaynağıdır. Sağlıksız ailede gözlenen en belirgin özelliklerden biri bedensel kötüye kullanmanın sık sık yer alması, bir tür norm olmasıdır.

Çocukların duygularını ve heyecanlarını alay konusu etmek, ciddiye almamak, ya da bu duyguları ifade etmelerine izin vermemek, duygusal kötü davranışa örnektir. Duygularını ifade etme olanağı verilmeyen çocuk yavaş yavaş kendi duygularıyla ilişkisini keser ve yaşam sevincini yitirir. Çocuklarının duygu ve heyecanlarını inkâr eden ve onların ifadesini yasaklayan ana-babalar, nor-

mal heyecan ve duyguların normaldışına dönüşmesine yol açarlar. Doğallığını kaybeden duygu ve heyecanlar, çocuğun yaşama uyumunu sağlayacak yerde, ona ayak bağı olur ve onu mutlu ve doyumlu bir yaşamdan gittikçe uzaklaştırır. Utanç, yaşama yön veren en baskın duygu haline dönüşür.

8. Bölüm'ün konusu çocuğun temel gereksinmeleridir. Dokunulma, güven, düzen, sosyalleşme, uyarılma ve kendini değerli görme çocuğun temel gereksinmeleridir ve bunlar karşılanmazsa çocuk kendinde bir eksiklik olduğunu düşünür ve kendi öz varlığından utanç duymaya başlar. Gereksinmeleri karşılanmayan çocuk terk edilmiş çocuktur. Terk edilen çocuk normal gelişimini tamamlayamaz; ihmal edilen gereksinmelerine denk bir gelişim aşamasındaki çocuk olarak kalır. Bu tür insanları tanımlamak için psikologlar, "yetişkin çocuk" kavramını geliştirmişlerdir. Yetişkin çocuk deyiminde, "yetişkin" kelimesi dış görünüşü, "çocuk" kelimesi psikolojik gelişim düzeyini belirtir.

Değişik deneyimleri bir araya getirerek anlamlı bir bütün yaratmak, insan zihninin en belirgin özelliklerinden biridir. Zihnin bu özelliği utanç yaşantılarında da kendini gösterir; birbirlerinden farklı zaman ve yerlerde yaşanmasına rağmen, utanç olayları çocuğun belleğinde birbirleriyle ilişki içine girer ve bir bütün oluştururlar. İlerde çocuğun duyduğu bir söz ya da bir bakış, belleğin sadece bir bölümünü değil, ilişki haline gelmiş tüm utanç hatıralarını uyandırır.

9. Bölüm, kişinin geliştirdiği savunucu davranış ve tutkunlukları konu alır. Utanca boğularak yetiştirilen kişi bu utancın verdiği azabı duymamak için savunma mekanizmaları geliştirir. Bu savunma mekanizmaları sayesinde kişi içindeki boşluğu ve anlamsızlığı unutmaya, kendisi için daha az acı verici ayrı bir dünya yaratmaya çalışır. Bu savunma mekanizmaları inkâr, bastırma, çözülme, yön değiştirme, dönüşme, yansıtma, ket vurma, karşıt tepki oluşturma, duygusal yalıtım ve kendine zarar verici davranışlar olarak gruplanır.

Utanca boğularak yetiştirilen kişiler ne kendilerini ne de başkalarını olduğu gibi kabul edemezler. Diğerleriyle ilişkilerinde sürekli olarak bazı olumsuz karakter özellikleri gösterirler. Olumsuz karakter özelliklerinin belli başlıları şunlardır: Mükemmeliyetçilik; sürekli güçlenme ve denetlemeye yönelme; şiddetli öfke; kibir ve gurur; eleştirme ve suçlama; yargılayıcılık ve ahlaksallaştırma; hor görme; koruması altına alma, sürekli yardım etme; başkalarına sürekli hoş görünme ve sürekli başkalarını kıskanma.

Gerçekle ilişkiyi kesmek amacıyla yapılan her şey bir tutkunluktur; gerçek acı verici olarak algılanır, ondan kaçılmak istenir; acı veren algılamayı değiştirecek tutkunluklar kişinin yaşamında en ön sıraya geçer. Kişi, zamanla bütün enerji ve zamanını bu tutkun davranışa harcamaya başlar ve gerçekle ilişkisini tümüyle keser. Tutkunluk türleri yeme-içme, duygu-heyecan, düşünce ve faaliyetle ilgili olabilir.

6

Utanmanın Çeşitli Anlamları

Mahcubiyet ve Utanç

İki türlü utanmadan söz edeceğiz: Bir tür utanma sağlıklıdır ve gücümüzün nelere yetip nelere yetmediğini anlamamıza yardım eder. Bu anlamda, hiç çalışmadığı bir dersten sözlü sınava giren öğrenci, başarısızlığının nedenini bilir ve ana-babasından ya da öğretmeninden utanır, mahcup olur.

Utanç adını vereceğimiz ikinci türü "zehirli" bir duygudur ve insanı içten içe kemirir, yok eder. Kişiler, başkalarına hakaret etmek istedikleri zaman, bu anlamda "utanmaz", "edepsiz", "arsız", "haysiyetsiz" gibi sıfatları bir arada kullanırlar. Bu tür utancın kökü, çocuğun içinde yetiştiği ailede yatar ve bu zararlı, tahrip edici duygu kişiyi yaşam boyunca mutsuzluğa mahkûm eder.

Sağlıksız ve sağlıklı utanmayı birbirinden ayırt etmek gerekir.

Sağlıklı Utanma-Mahcubiyet

Mahcubiyet duygusu alçakgönüllü olmayı, kendi gücümüzün sınırlarını bilmeyi, "ayağımızı yorganımıza göre uzatmayı" öğretir. Bu tür sağlıklı utanma duygusuna sahip olmayan kişi, "kendini beğenmiş" "küçük dağları ben yarattım diyen tip" olur. Sağlıklı utanma, sınırlarımızı gösterir; birey olarak zayıf yönlerimiz olduğunu gösterir ve böylece hem kendimize hem de başkalarının hatalarına karşı daha hoşgörülü olmamızı sağlar. Sınırlarımızı bildiğimiz için daha dikkatli olur, zaman ve enerjimizi planlamaya yöneliriz.

Mahcubiyet duygusu kişinin gelişim tarihçesi içinde yaşam deneyimleri sonucu kendiliğinden oluşur; ana-baba ya da çevredeki kişilerin yarattığı baskı sonucu değil. Utanç ise çocuğun yetiştiği ortamdaki kişilerin psikolojik anlamda "hastalıklı iç dünya"larının baskısıyla oluşur ve büyük olumsuz etkileri vardır.

Utanç: Zehirleyen Bir Duygu

İnsanın gerçekle temasını sürdürebilmesi, onun iç ve dış dünyasına uyumunda önemli bir yer alır. Gerçekle teması sürdürebilmek kendimizi olduğu gibi, doğal olarak kabul etmeye bağlıdır. Kendimizi doğal olarak kabul edebilmek için kendimizle sağlıklı bir ilişki içinde olmamız gerekir. Kendimizle sağlıklı ilişki kuramayışımızın en temel nedenlerinden biri içimizdeki utanç duygusudur. Utanç duygusu insanları bağlar ve ömür boyu esir alır; utanca esir düşmüş kimse, ne kendisi ne de dış dünya ile gerçekçi ve sağlıklı bir ilişki kurabilir.

Mahcubiyet duygusu sınırlarımızı göstererek alçakgönüllü olmayı öğretirken, utanç duygusu kendi kendimizden nefret etmeye, kendi öz benliğimizden kaçmaya götürür. Utanç duygusuyla terbiye edilen kimse kendini değersiz bulmayı, insan olarak özünde bir eksiklik olduğunu görmeyi öğrenir.

İnsanın kendini değersiz bulması, özünde bir eksiklik olduğunu düşünmesi acı veren bir algılama olduğundan, kişi kendi iç gerçeğiyle temasını kesmek için elinden gelen çabayı gösterir.

Kendi iç gerçeğiyle temasını kesmek için kişi neler yapar? Tutkunluk, düşkünlük dediğimiz türden davranışsal ve duygusal bağımlılıklar geliştirir. Örneğin, kendini alkole verir; alkolün uyuşturucu etkisi kendi gerçeğiyle temasını önler. Bazıları kendini işe verir ve geceli gündüzlü çalışarak kendini dinlemeye ve anlamaya zaman ayırmaz. Diğerleri sigara, esrar ya da cinselliğe aşırı düşkünlük geliştirirken, başkaları kendilerini yobazca dine kaptırır. Böylece, içlerindeki acı veren boşluğu, anlamsızlığı, yalnızlığı görme fırsatını kendilerine vermezler; hem kendileriyle hem de dış gerçekle ilişkileri adım adım kaybolur, ortadan kalkar.

Bu kadar yıpratıcı bir duygu olan utancın kaynağı nedir? Utanç duygusu nereden gelir ve bireyde nasıl gelişir?

Üç temel süreç, utancın bireyin özbenliği haline gelmesinde iş görür[18]:

1. *Model olan kimseler.* Çocuğun içinde yetiştiği aile ortamında iç benliği utanç dolu insanlar çocuğa örnek olur ve çocuğun kendileri gibi olmaları için baskı yaparlar.

2. *Terk edilme.* Çocuk için çok önemli olan ana ya da baba gibi kimseler, çocuğun kendilerine en gereksinimi olduğu erken yaşlarda çocuğu terk ederler ve onu hayatta yapayalnız ve güvensiz bırakırlar.

3. *Belleğe kaydedilen anılar.* Çocukla etkileşim halindeyken bilerek ya da bilmeyerek utanç duygusu veren olayların bir araya gelerek bir yapı oluşturması.

Utanç duygusunun gelişmesi yavaş fakat süreklidir. Yukarıdaki üç koşul bir araya geldiği zaman bir kanser gibi kişinin tüm psikolojik yapısını sarar ve öldürücü damgasını vurur.

---

(18) Haluk Yavuzer (1990, 1991a, 1991b) yayınlarında aile ve sosyal ortamın çocuğun gelişmesini nasıl etkilediğini hem genel anlamda hem de özellikle suç işleyen çocuklar üzerinde yaptığı araştırmalarla belgelemiş bulunuyor. Çocuk yetişmesiyle ciddi olarak ilgilenen okuyuculara bu kitapları okumalarını salık veririm.

(1) Utanç modelleri. Özbenliğini geliştirebilmek için her çocuğun bir modele, örnek alacağı bir insana gereksinmesi vardır. Normal aile ortamında bu görevi anne, baba, ağabey, abla, amca, hala, teyze gibi çocuğun sık sık ilişkide bulunduğu kişiler görürler; doğal olarak bunların arasında ana-baba en önemlisidir.

Gelişmekte olan çocuk kendini örnek aldığı kimselerle özdeşleştirir ve bu insanlardan aldığı güven ve değer duygusuna dayanarak kendi özbenliğini oluşturur. Kendini özdeşleştirmek ve kendi dışında kendinden daha güçlü ve büyük bir kudretle ilişki içine girmek insanoğlunun doğuştan getirdiği doğal bir eğilimdir. Bu nedenle her çocuk kendini özdeşleştirmek istediği bir babaya, bir anaya gereksinme duyar. Eğer ana-baba yoksa, onun yerine amca, dede, dayı ya da hala, teyze, büyükanne olabilir; önemli olan çocuğun sağlıklı bir özdeşim kurabilmesidir.

Çocuğun özdeşim kurduğu kişi utanç duygusuyla boğulmuş bir kimse ise, çocuk bu utanç duygusunu farkında olmadan içselleştirir ve kendi kişiliğinin temeli yapar.

(2) Terk edilme. Çocuğun kendini özdeşleştirme durumunda olduğu, dayandığı kişi çocuğun yaşamından çıkar ve onu terk ederse, çocuk zamanla utanç duygusu geliştirir. Çocuklar yaşamlarındaki önemli kişilerin yansıtmalarıyla kendi benliğini geliştirir. Ona gülümseyen, hasta olduğu zaman ilacını veren ve sırtını ovan anne, onunla oynayan ve düştüğü zaman kucaklayan baba farkında olmadan çocuğa, "sen önemlisin, değerlisin, seni seviyorum, bana güven" mesajlarını verirler. Bu sözsüz mesajlar, sözlü mesajlardan daha kuvvetli olarak ilk yıllarda çocuğun benlik oluşumunu etkilerler. Bu mesajlara, çocuğun varlığıyla, davranışlarıyla ilgili olduğu için "yansıtmalar" *(mirroring)* adı verilir. Bir başka deyişle, çocuğun varlığı, ona verilen değer, çocuğa yansıtılır.

Çocuğun anası ya da babası evden ayrılıp uzaklaştığı zaman, çocuk bu tür yansıtıcı mesajların boşluğunu hisseder. Sunuşta mektubundan size parçalar aktardığım B. E.'nin ifadelerini hatırlayın:

> Anneyi sürekli küçük düşüren bir baba, okuma yazması olmayan bir anne ve ilgiden yoksun geçirilmiş bir çocukluk dönemi. Okul öncesi döneme ilişkin anımsadığım, babanın ailesiyle pek ilgilenmediği, zamanının çoğunu dışarıda geçiren, dediğine karşı çıkılamayan, kor-

kulan ve saygı gösterilmek zorunda olunan bir otorite olması. Anneyi boşamaya kalkan baba tarafından seçime zorlanmış, ben anneyi yeğlemiştim. *Çok üzüldüğümü ve uzun süre hıçkırıklarla ağladığımı anımsıyorum.*

Bazı ana-babalar bedenen çocuklarının yakınında ve çevresindedirler, ne var ki, duygusal yönden o kadar kapanmış ve donmuşturlar ki, çocuklarına yukarıda sözünü ettiğimiz türden benlik geliştirici, besleyici yansıtıcı mesajlar veremezler. Yansıtıcı mesajların boşluğu çocuğun benlik gelişimini engeller ve çocuk özdeşim sürecini tamamlamada zorluk çeker.

Özdeşim süreci engellenen çocuk kendi kendinden utanan, var olmaktan suçlanan biri haline gelir. Bu kişilerde utanç duygusu yer almaya başlamıştır. Bu kişiler her duygu ve gereksinmelerinin farkına vardıklarında kendilerinden utanırlar, isteklerinden utanırlar, var olmaktan utanç duyarlar. İnsanın istekleri ve duyguları onun yaşam gücünü ve yönünü belirler; bunlardan utanç duyan kişi, kendi özbenliğinden utanç duyan biri haline gelir.

(3) Anıların bir yapı oluşturması. Çocuklar önem verdiği kişilerin en acı veren davranışlarını unutmazlar; çocuğun iç dünyasını yıkan, onu ezen sözler ve davranışlar, çoğu kere büyüklerin dikkatini bile çekmez. Ne var ki, çocuğun belleği bu tür anıları saklar. Acı veren olumsuz olaylar çocuğun yetiştiği ortamda sık sık tekrar ediliyorsa, bellek bu olayları kendiliğinden bir araya getirir ve bir tür "anılar yapısı" oluşturur.

Bu anılar yapısının herhangi bir yönü ileride bir olay ya da sözle uyarılırsa, tüm anılar yapısı canlanır ve kişi bu anıların etkisi altında kendi kişiliğini anlamlandırır. Doğal olarak, olumsuz anıların tümü bireyi kendini değersiz görmeye ve kendinden utanmaya götürür.

Kişi kendi özbenliğinden utanmaya başlayınca iç dünyasıyla ilişkisini koparmaya ve özbenliğine yabancılaşmaya başlar. Kişinin iç dünyasına yabancılaşması bazı düşünürlere göre asrımızın en yaygın psikolojik hastalığıdır. John Bradshaw (1988, 1990), Alice Miller (1990, 1991) Scott Peck (1978) ve Charles L. Whitfield (1989, 1990) gibi bazı psikologlar ve psikiyatristler sigara, esrar, alkol gibi olumsuz tutkunluklar ve düşkünlüklerin temelinde insanın iç dünyasına yabancılaşmasının yattığını söylerler.

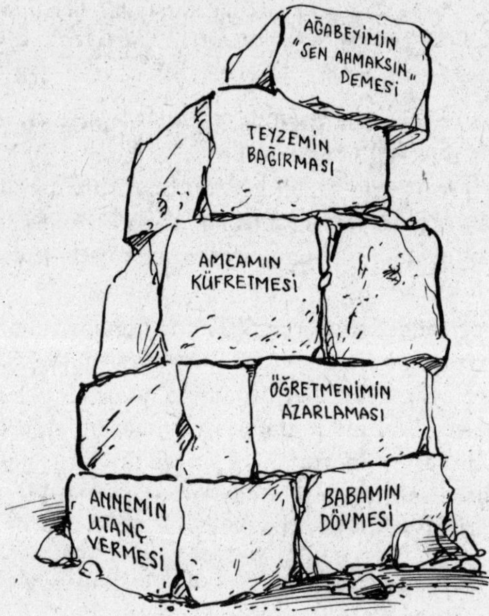

Utanç ve Suçluluk Duygusu

Utanç duygusu ve suçluluk duygusu birbirlerinden farklıdır. Suçluluk duygusunun da, mahcubiyet ve utançta olduğu gibi, sağlıklı ve zehirleyici türleri vardır. Sağlıklı suçluluk duygusu vicdanımızın temelini oluşturur. Kendi inandığımız değerlerin ve ilkelerin aksine hareket ettiğimiz zaman bu tür suçluluk duygusu içine gireriz. Demek oluyor ki, suçluluk duygusu, içselleştirdiğimiz bir dizi ahlak kurallarını ve toplum değerlerini öngörür. Suçluluk duygusu yapılan davranışın yanlışlığını, öte yandan utanç duygusu kişinin var oluşundaki, özbenliğindeki bozukluğu vurgular.

İçselleştirilen değerler ve kurallar sağlıksız ve gerçeğe uymuyorsa, bu kurallara uyamadığı için kişinin duyacağı suçluluk duygusu da sağlıksız olacaktır. Örneğin, mükemmeliyetçilik bir süreç değil, fakat bir sonuç olarak benimsenmişse, başka bir deyişle, "belirli koşullar içinde elinden gelenin en iyisini yap, bunun ötesinde senden başka bir şey istenemez," yerine, "durum ve koşullar ne olursa olsun, yaptığın her iş mutlaka mükemmel olmalıdır," biçiminde ise, o zaman birey sürekli suçluluk hissedecek ve kendinde eksiklik görmeye başlayacaktır.

Utanma ve suçluluk duygularının sağlıklı ve sağlıksız biçimlerini, bu duyguların kaynağı, kişide yarattığı sorumluluk ve güçlülük hissi, uyandırdıkları heyecanlar ve ahlak kuralları ile nasıl bir ilişki içinde görüldükleri gibi temel bazı boyutlar çerçevesinde karşılaştırabiliriz.

Utanç ve Suçluluk Karşılaştırması

KARŞILAŞTIRMA BOYUTLARI	SAĞLIKSIZ SUÇLULUK DUYGUSU	SAĞLIKLI SUÇLULUK DUYGUSU	SAĞLIKSIZ UTANÇ DUYGUSU	SAĞLIKLI UTANMA DUYGUSU
KÖKENİ VE TANITIMI	Mükemmeliyetçi ana-baba ve katı disiplinden kaynaklanır. Aile içinde bireylere saygı yoktur.	Gerçekçi kurallar ve değerlere dayanır; bireyin hata yapmasına olanak vardır. 3-6 yaşları arasında gelişir.	Üç temeli vardır: 1. utanç dolu yetişkin insan modeli 2. terk edilme 3. utanç dolu anıların kümelenmesi	15 aylık ile üç yaş arasında gelişir. Dengeli, ölçülü, yerinde kullanılan ve esnekliği olan kurallara dayanır. Sağlıklı bir kişilik gelişiminin işaretidir.
SORUMLULUK VE GÜÇLÜ OLMA	Aşırı sorumluluk üstlenme: Verimsiz ve işe yaramaz bir düzen içinde kendine güç kazandırma yollarından biridir.	Yeterince sorumluluk; davranışlarından sorumlu olmak; davranışlarını seçebilme özgürlüğünün bulunması.	Sorumluluk yok; kişi kendini sürekli güçsüz ve aciz görür; bir seçim özgürlüğü yok; yapma ve yaptırma kapasitesi yok.	Sınırlı kudret ve sınırlı sorumluluk. Güç, sınırları bilmekten gelir. Yardıma gereksinme duyduğu zaman bildirir.

TEMEL DUYGU	Sürekli ciddi; hataya yer yok; yanlış yaparsam rezil olurum;	Hata yaptım; bu kötü bir davranıştı; ben o davranışın gösterdiği kişiden daha iyi bir insanım; bir dahaki sefere daha iyi yapmam gerek.	Bende eksiklik var; ben adam olamam; benden umut yok; benim değerim yok. Ben bir hiçim.	Hata yapmak doğaldır; hata yaptım ve yine ara sıra hata yapılacak. Önemli olan hatayı düzeltebilmek ve ondan ders alabilmektir.
HATA NEREDE?	Hata, sosyal rollerin katılığında ve düşünce yanlışlığındadır (Bu düşünce yanlışlığı, "Ben başkalarının hayatından sorumluyum," biçiminde kendini gösterir.)	Davranış hatası; yapış biçiminde hata; soruna çare bulmada hata.	Var olma hatası; bir insan olarak eksik ve kusurlu olma hatası; çaresi olmayan bir hata.	Var oluşun sınırları; doğal sınırların getirdiği bir hata.
AHLAK VE İYİLİK	Eğer mükemmel olursam iyi bir kişi olurum; bütün yasal ve sosyal kuralları izler ve üstüme düşen bütün sosyal görevleri olduğu gibi yerine getirirsem, iyi bir insan sayılırım.	Yaptığım yanlıştı; fakat bir insan olarak iyiyim ve bu kötü davranışı düzeltme yeteneğim var.	Ben kötü bir insanım. Ben hiçbir işe yaramayan biriyim. Ben yetersizim; kendi yaşamımı yönetecek güçte değilim.	Ben iyi bir insanım ama her an hata yapabilirim; hata yapmam insan olmamın bir sonucu.

SINIR	Toplumun verdiği sosyal rollerin dışında, benim benliğimi diğerlerinden ayıran, bana özgü, bana ait hiçbir sınırım yok.	Çiğnediği, zorladığı ahlaki sınırlar, uymadığı sosyal değerler vardır.	Hiçbir sınır yok. Benim korunmaya değer hiçbir şeyim yok.	Özbenliğimin sınırları kesinlikle belirlenmiştir.
GÜNLÜK YAŞAM-DAN BİR ÖRNEK	Okula geç kalma gibi basit bir hata nedeniyle okuldan atılma.	Var olan kurallara uymama: Zil çaldığı halde derse girmeyip oyuna devam etme.	Okula gitmenin temel amacına ters düşme: Sınıfını geçip başarılı olmaya kendini layık görmeme.	Kurallara bir dereceye kadar uymama; örneğin, öğretmen ders anlatırken arkadaşıyla konuşmaya devam etme.

Yukarıdaki tablo suçluluk ve utanç duygularının farklı iç dünyalara işaret ettiğini gösterir. Suçluluk duygusu kişinin kendi davranışını algılayışıyla ilgili olduğu halde, utanç duygusu kişinin özbenliğini yetersiz buluşuna dayanır.

Utanç duygusu içinde yetiştirilen kimselerin değişik davranış ve kişilik bozuklukları gösterdiğini söyleyen psikologlar olmuştur. Örneğin, James Masterson (1981) narsistik kişilik bozukluğunun temelinde, kişinin kendini değersiz bulmasının yattığını söyler. Harry Stuck Sullivan (1953) paranoid kişiliğin altında, "bireyin kendisini hiçbir çaresi bulunamayacak kadar eksik ve kusurlu görmesi"nin yattığını söylemiştir. Alice Miller (1990, 1991) suç işleyen kimselerin çoğunluğunun utanca boğulmuş ailelerden geldiklerini ileri sürer. Gershen Kaufman (1985), çocuklarını aşırı döven ve kötü davranan ya da cinsel yönden çocuklarına uygunsuz davranan ana-babaların kendilerinin utanca boğularak yetiştirilmiş olduğunu iddia eder.

John Bradshaw (1988, 1990), "utanca boğarak yetiştirmenin en olumsuz etkilerinden biri de, kişinin manevi yaşamının temellerini yitirmesidir,"der. Ona göre, manevi yaşam, kişiyi hiç olmaktan kurtaran, evrenle ilişki haline sokan ve özbenliğinin kutsallığına ve yüceliğine inanmasına yol açan önemli bir boyuttur. Utanca boğularak yetiştirilenler, kendilerini değersiz ve özde kusurlu gördükleri için manevi yaşamlarını geliştiremezler. Bu kişiler büyük bir olasılıkla dindar olurlar ama, Mevlana'nın anladığı türden sevgi ve hoşgörüye dayanan evrensel bir manevi yaşama ulaşamazlar.

Ünlü İspanyol düşünürü Ortega Y. Gasset "bütün yaratıklar içinde, bir iç dünya yaratarak, bu iç dünya ile dış dünyayı ahenk içinde tutmaya çabalayan tek yaratık insandır," der (Ouimette, 1982). Utanca boğularak yetiştirilen insanların iç dünya geliştirmelerine, bir anlamda insan olmalarına ve bir insan olarak yaşamlarını sürdürmelerine olanak verilmez.

UTANCA BOĞAN AİLE DÜZENİ

Çocuğun özbenlik gelişimini temelden etkileyen ilişkilere, "kaynak ilişkiler" adı verilir. Çocuğun kaynak ilişki içinde bulunduğu kişi utanç içinde büyümüş ve utanca boğulmuşsa, kaynak kişi utancını çocuğa aktaracak ve onu da utanca boğacaktır.

Utançla büyümüş kişiler, kendileri gibi utanca boğulmuş kimselerle evlenirler. Karı ve kocanın gelmiş oldukları aile düzenleri kuşaklar boyu utanç zeminli ve sağlıksız olarak çalışmaktadır. Utanç zeminli sağlıksız ailede kişilerin birbirlerini içli dışlı tanımalarına olanak verilmez; kendi özünün kusurlu olduğunu bilen kişi, kendi eşi ya da çocuğuyla içli dışlı olmaktan kaçınır. Aile üyeleri arasında iletişim yüzeyseldir; kişiler birbirlerini denetlemeye ve kullanmaya yönelirler; herkes bir diğerini suçlama peşindedir. Gizliden gizliye anlaştıkları tek nokta, "hiçbir şey üzerinde anlaşmama"dır.

Böyle bir aile içinde doğan çocuğun karşılaşacağı güçlükleri düşünün:

Ana-babanın en önemli görevlerinden biri çocuklarına model olmalarıdır; bu çocuklar sağlıklı bir modelden yoksundurlar. Ana-babanın modelliği sayesinde çocuklar o topluma, yaşama uyum yapmış bir insan olmayı öğrenirler. Uyumlu insanlar olarak yetişebilmeleri için çocukların ana-babalarından bir insanı sevebilmeyi, içli dışlı olmayı, duyguları tanıyıp uygun bir tarzda ifade etmeyi öğrenmeleri gerekir. Ayrıca çocukların kendi haklarını uygarca ve hakkaniyetle nasıl koruyacaklarını, bedensel, duygusal ve zihinsel sınırlarını belirlemeyi, çalışma ve azimle nasıl sonuç elde edileceğini de anababalarından öğrenmeleri gerekir. Utanca boğulmuş ana-babalar yukarıda saydığımız bu davranışların hiçbirini çocuklarına öğretemez; çünkü kendileri de bu davranışları bilmezler.

Bu tür ana-babalar çocuklarına zaman bile ayırmazlar; *çocuğa zaman ayırmak, çocuğun değerli olduğunu en yalın biçimde ifade eden bir davranıştır. Utanca boğulmuş ana-babalar ancak kendileri için zaman ayırırlar; kendi kısıtlı dünyaları içine kapanık kalırlar.*

Örneğin, çocuğuyla aynı odada TV seyreden baba, çocuk kendisine bir şey sorduğu zaman, "sus, bana bir şey sorma; görmüyor musun, televizyon seyrediyorum!" diyorsa, o kendi gereksinmesini birinci plana almış demektir ve aynı odada olsa dahi, gerçekte çocuğu ile beraber değildir. Çocuğa gerçekten zaman ayırmak ona olan sevginin en açık ifadesidir.

Çocuğa olan sevginin ve değerin açık seçik ifadelerinden biri de, onu dikkatle ve ilgiyle dinleyebilmektir. Çocuklar neye gereksinmeleri olduğunu kendi dilleri ve ifadeleriyle açık seçik söylerler. Ne yazık ki biz yetişkinler, özellikle ana ve babalar çoğu kere çocukların dediklerini duymayız.

Bunun değişik nedenleri vardır:

1. Çocuğa önem vermeyiz, bu nedenle çocuğun söylediğine de önem vermeyiz.

2. Kendi gereksinmelerimiz karşılanmamış olduğu için, karşılanmamış bu gereksinmelerimizin ötesinde başka hiçbir şeyi algılayamayız, dişi ağrıyan hastanın diş ağrısından başka hiçbir şeyi algılayamaması gibi kendi dünyamıza takılır, onun dışına çıkamayız.

3. Duygusal yönden olgun olmadığımız için kendi gereksinmelerimizden ötesinde çocuğun gereksinmelerini ayırt edemeyiz.

Çocuk oyun oynamak, sarılmak, sevilmek istediği zaman utanç zeminli ana-baba çocuktan kaçar; bu kaçış bedensel, duygusal ve zihinseldir.

Bu tür ana-babalar sadece kaçmakla kalmazlar, oynamak, sarılmak ve sevilmek isteğinin kötü ve acayip bir davranış olduğu izlemini çocuğa sürekli verirler; çocuğun kendini tanımlamasına olanak veren, onun sağlıklı büyümesi için gerekli olan her gereksinmenin ifadesini kınarlar ve çocuğu utanca boğmaya başlarlar.

Ana-babanın kendi utanç dolu dünyaları, terk edilmiş İç Çocukları bu tür davranışların arkasında yatar. Ne yazık ki, ana-babalar kendi içlerindeki çocukla iletişimi koparmışlardır; ellerinden geldiğince onu unutmaya çalışırlar. Kendi çocuklarının davranışları bu İç Çocuğu hatırlattığı için onlara acı verir ve savunucu mekanizmalara başvururlar.

Kiminle Evlenirler?

Utanca boğularak yetiştirilen erkek kendi gibi utanç zeminli bir kadınla evlenir; bu evlilik ana-babanın utançlarını çocuklarına aktardığı sağlıksız bir aile ortamı yaratır. Çocuklar bu aile ortamının sağlıksız olduğunu hiçbir zaman anlayamazlar; çünkü karşılaştıracakları bir başka sosyal deneyimleri yoktur. Özdeşimlerini bu aile içinde yaptıklarından, büyüyünce ancak bu tür ilişkiler içinde kendilerini anlamlı bulacaklardır. Bu nedenle ana ve babaları gibi, yine utanç ortamında yetişmiş bir başkasını bularak evlenirler ve bildikleri yaşam biçimini kendi evliliklerinde de sürdürürler.

ÇOCUĞU TERK ETMENİN TÜRLERİ

Çocuğun utanç içinde yetişmesine neden olan etkenlerden biri anababası tarafından terk edilmesidir. Kötü davranmanın bir türü çocuğu terk etme biçiminde kendini gösterir. Çocuğu terk etme, bedenen ve duygusal olarak iki kategori içinde incelenebilir.

Bedenen Terk Edilme

Çocuğun en önemli temel gereksinmelerinden biri güven duygusudur: Çevresindeki insanların kendini terk etmeyeceğine, emniyetli ve tehlikesiz bir çevrede kendine önem veren kişiler tarafından korunacağına çocuk inanmak ister. Çocuk, ana-babanın her ikisine de gereksinim duyar. Ana kucağının sıcak ve emin koruyuculuğuna ne kadar gereksinmesi varsa, onu yaşamın daha dinamik ve atılgan yönlerine hazırlaması için babanın varlığına da gereksinmesi vardır. Baba ile olan ilişkisi onu daha bağımsız ve kendinden emin bir insan haline getirir; bu da ancak çocuğun baba ile beraber zaman geçirmesi, onunla konuşup, kucaklaşma ve güreşmesiyle gerçekleşir.

BÖYLE ANNE-BABA OLMAZ

Boşanmaya geldikleri adliyede çocuklarını bırakıp kaçtılar

Şakir ŞAD / *İSTANBUL, (Hürriyet)*

- BOŞANMAK için mahkemeye başvuran 11 yıllık evli Yılmaz ve Gülseren Aydın çifti, Nazmiye, Kübra ve Hayri adlı yavrularını, adliyede bırakıp gitti. Adliye koridorlarındaki dramları göz yaşartan üç yavru, polis tarafından yakınlarına teslim edildi.
- **Şiddetli geçimsizlik iddiasıyla boşanmak için mahkemeye başvuran ve ilk duruşma için adliyeye gelen Yılmaz- Gülseren Aydın çifti, çocukları 10 yaşındaki Nazmiye, 4 yaşındaki Kübra ve 2 yaşındaki Hayri'yi bırakıp gitti. Üç kardeşe, ilk yardım elini uzatan, polis memuru Tevfik Mutlu oldu.**
- Anne Gülseren Aydın, eşi Yılmaz Aydın'la iki yıl mutlu bir evlilik yaşadıklarını, daha sonra eşinin alkolik olduğunu iddia etti. Yılmaz Aydın, ise geç kaldığı için duruşmaya giremedi.
- **Terk edilen çocuklara yemek yedirip çikolata alan Mutlu, daha sonra kendilerini, telefonla arayarak bulduğu yakınlarina teslim etti. Üç kardeşin uzun süredir amcalarının yanında kaldıkları öğrenildi.**

ÜÇ YAVRUNUN DRAMI Yılmaz ve Gülseren Aydın çiftinin, adliyede bıraktığı Nazmiye, Kübra ve Hayri adlı üç yavrunun adliye koridorlarındaki dramı, görenlerin gözlerini yaşarttı. Yavrular, polis tarafından, yakınlarına teslim edildi.

Terk edilme sadece psikolojik anlamda değil, bedenen terk etme biçiminde de kendini gösterir. (Hürriyet, 11 Kasım 1991)

Çocuğun anası ya da babası şu ya da bu nedenle onun yanından haftalar, aylar gibi uzun süreler ayrıldığında çocuk kendini terk edilmiş hisseder. Çocuk yedi sekiz yaşına kadar ben-merkezli *(egocentric)* bir algılama ve düşünme mekanizmasına sahiptir; çevresinde olup biten her şeyin kendisi için olduğunu ya da kendisinin bu olaylara neden olduğunu düşünür. Değişik nedenlerden ana ya da babasından ayrılan çocuk kendini terk edilmiş hisseder, daha da kötüsü, iyi bir çocuk olsaydı ana ya da babasının gitmeyeceğini, gittiklerine göre demek ki kendinin temelde kötü bir yaratık olduğuna inanır. Bu inanç çocuğu kendinden utanmaya, utanca boğulmaya götürür. Çocuğun bu tür düşüncesi, ölüm nedeniyle kendinden ayrılan anababası için bile geçerlidir.

Çocuk, yetişkinlerin önem verdikleri kişi ya da uğraşılara zaman ayırdığını, sezgisel düzeyde bilir. Kendisine ana ve babasının zaman ayırmamasını, "demek ki ben önemli değilim, ben değersiz bir yaratığım," biçiminde içselleştirir.

Daha önce çocuğun yansıtılma gereksinmesinden söz etmiştik; çocuğun yaptığı davranışları ona yansıtacak, ona varlığının her yönüyle ilgili bilgi verecek birisi bulunmayınca, çocuk gerekli gelişim aşamalarını tamamlayamaz, gelişiminin belirli bir aşamasında takılıp kalır. Bu takılıp kalan, bir başka söyleyişle donup kalan İç Çocuktur; onun gereksinmeleri giderilmediği sürece olgunlaşıp büyüyemeyecek ve o büyüyemediği sürece de kişi hiçbir zaman olgun bir yetişkin insan haline gelemeyecektir. İçinde büyük bir boşluk olan bu tür yetişkinlere, daha önce belirttiğimiz gibi "yetişkin çocuk" adı verilir.

Duygusal Terk Edilme

Yaşamın ilk üç yılında her insanın sevilmeye, beğenilmeye, hayran olunmaya gereksinmesi vardır. Çocuğun ilk gülüşünü konu eden ana-baba, onun ilk adım atışını, söylediği ilk kelimeyi kutlayan aile çocuğun bu gereksinmesini karşılar ve böylece sağlıklı bir insan yetiştirmenin temelini atar. Beğenilen, hayran olunan, davranışlarına dikkat edilen çocuğun, yukarıda söylediğimiz yansıtılma gereksinmeleri karşılanır. Bu tür gereksinmesi sağlıklı ana-baba tarafından karşılanan çocuklar, Alice Miller'e (1990) göre şöyle bir dinamik süreç içindedirler:

1. Çocuğun saldırgan davranışları ana-babayı korkutmaz ve çocuk saldırganlığını normal bir düzeye getirmeyi öğrenir.
2. Çocuğun bağımsız (otonom) olmayı istemesi ana-babayı korkutmaz; derece derece ona bağımsızlığı tanınır.
3. Çocuk kıskançlık, kızgınlık, itaatsizlik ya da cinsellik gibi değişik duygu ve heyecanlarını ifade ettiği zaman, sağlıklı ana-baba telaşa kapılıp bu duygu ve heyecanların reddine gitmez. Sağlıklı anababanın doğal tepkileri çocukların bu duyguları tanımalarına ve onlara doğal tepkide bulunmayı öğrenmelerine olanak verir.
4. Çocuk her şeyi ana-babasını memnun etmek için yapmak zorunda değildir; kendi aşama düzeylerinde gereksinmelerine uygun olarak hareket edebilir.

5. Çocuk ana-babasına güven duymayı ve onlara dayanabileceğini öğrenir; gerektiğinde ana-babasından yardım isteyebileceğini bilir.
6. Sağlıklı ana-babanın kendi kişiliklerinin nerede başlayıp nerede bittiğini davranışlarında sergilemeleri, çocuğun kendi kişiliğinin sınırlarını belirlemesinde yararlıdır.
7. Çocuk içindeki karışık, açıklığa kavuşmamış duyguları ifade edebilme özgürlüğü bulduğu için, insan ve olayları, "iyi" ve "kötü" olarak kesin kategorilere ayırma zorlaması duymadan, bir şeyin ya da olayın hem iyi hem de kötü yönleri olabileceğini öğrenmeye başlar.
8. Ana-baba çocuğu kendilerinden bağımsız bir insan olarak gördükleri için, çocuk da kendinden bağımsız olan kişileri, onların taşıdıkları iyi özellikler ve güzelliklerden dolayı sevebilmeyi öğrenir.

Ana-baba sağlıklı değilse, bir başka deyişle onların içinde utanca boğulmuş bir İç Çocuk varsa, çocuklarıyla etkileşimlerinde utanca boğulmuş İç Çocuk etkisini gösterir. Utanca boğulmuş çocuk, yetişkin ana-babasının içindeki sağlıksız çocukla ilişki içindedir. Zavallı çocuk farkında olmadan ana-babasının içindeki çocuğu mutlu etmeye çalışır. Kendi mutluluğunu, gelişimini, gereksinmesini unutur ve ana-babanın gereksinmelerini karşılamaya çalışır. Bu doğanın kurallarına aykırı bir gidiştir; "ana-baba çocuğa bakar," kuralı bu ailede değiştirilmiştir. Çocuklar ana-babaların gereksinmelerinin aracı olarak kullanılmaktadır.

Sağlıksız ana-babaların üzerinde ısrarla durdukları bir yön, çocukların her yönde göze batacak biçimde başarı göstermesidir; sevgilerini bu koşula bağlarlar: "Sınıfın birincisi olursan, seni severim," "sporda başarılı olursan seni severim," "üniversitenin şu fakültesine girersen sana değer veririm," gibi. Bu tür mesajlar sözlü ve sözsüz aile ortamında bol miktarda vardır. Bu mesajlar çocuğa şu hakikati anlatır: "Benim kendime özgü düşünce, duygu ve yeteneklerim, şu evrende tek oluşum önemli değil. Önemli olan, ana-babamın istediklerini yapmam, onların istediği gibi olmam. Ancak o zaman benim bir değerim olur."

Bu anlayış çocuğun içine yerleştikten sonra, ömür boyu onun

kendisine bakış tarzının bir parçası olur. Büyük bir boşluk, mutsuzluk kaynağı çocuğun içine yerleşir ve bir psikolojik kanser gibi onun yaşamının her yönünü olumsuz yönde etkiler.

SÖZÜN KISASI

Bize sınırlarımızı hatırlatan utanma sağlıklıdır; kendimizi sevmemeye yol açan duygu ise utançtır ve sağlıksızdır. Sağlıklı utanma, kişinin gelişim tarihçesi içinde yaşam deneyimleri sonucu kendiliğinden oluşur; ana-baba ya da çevredeki kişilerin yarattığı baskı sonucu değil. Çocuğun yetiştiği ortamdaki kişilerin psikolojik anlamda "hastalıklı iç dünya"larının baskısıyla oluşan sağlıksız utançtır ve büyük olumsuz etkileri vardır. Utancın en olumsuz etkisi kişinin kendi iç dünyasıyla ilişkisini kesmesidir. Utanç, evde örnek alınan insanların davranışı, çocuğun sevdikleri tarafından psikolojik anlamda terk edilmesi ve olumsuz anıların birikimiyle çocuğun içine yerleşir. Utanç ve suçluluk farklı fakat ilişkili iki duygudur. Çocuğu sürekli suçlu hissettirmek onun zamanla utanca boğulmasına yol açar.

Çocuğu terk etmenin bedenen ve duygusal olmak üzere iki değişik türü vardır ve çocuğun üzerindeki olumsuz etkisi büyüktür.

7

Çocuğa Kötü Davranmanın Türleri

Çocuğa kötü davranma türleri arasında en yaygın olanları (1) cinsel; (2) bedensel ve (3) duygusal olan kötü davranışlardır.[19]

Cinsel Kötü Davranma

Cinsel kötü davranmanın dört türü vardır:

1. *Cinsellikte Bedensel Kötü Davranış.* Bu türde çocuğa cinsel olarak dokunma vardır. Cinsel olarak kucaklama, öpme, okşama, oral ya da anal cinsel ilişki, mastürbasyona zorlama ya da zorla mastürbasyonu seyrettirme ve normal pozisyonda cinsel ilişki bu tür kötü davranış örnekleridir.

2. *Görülebilen Cinsel Kötü Davranış.* Cinsel haz amacıyla başkasını gizliden gözleme *(voyeurism)*, kendini teşhir etme *(exhibitionism)* cinsel kötü davranışların en sık rastlanılanıdır. Bir babanın duş almakta olan kızını görebilmek amacıyla kapıyı aralık bırakması, ya da kızı giyinirken "yanlışlıkla" odaya girivermesi. Bir annenin oğlunun göreceğini bile bile külotuyla yatak odasından mutfağa gidip bir bardak su alması bu tür davranışlara örnek olarak verilebilir.

3. *Örtük Cinsel Kötü Davranış.* Bu, sözel ve sınırların ihlali olmak üzere kendi arasında iki alt gruba ayrılır.

(a) Sözel. Uygun olmayan türden cinsel konuşmalar bu gruba girer. Örneğin baba, kadınlardan bahsederken sürekli onları aşağılayıcı, "orospular", "namussuzlar", "kalleşler" gibi sözler eder. Anne erkeklerden söz ederken aynı türden onları aşağılayıcı ve onur kırıcı sözler sarfederse, sözel türden örtük cinsel kötü davranma söz konu-

(19) *İnsan ve Davranışı* adlı kitabımda çocuğa kötü davranma ve çocuğun ihmali konularına geniş yer verdim (Cüceloğlu, 1991a, s. 372-80).

sudur. Bazı ana-babalar çocuklarının özel yaşamlarıyla ilgili her ayrıntıyı bilmek isterler, çocuklara kendilerine ait hiçbir özel alan bırakmazlar. Bu davranış da örtük cinsel kötü davranışa örnektir.

Çocuğa cinsel yönden bilgi vermeyen, onları eğitmeyen anababalar da kötü bir davranış içindedirler. İlk aybaşısı olan kız, anababası tarafından bu olaya hazırlanmamışsa, büyük bir korku ve şaşkınlık içine girecektir.

Çocukların önünde onların cinsel organlarının büyüklüğü ya da küçüklüğü üzerine konuşmak, cinsel organları alay konusu etmek kötü bir davranıştır. Böyle bir kötü davranış örneğini kendi ailemden hatırlıyorum: Benden iki yaş büyük olan ağabeyim büluğ çağına girince penisinin büyüklüğü ile, ailedeki erkekler alay etmeye başladılar. Bu tür konuşmalar bir sevgi ve yakınlık ifadesi içinde yapılmaktaydı ama, cinsellik gelişimi yönünden olumsuz etkisini yine de gösteriyor ve derin bir utanca yol açıyordu.

(b) Sınırların İhlali. Ana-baba kendi cinsel faaliyetlerini mahremiyet içinde yapmıyor ve çocuklar sık sık onları "uygunsuz" durumda yakalıyorsa, burada sınırların ihlali söz konusudur. Ayrıca, ana-baba çocukların mahremiyet içinde üzerlerini değiştirebilecekleri, banyo yapacakları bir yer olanağı sağlayamıyorsa, yine sınırların ihlalinden söz edilir.

Ana ve baba kendi çıplaklıklarını çocuklara empoze etmemelidirler; uygun çıplaklık, uygun giyiniş farklı ortamlarda değişir; anababa bu konuda çocuklara model olmalıdırlar.

4. Duygusal Cinsel Kötü Kullanma. Sık sık görülen sağlıksız durumlardan biri, ana ya da babanın, birbiriyle kuramadıkları sağlıklı ilişkiyi, kendi çocuklarıyla kurmaya çalışmalarıdır. Örneğin, karısı sürekli hasta olan, şikâyet eden, hiçbir şeyi beğenmeyen adam, duygusal yalnızlığını büyük kızıyla yakın duygusal arkadaşlık kurarak gidermeye çalışır. Büyük kız duygusal anlamda babasının "karısı" olmuştur ve bu nedenle kendi çocukluğunu yaşayamaz, çünkü duygusal yönden gereksinmesini karşılamaya çalıştığı bir yetişkin, yani babası vardır.

Aynı örnek kocası alkolik olan kadın için de verilebilir. Kocası alkolik olan kadın, kocasının bırakmış olduğu duygusal boşluğu, oğullarından birini kendisine yakın arkadaş seçerek doldurur; ona içini açar, derdini döker ve "sen benim güvenebileceğim erkeğimsin," der. Erkek çocuğu, anasına yardım etme amacıyla, kendisinden çok anasının gereksinmeleri üzerinde durur; kendi çocukluğunu ve gençliğini yaşayamaz.

Eğer ana ya da babanın çocuklarından biriyle ilişkisi, karı ya da kocanın birbirleriyle ilişkilerinden daha önemli hale gelip birinci plana çıkmışsa, o ailede duygusal cinsel kötüye kullanma var demektir.

Kötüye kullanma sadece ana oğlan, baba kız arasında olmaz tabii. Baba oğlunu, ana kızını en yakın arkadaş olarak seçebilir. Bazı zamanlar ağabey ve ablalar kendinden küçük kardeşlerini duygusal ve cinsel yönden kötüye kullanabilir.

Kötü davranmanın cinsel olanı en yoğun utanç uyandıran türüdür. Her toplumda ve kültürde olduğu kabul edilen cinsel kötü davranış, bazı toplumlarda tamamen hasır altı edilir ve söz konusu edilmez, bazı toplumlar ise bu konuyu açıkça konuşmaya başlamışlardır. Örneğin, ABD'de 60 milyona yakın kişinin bu tür bir davranışa maruz kaldığı zannedilmekte ve durum sık sık günün konusu haline gelmektedir.

Bedensel Kötü Davranma

Çocuklara dayak atmak çocuk terbiyesinin doğal bir parçası olarak kabul edilir. "Kızını dövmeyen dizini döver," "hocanın vurduğu yerden gül biter," "dayak cennetten çıkmadır," gibi bir sürü söz, dayağın terbiye aracı olarak kültürümüzdeki yerini belli eder.

Dayak çocukların utanç zeminli insanlar olarak yetişmesinde en etkili yollardan biridir. Çocuklarını aşırı döven ve bunu bir alışkanlık haline getiren ana-babalar üzerine yapılan araştırmalar, bu tür ana-babaların şu özelliklerini ortaya çıkarmıştır (Cüceloğlu, 1991a, s. 374-80):

- Çevreden yalıtılmışlardır
- Kendilerini değersiz görürler
- Başkalarının duygularına duyarsızdırlar
- Ana-babaları tarafından sürekli dövülmüşlerdir
- Küçükken kendi hallerine terk edilmişlerdir
- Gerçeklerden ve sorunlardan yoğun bir kaçış içindedirler
- Kimsenin kendilerine yardım etmeyeceğini düşünürler

- Çocuklarından çok yüksek beklentiler içindedirler
- Çocuklarının kendilerini reddettiğini düşünürler
- Kızgınlık ve gerilimle tepkide bulunurlar
- Çocuklarından yaşlarının üstünde olgunluk beklerler.

Dayak yiyen çocuk önce gururunu ve özbenliğini korumak için çabalar; ne var ki, kendisi ufaktır ve ana-babası, yaşamını sürdürebilmesi için dayanmak zorunda kaldığı yegâne kişilerdir. Zamanla onurunu, değerini, yaşama şevkini kaybeden çocuk, ana-babasından ilgi ve onay görebilmek için, onların "sen değersizsin, sen dövülecek bir nesnesin," mesajını kabul eder ve kendine ana-babasının gözleriyle bakmaya başlar. Utanç başlamıştır ve çocuğun özünde açılan boşluk onu ömrü boyunca mutsuz kılacaktır.

Sağlıksız ailede gözlenen en belirgin özelliklerden biri bedensel kötüye kullanmanın sık sık yer alması, bir tür norm olmasıdır. Anasının babası tarafından dövüldüğünü gören çocuk, dayak yiyen kendisi olmasa dahi bedensel kötüye kullanma davranışına maruz kalmıştır. Çevrede insanların birbirlerine dayak atmaları, çocuğun kişiliğini temelden etkiler ve onun utanç içinde yetişmesine yol açar.

Okullarımızda dayağın oldukça yaygın olduğunu ve öğretmenlerimizin çoğunluğunun bu tür onur kırıcı davranışa "terbiye" adı altında sık sık başvurduğunu ne yazık ki hepimiz kendi deneyimlerimizden biliriz.

Askerde acemi erin, poliste sorguya çekilen sanığın dayak yemesi ara sıra gazetelere konu edilmekte, ne var ki geleneksel "terbiye" ve "disiplin" anlayışımız içinde yerini koruyarak süregitmektedir.

Onurlu insanlar yetiştirmeyi amaç edinen okullarımız, Türk ulusunun onurunu korumakla görevli kuruluşlarımız, önce kendi insanlarının onurunu ellerinden alarak işe başlamaktadırlar.

Duygusal Kötü Davranma

Heyecanlar ve duygular bir insanın yaşamında iki temel görev yaparlar: 1. Temel gereksinmelerimizin karşılanıp karşılanmadığını ve doyum derecesini bildirirler; 2. davranışın temelinde yatan enerjiyi ve bu enerjinin yönünü belirlerler.

Temel gereksinmelerimiz karşılanmazsa değişik duygular ortaya çıkar; bu duygular yaşamımızı gözden geçirmeye ve bu temel gereksinmeleri karşılamaya yöneltir. Temel bir gereksinmemizi doyurma olanağımız elimizden alınırsa engellenme hali ve *kızgınlık* ortaya çıkar.

Hüzün yaşamımızda önemli olan kişi ve şeyleri kaybettiğimiz zaman ortaya çıkar; bu duygu donuklaşmış, kalıplaşmış bir enerjiyi temsil eder; bu enerjiden kurtulmadan, bir başka deyişle hüzün duygusunu kabul edip, belirli bir süre "yas tutmadan," yeniden normal yaşama dönmek zor olur.

Korku tehlikeli durum içinde olduğumuzu bildirir ve bizi kendimizi korumaya yöneltir. "Aklın kemali tedbirle kendini belli eder" sözü, olgun insanların başlarına gelebileceklerin farkında olup kötü olaylardan korktuğunu ve kötü olayları önleyebilmek için önlem aldığını belirtir.

Suçluluk duygusu vicdanımızın koruyucusudur; kötü bir davranışta bulunduğumuzu ve bu davranışı düzeltmemiz gerektiğini bize söyler.

Utanma duygusu bizi mütevazı yapar; insan olarak sınırlarımızı hatırlatır ve gerçeği olduğu gibi kabul etmemize yardımcı olur.

Huzur ve neşe duyguları yaşamımızda sağlıklı bir denge olduğunu ve önemli gereksinmelerimizin karşılandığını ifade eder.

Duyguları kötüye kullanarak çocukları utanca boğma evrenseldir. Çocukların duygularını ve heyecanlarını alay konusu etmek, ciddiye almamak, ya da bu duyguları ifade etmelerine izin vermemek, onların bu tür duygularında bir bozukluk olduğu izlemini verir. Çocukların yetişkinler gibi düşünüp duygulanmaları beklenir. O kültüre ve topluma uygun olan duygu ve heyecanların ifadesine izin verilir, diğerleri kınanır ve sindirilir.

Bu heyecanları tanımak ve onları rahatça kubul etmek sanıldığı gibi kolay olmaz; çocuğun duygu ve heyecanlarını tanıması ve onları kabul etmesi ana-babanın model davranışlarıyla olur. Ana-baba utanca boğulmuş sağlıksız kişilerse, yukarıda belirttiğimiz duyguların farkına varıp, duygularını ifade edemezler. Kendilerinin tanımadıkları duygu ve heyecanları, doğal olarak çocuklarına da öğretemezler. Duyguları ve heyecanları reddedilen çocuklar, bu duyguları hissettikçe kendilerinde bir tuhaflık olduğunu, normal olmadıklarını düşünürler ve hem duygularından hem de kendi öz benliklerinden uzaklaşırlar. Bir başka deyişle, doğal duygu ve heyecanlarından utanç duymaya başlarlar.

ÇOCUĞUN DUYGU VE HEYECANLARI İNKÂR EDİLİNCE ...

Çocuklarının duygu ve heyecanlarını inkâr eden ve onların ifadesini yasaklayan ana-babalar, normal heyecan ve duyguların normaldışına dönüşmesine yol açarlar. Doğallığını kaybeden duygu ve heyecanlar, çocuğun yaşama uyumunu sağlayacak yerde, ona ayak bağı olur ve onu mutlu ve doyumlu bir yaşamdan gittikçe uzaklaştırır.

Çocuğun sağlıklı heyecanı olan kızgınlık inkâr edilip bastırıldığı zaman iki şey olur: 1. Kızgınlık duygusu utanca dönüşür ve çocuk kızgınlık duygusunu hissettiğinden dolayı kendi kendinden utanç duyar; 2. bu nedenle çocuk kızgınlık duygusunu bastırır. Bastırma bir savunma mekanizmasıdır ve bir başladı mı otomatik olarak kendi kendini devam ettirir. Kızgınlık duygusu bastırıldıkça kuvvet kazanır, büyür ve ifade edilmek için fırsat bekler.

Virginia Satir, bastırılmış kızgınlık duygularını bodruma kapatılmış aç köpeklere benzetir. Köpekler acıktıkça dışarı çıkmak için daha çok çabalayacaklardır; onlar çabaladıkça köpeklerin sahibi bodrumun kapısını daha da sıkı kapatacak, kaçmalarına olanak vermemek için onları sürekli gözetleyecektir.

Biriken kızgınlık duygusu gittikçe artar ve belirli bir noktadan sonra bu enerji kendi başına bir varlık kazanır. Bir gün gelir, kişinin kapasitesi tükenir ve uygunsuz bir yer ve zamanda birine patlar. Bu patlama bağırma, çağırma biçiminde sözel olabildiği gibi, vurma, kırma ve silahla ateş etme gibi saldırgan bir davranış da olabilir.

Çocukların hüzün ve kırgınlık duygularını ifade etmelerine olanak verilmezse, hüzün, zamanla karamsarlığa ve duygusal çöküntüye dönüşür. Kendine göre bir nedenden dolayı ağlayan çocuğa, "Zırlayıp durma, kes sesini, yoksa tokadı yersin," diyen ana-baba, yaşama küskün, karamsar, neşesiz bir kişiliğin temellerini atmaktadır.

Korku duygusunun ifadesine izin verilmezse çocuk içten içe o korkuyu tutar, içte tutulan korku büyür ve zamanla dehşete ya da paranoyaya (kuvvetli endişe ve kuşku) dönüşür.

Bazı aileler sadece olumsuz duygular olarak bilinen kızgınlık, hüzün ve korkunun değil, olumlu duygu olan neşenin bile ifadesine izin vermezler. "Yeter artık güldüğün," "pişmiş kelle gibi ne sırıtıp duruyorsun, kapa ağzını!" gibi ifadelerle çocuğu mahçup eder, neşe duygusunu yaşayıp ifade etmenin uygun olmadığı izlenimini verirler. Ben büyürken çevremde gülüp neşelenince paniğe kapılan, korkan çok sayıda yetişkin insan tanıdım. "Çok güldük, inşallah başımıza bir bela gelmez," türünden söz eden bu yetişkinler, neşelerini aşırı bulup, bir tür suçluluk hissine kapılırlardı.

Cinsel İstek ve Utanç

Sağlıksız ailede en yoğun utanca boğulan genellikle cinsel duygudur. Cinsiyet özbenliğimizin temel bir öğesidir. Cinsiyet, yaptığımız ya da bize yapılan bir davranış değil, temel var olma koşullarımızdan biridir. Tüm canlılar için var olan bu koşul, yaşamın en temel olgularından biri olarak karşılaştığımız kişilerde ilk dikkatimizi çeken yönlerden birini oluşturur.

Kadın ve erkek tüm insanların cinsel enerjiyi kaybettiğini varsayın; böyle bir durumda, binlerce yıl devam edip gelen insan yaşamı 120 yıl gibi kısa bir zaman içinde son bulur. Cinselliğin temelinde yatan enerji, değişik yaşam faaliyetlerin altında yatan kaynak *(libido)* olarak bilinir. Bu enerjinin utanca boğulması, yaşamın temelinde yatan önemli bir kaynağın musluklarını kapatmaya benzer.

Şöyle bir basit hikâye ile ailedeki cinsiyetle ilgili sağlıksız anlayışı örnekleyebiliriz: Küçük oğlan çocuğu bir gün annesine, "Bu burun!" der ve parmağıyla burnunu gösterir. Anne oğlunu över ve hem babasına hem de dedesine küçüğün ne kadar akıllı olduğunu ispatlarcasına olayı anlatır. Onlar çocuğu çağırırlar, "Burnunu göster," derler ve çocuk yine parmağıyla burnunu göstererek, "burun!" der. İki gün sonra çocuk kulaklarını, gözlerini, göbeğini göstererek isimlendirir ve her seferinde büyük övgüler alır. Bir gün annesinin çay gününde çocuk banyodan çıkar ve pantolonunu aşağı indirerek, "bu pipi!" der. Anne arkadaşlarının önünde utanmıştır ve çocuğu kulağından tuttuğu gibi öbür odaya götürür ve kıçına birkaç tokat attıktan sonra, "bir daha oranı başkalarına gösterirsen seni döverim," der.

Çocuk annesinin telaşlı halinden, utancından ve kızgınlığından yapmaması gereken bir şeyi yaptığının farkına varır ve onun yaşamına cinselliğiyle ilgili ilk utanç tohumu böylece atılmış olur. Anne ile çocuk arasındaki bu etkileşim yoluyla anne, esasında kendine ait olan bir utancı çocuğuna aktarmaya başlamıştır. Cinsel organlarının farkına varmaya başlaması, çocuğun gelişiminin doğal bir sonucudur. Bu nedenle verilen örnekte sorun çocuğa ait değildir; sorun tamamiyle anneden kaynaklanmaktadır. Kendilerine ait olan utancı "sağlıksız terbiye" aracılığıyla ana-babalar çocuklarına aktarırlar ve bu tür terbiye ile yetişen çocuk utanca boğulur; ana ve babasının sağlıksız sorunlarını kendi özbenliğinin temeli yapar.

Cinselliğin "pis", "ayıp", "kötü", "aşağılık", "utanç verici", "iğrenç" olduğunu öğrenen çocuk, doğal cinsel duygularından utanç duymaya başlar; bu duyguları boğmaya, bastırmaya çalışır. Cinsellik duygusunu tamamiyle ortadan kaldıramayan çocuk kendinin "pis, aşağılık, iğrenç bir yaratık" olduğunu düşünür. Sağlıklı cinsel duygu ve eğilim, bu noktada utanca boğulmuş ve sağlıksızlaştırılmıştır.

Cinsellik duygusu utanca boğulmuş kişi, kendi öz doğasıyla ilişkisini, yaratıcılığını kaynağı kurumuş bir pınar gibi kaybeder.

Utancın Yaşama Yön Veren En Baskın Duygu Haline Dönüşmesi

Kızgınlığı, hüznü, korkusu ve neşesi utanca boğulmuş çocuğun en baskın duygusu utançtır. Çocuk zamanla her duygudan, hatta var olmaktan utanç duyar. Bu insan kendi öz kişiliğini sosyal maskeler arkasına saklamaya çabalar. Görünüşte gülen, mutlu ya da umursamaz bir kişi izlenimi veren bu maskelerin altında yalnız bir insan vardır.

Böyle bir insanının iç yalnızlığını dile getiren Amerikalı çocuk psikoloğu Charles C. Finn'in şiirinin bir bölümünü buraya aktarıyorum (Cüceloğlu, 1991b, s.134-5).

SÖYLEMEDİKLERİMİ İŞİTİN LÜTFEN

Bana aldanmayın!
Yüzüm bir maskedir,
Sizi aldatmasın.

Binlerce maskem var,
Çıkarmaya korktuğum,
Ve,
Hiçbiri ben değilim...
Olmadığımı göstermek
İkinci doğam benim.
. . . .

Kim olduğumu merak ediyor musun?
Hiç merak etme...
Ben çevrendeki
Her erkek ve kadınım.....
Maske takan her insanım

(Çeviren D. C.)

SÖZÜN KISASI

Çocuğa en sık cinsel, bedensel ve duygusal olarak kötü davranılır. Cinsel kötü davranışın kendi içinde bedensel, davranışsal, örtük, duygusal farklı türleri vardır.

Bedensel kötü davranış ülkemizde en yaygın kötü davranıştır: "Kızını dövmeyen dizini döver," "hocanın vurduğu yerden gül biter," "dayak cennetten çıkmadır," gibi bir sürü söz, dayağın terbiye aracı olarak kültürümüzdeki yerini belli eder. Dayak utanç kaynağıdır. Sağlıksız ailede gözlenen en belirgin özelliklerden biri bedensel kötüye kullanmanın sık sık yer alması, bir tür norm olmasıdır.

Çocukların duygularını ve heyecanlarını alay konusu etmek, ciddiye almamak, ya da bu duyguları ifade etmelerine izin vermemek, duygusal kötü davranışa örnektir. Duygularını ifade etme olanağı verilmeyen çocuk yavaş yavaş kendi duygularıyla ilişkisini keser ve yaşam sevincini yitirir. Çocuklarının duygu ve heyecanlarını inkar eden ve onların ifadesini yasaklayan ana-babalar, normal heyecan ve duyguların normaldışına dönüşmesine yol açarlar. Doğallığını kaybeden duygu ve heyecanlar, çocuğun yaşama uyumunu sağlayacak yerde, ona ayak bağı olur ve onu mutlu ve doyumlu bir yaşamdan gittikçe uzaklaştırır. Utanç, yaşama yön veren en baskın duygu haline dönüşür.

8

Çocuğun Temel Gereksinmeleri

Bir bitkinin suya, toprağa ve güneşe gereksinmesi olduğu gibi, çocuğun da doğumundan itibaren karşılanması gereken temel psikolojik gereksinmeleri vardır. Bu temel gereksinmeleri karşılanmayan ihmal edilmiş çocuk kendi öz varlığından utanç duymaya başlar.

Çocuğun Temel Gereksinmeleri

Çocuk 15 yaşına gelinceye kadar ana-babasına, ailesine bağımlı olmak zorundadır. Bazı temel gereksinmeler erken yaşlarda aile içinde karşılanmazsa, çocuğun normal gelişimi sekteye uğrar ve kişilik gelişimi aksar. (Çocuğun bedensel ve ruhsal gelişim süreçleriyle ilgili daha ayrıntılı bilgi için , Cüceloğlu. 1991a, s. 331-401' e bakınız.)

Bu temel gereksinmeler altı kategori içinde toplanır:

1. *Dokunulma:* Çocuğa dikkat etme, davranışlarını seyrederek ona "aferin," "haydi yine yap" gibi geri-iletim verme, tutma ve kucaklama, yüreklendirme, övme ve ona sıcaklık gösterme.

2. *Güven:* Çocuğun sağlığıyla ilgilenme, yeteri kadar yiyecek ve giyecek verme, onu tehlikeli durumlarda koruma.

3. *Yapı/Düzen:* Çocuğa yön verme, örnek olma, yapabileceği ve yapamayacağı davranışların sınırlarını belirtme, tutarlı hareket etme.

4. *Sosyalleşme:* Çocuğun duygularını olduğu gibi tanımlama, onu yansıtma, ona zaman verme, dış dünya ile arasında köprü görevini görme, özdeşim kurabileceği bir kişi olma.

5. *Uyarılma:* Oyun yoluyla ve çocuğun dünyasına giren değişik olaylarla acı, haz, neşe, heyecan gibi duyguları uyarma.

6. *Kendini Değerli Görme:* Çocuğu "ciddiye alma," "ben önemliyim; bana kötü bir şey olmasını istemezler," "beni ben olduğum için seviyorlar," "ben diğerlerinden farklıyım" duygusunu verme.

Bu gereksinmeler karşılanmadığı zaman çocuğa, "sen ve senin gereksinmelerin önemli değil, senin var ya da yok olmanın önemi yok" mesaji verilmiş olur. Bu mesajlar küçücük bebeğe birbiri peşi sıra verilmeye başlanırsa, zavallı çocukta, "bu dünyada dayanabileceğim beni koruyacak kimse yok" duygusu derin düzeylerde oluşur.

Çocuk doğuştan getirdiği bu doğal gereksinmelerinin karşılanmayışını, "benim anam babam, henüz daha olgun ana-baba düzeyine gelmemişler, ne yaptıklarının farkında bile değiller," biçiminde yorumlayamaz. O küçücük haliyle kendisinin ne kadar aciz olduğunu, ana-babasının ne kadar büyük ve kudretli olduğunu bilir ve, "besbelli ki bende bir bozukluk var; ben sevilmeye, kucaklanmaya layık olmayan, değersiz bir yaratığım; ana-babamın hata yapması mümkün değil; bütün kabahat, özür bende," diye düşünür.

"Varlık" ve "yokluk" seçeneğiyle karşı karşıya kalan çocuk, ne kadar acı verici de olsa, çoğu kere "var olmayı" seçer ve normal yollardan karşılanmayan gereksinmelerini normaldışı yollardan elde etmeye kalkar. Örneğin, normal koşullar altında ana-babasının dikkatini çekemeyen çocuk, onların onaylamadığı davranışlar yaparak dikkatlerini çekmeye başlar. Kucaklanmayan çocuk, kendisine dayak atılacak durumları yaratarak ana-babasıyla bedensel temas kurar. Çocuk gereksinmelerinin karşılanmasında oldukça yeni yollar keşfeder; ne yazık ki çocuğun yarattığı bu normaldışı yollar ne çocuğun ne de ailenin sağlığı için yararlıdır.

Normal yollarden gereksinmesi karşılanmamış çocuğun kişilik çarpıklıkları olur ve bu çarpıklıklar onun davranışlarında kendini gösterir.

Yetişkin Çocuk

Çocuğun gereksinmelerinin karşılanmaması psikoloji alanında "çocuğun terk edilmesi" *(abandonment)* olarak bilinir. Terk edilen çocuk normal gelişimini tamamlayamaz; ihmal edilen gereksinmelerine denk bir gelişim aşamasındaki çocuk olarak kalır. Bedence büyür, görünüm olarak yetişkindir; ne var ki, psikolojik olgunluk bakımından henüz çocuktur. Bu tür insanları tanımlamak için psikologlar, daha önce kısaca sözünü ettiğimiz "yetişkin çocuk" kavramını geliştirmişlerdir. Bildiğimiz gibi yetişkin çocuk deyiminde, "yetişkin" kelimesi dış görünüşü, "çocuk" kelimesi psikolojik gelişim düzeyini belirtir.

Yetişkin çocuğun içinde, kendinin de bilmediği doldurulamayacak bir boşluk vardır. Bu boşluk kendini şöyle belirtir: Kişi mutsuzdur ve mutsuzluğunun kaynağını dışarıda bir "nesne", "olay" ya da "kişi"de bulur. Örneğin, mutsuz olan kişi, "bir arabam olsa," (nesne) "Uludağ'da kayak yapabilsem," (olay) ya da "Ayten beni sevse," (kişi) "ne kadar mutlu olurum," diye düşünür. Ne var ki, olanaklar ve koşullar el verip arabayı alınca, Uludağ'da kayak yapınca, ya da Ayten'le evlenince uzun süre mutlu kalamaz. Bu defa mutsuzluğunun nedeni olarak daha başka nesneler, olaylar ve kişiler bulur. Bu anlamda yetişkin çocukların içinde doldurulamayacak bir boşluk vardır. Mutsuzluklarının gerçek nedenini hiçbir zaman anlayamadan, sürekli bir daldan diğerine atlayarak ömürlerini bitirirler.

Bazı yetişkin çocuklar içlerindeki boşluğu doldurmak için belirli alanlara yönelirler. Evlendikten sonra dahi değişik kadın ya da erkeklerle sürekli cinsel ilişki peşinde koşanlar, mutluluklarını cinsel ilişkinin yeniliği ve sayısında ararlar. Cinsel arayışı pornografik magazinlere bakma ve mastürbasyon yapma olarak saptayanlar da vardır. Bazı kişiler sigara, alkol, esrar gibi belirli maddelere tutkunluk geliştirirler ve ancak böyle mutlu olabileceklerini umarlar; kimileri sürekli yiyerek, kimileri de sürekli süs eşyası ve giyecek satın alarak içlerindeki boşluğu doldurmaya çalışırlar.

Bu kişiler kendilerini değerli bulmazlar; onlarda kendi duygu ve gereksinmelerinin farkına varma bilinci körelmiştir, "şimdi ne hissediyorsun?" gibi sorulara cevap veremezler ve bu tür sorular sorulduğunda bozulurlar. Daha önceki bölümde verdiğimiz şiirde belirtilen "maskeler" bu kişilerde çok sayıda vardır. Ömürlerinin tümünü bu maskelerin ardında geçirirler.

UTANÇ DOLU HATIRALAR HER AN UYARILABİLİR

Utanç duygusu o kadar kuvvetli bir duygudur ki, çocuk bu duyguyu her yaşayışında farkında olmadan belleğine kaydeder. Utanç duygusunun en önemli kaynağı aile içindeki kişilerdir; ne var ki, aile utanç duygusunun tek kaynağı değildir. Okul çevresi, arkadaş grubu, içinde büyüdüğü kasaba ya da mahalle ortamı ve genel olarak tüm toplumun kültürü, çocuğun utanç duygusunun kaynağı olabilir.

Değişik deneyimleri bir araya getirerek anlamlı bir bütün yaratmak, insan zihninin en belirgin özelliklerinden biridir. Zihnin bu özelliği utanç dolu yaşantılarda da kendini gösterir; birbirlerinden farklı zaman ve yerlerde yaşanmasına rağmen, utanç olayları çocuğun belleğinde birbirleriyle ilişki içine girer ve bir bütün oluştururlar. İlerde çocuğun duyduğu bir söz ya da bir bakış, belleğin sadece bir bölümünü değil, ilişki haline gelmiş tüm utanç hatıralarını uyandırır.

Utanç Kaynağı Olarak Okul Düzeni

Öğrenme ve gelişme ortamı olma yerine, maalesef birçok okullarımız ve öğretmenlerimiz çocuğu utanca boğan kaynaklar olmaktadırlar. Sunuşta verdiği, B. E.'nin mektubunda anlattıklarını hatırlayın.

"..... Bu arada iri yarı bir md. mv. tarafından karanlık bir odaya kapatılarak, kafa kol bacak demeden kemiklerimiz kırılırcasına dayaktan geçirildik. Çok *büyük bir çöküntüye uğramış, onurum kırılmıştı.* Md. mv. edebiyat öğretmeniydi. ......"

Okul düzenimiz çocuğun kendine özgü yeteneklerini bulup, bu yetenekleri geliştirecek yerde, bazı kişilerin daha önceden belirlemiş olduğu ve çoğu kere çocuk psikolojisiyle ilgisi olmayan bazı ölçütlere göre değerlendiren bir düzendir.

Çocuklar bu ölçütler çerçevesinde birbirleriyle kıyaslanır ve her birine bir rakam verilerek başarı dereceleri ölçülür. Ana-babası okuma yazma bilmeyen çocuğun alfabeyi yeni sökmesiyle, daha okula gelmeden önce okuyup yazmaya başlamış olan çocuklar, aynı sınıfta aynı davranış ölçütleri ölçülerek not alırlar. Halbuki ana-babası okuma bilmeyen çocuk belki de daha çok gayret göstererek ve daha şevkle ancak o duruma gelebilmiştir; ama, onun gösterdiği gayreti okul sistemi dikkate almaz; yalnız sonuca dikkat eder.

Bu tür karşılaştırmalı değerlendirmeler çocukta derin utanç duygusuna yol açar. Özellikle çocuğun kendi yetenekleri araştırılmadan, herkesin aynı ölçütler çerçevesinde karşılaştırılması, sanki dışarıda mutlak bir başarı var da, kendisi bu mutlak başarıya ulaşamıyor ve "yetersiz" biri oluyor duygusu uyandırır. Bu tür yargılamalar çocuğun utanç duygusunun kaynaklarından birini oluşturur.

Eğitim bireyin fen ve bilimle ilgili yönüne daha ağırlık vererek matematik, fizik, biyoloji, geometri bilimlerini vurgulamaktadır; karakter oluşumu, diğer insanlarla ilişki kurma biçimi, demokratik bir toplumu sürdürmek için gerekli düşünüş ve işbirliği gibi davranışları öğrenme vurgulanmaz.

Buna paralel olarak toplumda başarı, kişinin mesleğinin türü ve kazancının miktarı ile ölçülür. Bu tür toplumsal ve kültürel değerler düzeni çocukların kendi özbenliklerinin değerini görmez ve aynı eğitim düzeninde olduğu gibi, onları dışsal bazı ölçütlerle yargılar.

Tanıdığınız birinin kızının evleneceğini duyduğunuz zaman aklınıza gelen ilk soru, "adam ne iş yapıyor?" ise, siz de bu kültür değerlerinin etkisi altında davranıyorsunuz demektir; "nasıl bir kişi imiş?" "nasıl bir karakteri varmış?" gibi sorular da sorulabilirdi.

Bu tür değerler düzeni kişinin kendi özbenliğindeki özellikleri önemsemez; yapay ölçütlerle insanı değerlendirir. Bu tür yapay ölçütlerle değerlendirilen insan, kendi öz varlığının değersiz olduğu duygusuna varır ve esas kimliğinden utanç duyar.

Utanç Kaynağı Olarak Yaşıt Grubu

Özellikle büluğ çağında çocuklar kendi yaşıtlarının büyük etkisi altında kalırlar. Bedenen kuvvetli olan grubun önderi olur ve dediğini diğerlerine, özellikle bedenen zayıf olanlara yaptırmaya kalkar. Belirli bir giyiniş anlayışı gruba hakim ise, bu tür giyinmeyenle alay edilir. Kendi aralarında bir tür konuşma biçimi, yani argo geliştirirler ve o dille konuşmayanla alay ederler. Böylece, yaşıt grupları kişinin kendisi olmasına olanak vermezler, tam aksine kişinin kendi özelliklerini bastırarak grubun beklediği yönde değişmesi için baskı yaparlar. Aile içinde kendi özellikleriyle kabul edilmeyen çocuk, büluğ çağında yaşıtları tarafından da kabul edilmez.

Utanç Kaynağı Olarak Din

Gönül ve kafa, birey ve toplum gibi yaşamın değişik yönlerini dengeli bir biçimde birleştirerek barış dolu bir insan ve toplum (cemaat) yaratmayı amaçlayan din, mutsuz ve dar görüşlü insanlarca korku ve baskı kaynağı olarak kullanılır. Ulu Tanrı'nın yarattığı her bir zerrenin ne kadar değerli ve özgün (müstesna) olduğu söylenecek yerde, kişilerin değersiz günahkârlar olduğu anlayışı üzerinde durulur.

Mevlana, birey ve toplumda dinin gerçek etkisini sevme ve yargılamama olarak ortaya koyup, Anadolu insanına bir gönül hazinesi bırakmıştır. Bunun yanı sıra aynı ülkede, farklı etkenlerin altında kısıtlı dünyalarının içine kapanmış kalmış (büyük bir olasılıkla da yetişkin çocuk olan) yobazlar, dini kişisel ve siyasal kudret kaynağı olarak kullanmış ve "suç", "günah", "korku" ve "ceza"yı dinin temel direği yapmışlardır.

Mevlana'nın "sevgi merkezli din anlayışı"nın yanı sıra, yobazların "korku merkezli din anlayışı" çoğu ailelerde çocuk yetiştirmede kullanılan temel eğitim felsefesi olmuştur. "Korku merkezli din anlayışı," insanın kötü bir yaratık olduğunu, sürekli gözetlenip davranışlarının korkuyla yönlendirilmesi gerektiğini savunur. Bu zihniyet içinde hareket eden ana-baba, ne kendilerine ne de çocuklarına saygı duyarlar; onlar için anlamlı olan yegâne şey, anlamadıkları ve kendi yaşamlarında gerçekliği, temeli olmayan empoze edilmiş kurallar ve özellikle, yasaklardır. Bu kuralların ve yasakların dışında her şey günah olacağı için yaşamla ilişkilerini yitirmişler, bir anlamda programlanmış robotlara dönmüşlerdir.

"Korku merkezli din anlayışı"nın baskın olduğu bir aile ortamında yetişen çocuk, kendine özgü doğal her şeyden utanç duyacaktır. Ben ilkokul çağındayken, babam komşu olarak gelen bir hocanın etkisi altında, bize "korku merkezli din anlayışı" içinde "dersler" vermeye başladı. Bu dersler, körü körüne inanmayı amaçlıyordu ve kendimize özgü düşünmeyi yasaklıyordu. Bunu yapmazsak ne olacaktı? Sırat köprüsü vardı; sürekli yanma vardı.

İki anım var bu yıllarla ilgili; birincisi şöyle: Yedi yaşındaydım ve 1,5 ya da 2 km uzaklıktaki dükkandan kolumdaki sepet içinde et, ekmek gibi günlük yiyeceği eve getiriyordum. Nasıl oldu bilmiyorum, kendimi, "acaba Allah'ı yaratan var mı?" diye düşünürken buldum. Beş saniye sonra korkudan titriyor ve ağlıyordum. Çünkü biliyordum ki, şeytan içime girmişti ve bana bu tür sorular sordurarak doğru yoldan caydırıyordu, cehennemde cayır cayır yanacaktım. Sepet takılı olmayan elimle kafamı yumruklamaya başladığımı ve eve gelinceye kadar ağladığımı hatırlıyorum.

İkinci anım ise bir rüyamla ilgili: Babamın sırat köprüsünü ve cehennemi tüm korku ve azabıyla anlattığı akşam, kendimi sırat köprüsünde gördüm; altta cehennem alevleri vardı ve çok korkuyordum. Ağlayarak uyandığım zaman, beni anlayan, beni teselli edecek, korkularımı dağıtacak kimse yoktu. Sabaha kadar korku içinde ağladığımı hatırlıyorum.

Şimdi elimde olsa da, o küçük oğlan çocuğuna ulaşabilsem ve onu korkutmadan, kendisini, toplumu, doğayı, evreni dalga dalga sevgi içine alan Yüce Gönül'ü ona anlatabilsem. Korku ve utanç yerine, onun ne kadar değerli bir varlık olduğunu ona söyleyebilsem.

"Korku merkezli din anlayışı"nın hâkim olduğu aile ve genel olarak toplumda insanın değeri yoktur; bu nedenle çocuğun yetişirken doğal olarak gösterdiği her gereksinme, istek, davranış ve özellikle bireysel yaratıcılık, onun için birer utanç kaynağı olacaktır. "Korku merkezli din anlayışı" utanca boğulan insanların yetiştiği en verimli ortamı oluşturur. Böyle ortamdan yetişen insanların çoğu, utanç yoluyla ortaya çıkan içlerindeki boşluğu doldurmak için kendileri de aynı ana-babaları gibi yobaz ve "korku merkezli" olurlar.

Utanç Kaynağı Olarak Kültür Düzeni

Özgür bir kişiliğe değil de yapılaşmış sosyal rollere önem veren kültürlerde bireyin özbenliği önemli değildir; önemli olan kişinin toplum içinde almış olduğu roldür. Bu nedenle, bu tür toplumlarda, uzun yıllar evli kaldığı halde eşini bir kişi olarak tanıma olanağı bulamamış karı-kocaya sık sık rastlarsınız.

Bu tür kültürlerde kişinin söylediği, düşündüğü ve yaptığı arasında bir bütünleşme pek aranmaz. Kişiler soyut, her ortam ve durumda geçerliği olan ilke ve değerlerden ziyade, beraber oldukları kimselerin mevki ve kudretine göre düşünür, konuşur ve davranırlar. Kim kuvvetliyse tabii ki o haklıdır. İnsanın kendine özgü düşüncesi, insanın kendine özgü yaratıcılığı, özellikle insanın kendine özgü duygusunun önemi yoktur. Önemli olan, başkalarının beklediği yönde davranmaktır. "Başkalarının beklediği" ise sosyal rollerle belirlenmiştir. Sosyal roller, "kızların", "oğlanların", "annelerin", "babaların", "öğretmenlerin", "öğrencilerin" .... nerede ve ne zaman nasıl davranması gerektiğini belirlemiştir. Hepsi bu kadar. Bunların dışında duyan, düşünen, özellikle yaratan utanca boğulur.

SÖZÜN KISASI

Dokunulma, güven, düzen, sosyalleşme, uyarılma ve kendini değerli görme, çocuğun temel gereksinmeleridir; bunlar karşılanmazsa çocuk kendinde bir eksiklik olduğunu düşünür ve kendi öz varlığından utanç duymaya başlar. Gereksinmeleri karşılanmayan çocuk terk edilmiş çocuktur. Terk edilen çocuk normal gelişimini tamamlayamaz; ihmal edilen gereksinmelerine denk bir gelişim aşamasındaki çocuk olarak kalır. Bu tür insanları tanımlamak için psikologlar, "yetişkin çocuk" kavramını geliştirmişlerdir. Yetişkin çocuk deyiminde, "yetişkin" kelimesi dış görünüşü, "çocuk" kelimesi psikolojik gelişim düzeyini belirtir.

Değişik deneyimleri bir araya getirerek anlamlı bir bütün yaratmak, insan zihninin en belirgin özelliklerinden biridir. Zihnin bu özelliği utanç yaşantılarında da kendini gösterir; birbirlerinden farklı zaman ve yerlerde yaşanmasına rağmen, utanç olayları çocuğun belleğinde birbirleriyle ilişki içine girer ve bir bütün oluştururlar. İlerde çocuğun duyduğu bir söz ya da bir bakış, belleğin sadece bir bölümünü değil, ilişki haline gelmiş tüm utanç hatıralarını uyandırır.

9

Savunucu Davranış ve Savunucu Kişilik

Utanca boğularak yetiştirilen kişi bu utancın verdiği azabı duymamak için savunma mekanizmaları geliştirir. Bu savunma mekanizmaları sayesinde kişi içindeki boşluğu ve anlamsızlığı unutmaya, kendisi için daha az acı verici ayrı bir dünya yaratmaya çalışır.

Utanca boğulan kişinin geliştirip kullandığı savunma mekanizmalarını incelemeden önce, "bireyin sınırlarını belirleme" kavramını anlamalıyız.

Bireyin Sınırları

Psikolojik yönden sağlıklı insanın sınırları vardır; böyle sağlıklı bir kişinin yanında nelerin konuşulup konuşulamayacağı, kendisine nasıl davranılması gerektiği bellidir. Psikolojik sınırların, bir ailenin, bir ülkenin sınırları gibi korunması gerekir.

Kapınızı çalmadan evinize birinin girdiğini düşünün. Kişi içeri girdikten sonra size sormadan mutfağa gidip pişmiş yemeği yiyor; yemeği yedikten sonra ailenizin üyesi olan karşıt cinsten birini kucaklayıp yatak odasına götürüyor ve ona tecavüz ediyor.

Aile sınırlarınız iyi belirlenmişse ve bu sınırların önemine inanıyorsanız, yabancının içeriye girmesine karşı koyar ve onunla mücadele edersiniz. Ama, ailenizin sınırları psikolojik dünyanızda belirlenmemişse, "ne yapayım adam açmış, yemek kokusunu duyunca geldi!" gibi sağlıksız açıklamalara girişirsiniz.

Çocuk küçükken ego/benlik sınırları henüz oluşmamıştır. Çocuğun ana ve babası bu sınırların sağlıklı bir biçimde oluşmasında en önemli rolü oynar. Sınırları belirlenmemiş çocuk, yukarıda verdiğimiz aile örneğinde olduğu gibi kolaylıkla incitilebilir; çünkü korunmasızdır.

Sınırları ihlal edilen çocuğun içinde bulunduğu duyguyu, tuvaletteyken birdenbire bazılarının tuvalete girip sizi en biçimsiz zamanınızda dış dünyaya teşhir etmesiyle açıklayabiliriz. Kudretsiz olan çocuk ne yapacağını bilemez, kimse onu korumamaktadır; bu durumda zavallı çocuk, varlığının her zerresine kadar utanca boğulur.

Daha önce yazılarımızda belirttiğimiz üç kaynağın etkisi altında (1. aile içi olumsuz etkileşim ve kötü model; 2. temel gereksinmelerin karşılanmayarak çocuğun terkedilmesi; 3. utanç verici olayların bellekte bir yapı oluşturması) utanca boğulan çocuk, bu utanç duygusunun insafsız acısından kurtulmak için bazı savunma mekanizmaları geliştirir.[20]

UTANCA BOĞULAN KİŞİNİN SAVUNMA MEKANİZMALARI

İnkâr/Yadsıma *(denial).* Utanç veren olayın gerçekte olmadığını, kendisinin yanlış anladığını, gerçekte olaya neden olan diğer insanların iyi niyetli olup kendisini sevdiğini, değer verdiğini düşünerek, olayı inkâr etme.

Amerikalı psikiyatrist Richard Firestone (1985), inkârın en sık gözlenen bir türünün hayali bağlanma *(fantasy bond)* olduğunu söyler. Hayali bağlanma içinde olan çocuk, kendini utanca boğan anababasıyla kendini özdeşleştirir ve sanki ana-baba onu koruyormuş, onun iyiliğini istiyormuş gibi düşünür. Ana-babanın (ya da kendini utanca boğan başka bir kişinin) kötü davranışları arttıkça hayali bağlanmanın şiddeti de artar.

Bastırma *(repression).* Utanca götüren olaylar, duygular, heyecanlar, sözler bilinçaltına bastırılarak sanki olmamış gibi kabul edilir. Bastırmanın süresi ve şiddeti arttıkça bir süre sonra kişinin algılama keskinliği, düşünme yeteneği, özellikle heyecan ve duygularını yaşama ve ifade etme yeteneği donuklaşır ve kütleşir. "Otuzunda öldü altmışında gömüldü," sözü bu kişiler için geçerlidir; ne yazık ki çoğu kişiler iki üç yaşından itibaren bu yolda ilerlemeye başlarlar.

Çözülme *(dissociation).* Aile içi cinsel saldırı ve bedensel işkenceye maruz kalma gibi en aşırı utanca boğma hallerinde bireyin bilincinde çözülme, o anda acı veren olaydan hayal yoluyla uzaklaşıp ilişkisini kesme ortaya çıkabilir. Psikolojik vak'alarda sık sık bu durum

---

(20) İsteyen okuyucular Cüceloğlu, 1991a, 1991b ve Geçtan, 1989'da daha ayrıntılı bilgi bulabilirler.

gözlenir. Örneğin, kendisi altı buçuk yaşındayken babası tarafından tecavüz edilen ve 13 yaşına gelinceye kadar tecavüze devam edilen bir kız, günlük yaşamından bu olayı çıkarmış, sanki böyle bir şey olmamış gibi babasıyla ilişkisini devam ettirmiştir. Ne var ki, rüyalarında ve kendi kocasıyla ilişkisinde bu olay olumsuz etkisini sembolik olarak ifade etmeye devam etmiştir.

Yön değiştirme *(displacement).* Bu mekanizma çözülme mekanizmasıyla yakından ilgilidir; ifadesi ketlenen ya da çözüşen enerji (olay) başka bir kanalla ifadesini bulur; böylece patronuna bağıramayan işçi karısına, kocasına bağıramayan kadın, çocuğuna bağırır. Utanca boğulmuş çocukların kendilerini derslerine vererek sınıfın birincisi olması, ya da öğretmen gibi bir otorite sembolüne saldırganlık göstermesi, yön değiştirme mekanizmasına örnek olarak verilebilir.

Dönüşme *(conversion).* Amerikalı psikolog John Bradshaw (1988), utanca boğulan duygu, heyecan, karşılanmayan gereksinmelerin, terk etme ve kötü davranma sonucu ifade edilemeyen enerjinin üç tür dönüşme yapabileceğine işaret eder. Bunlar:

(1) Cinsel düşünce ve hayaller;
(2) hüzün ve suçluluk hissi;
(3) bedensel *(somatic)* hastalıklardır.

İlk tür dönüşme yapan kişi, her türlü duygusunu cinsel arzu ve fanteziye dönüştürme eğilimi gösterir. Cinsel yönden hiçbir zaman doyuma ulaşamaz ve sürekli "daha yeni, daha başka" uyarıcı arar. İkinci tür dönüşme, kızgınlığını ve korkusunu hüzün ve suçluluk hissiyle ifade eden kişide gözlenir. Üçüncü tür dönüşümü ise sürekli hasta olan, yaşamlarının büyük bir kısmı bedeninin orasından, burasından şikâyet ederek geçiren kişilerde görürüz.

Yansıtma *(projection).* Utanca boğulma sonunda kendisinin ifade edemediği duygu, heyecan ve düşünceleri başkasına yansıtarak, onların davranışlarında görmeye yansıtma adı verilir. Büyürken bir kız olarak cinselliğini ifade etmesine olanak verilmeyen ve bu yönden utandırılan kız, büyüyünce kadınların her davranışının altında "cinsellik" görür. Kızgınlık duygusunu ifade etmesine olanak verilmeyen bir kimse, ilişkide bulunduğu kişilerin davranışlarında sürekli "kızgınlık belirtileri" görür.

Ket vurma *(inhibition).* Utanç duygusuna yol açan davranış, söz ve algılamaları engellemeye, bilinç düzeyine çıkmasına izin vermemeye ket vurma denir.

Karşıt tepki oluşturma *(reaction formation).* Bu bir tür inkâr mekanizmasıdır; kendisine ızdırap çektiren kişiye duyduğu kızgınlığı sevgi ile ifade etme, nefret ettiğine şefkatle davranma gibi. Kızgınlık ve nefret utanca boğulmuş olduğu için, bu duyguların tam zıddı olan ve ifadelerine izin verilen duygularla bir karşıt tepki oluşturulmuştur.

Duygusal yalıtım *(affective isolation).* Bu özellikle zeki insanlarda görülen bir savunma mekanizmasıdır; çocukluğundan beri utanca boğulan duyguları düşünce haline çevirerek, duygunun enerjisini ve özelliğini yalıtmak ve canlı duyguyu cansız, plastik bir düşünce haline getirmek, duygusal yalıtıma bir örnektir. Doğal olarak bu tür insanlar duygusal derinliği olan ilişkiler kuramazlar. Örneğin böyle biri, "seni seviyorum," diyemez. "Sende şöyle şöyle özellikler olduğu için sana değer veriyorum," gibi bir düşünsel ifadeyle duygusunu ifade edebilir.

Kendine zarar verici davranışlar *(self-harming behavior).* Utanca boğulan kişi kötülük yapan kişiyle kendini bazen o kadar özdeşleştirir ki, o kişiden daha çok kendine zarar vermeye başlar. Kendine zarar verici davranışı gösteren kişi bir anlamda, "Evet, ben gerçekten utanılacak, kötü bir insanım; o kadar kötüyüm ki, senin verdiğin cezadan daha çok cezalanmaya lâyığım!" demektedir. Kendini cezalandırma kendini yaralama, kafasını duvara vurma, daha da aşırı bir biçim alarak kendini öldürmeye kadar gidebilir.

UTANCA BOĞULMAKTAN KAYNAKLANAN KARAKTER ÖZELLİKLERİ

Utanca boğularak yetiştirilen kişiler ne kendilerini ne de başkalarını olduğu gibi kabul edebilirler. Diğerleriyle ilişkilerinde sürekli ve tutarlı bazı olumsuz karakter özellikleri gösterirler.

Sürekli ve tutarlı olumsuz karakter özellikleri, küçükken utanca boğulma ile yaratılan iç boşluğu, belirli tür davranışlarla doldurma çabasından ileri gelir. Olumsuz karakter özelliklerinin belli başlıları şunlardır:

Mükemmeliyetçilik

Mükemmeliyetçi olanlar, insanın doğal sınırlarını tanımazlar; ne kendilerinde ne de başkalarında hiçbir kusura tahammülleri yoktur. Ana-babaları bu insanları onların başarısı oranında sevmiş ve takdir etmiş oldukları için, yaptıklarını en mükemmel şekilde yapmak ve herkesten daha başarılı olmak için çırpınırlar. Hiçbir zaman tatmin olmazlar; her şeyde mutlaka bir kusur bulurlar. Başkalarının başarılarıyla kendilerini kıyaslayarak sürekli yarışma içindedirler. Yaptıkları işin sürecinden zevk alma diye bir beklentileri yoktur; tamamıyla sonuca bakarlar.

Sürekli Güçlenme ve Denetlemeye Yönelme

Çocukken güçsüz bir gelişim aşamasında iken ana-babası tarafından utanca boğulan kişi, her koşulda çevresindekilerin davranışlarını denetlemeye çalışır; çünkü, çevresindekilerin davranışlarını sürekli denetlediği zaman kendisini güçlü ve emniyette hisseder. Kişilerin kendisiyle ilgili düşünce, duygu ve davranışlarını yönlendirmek ve denetlemek ister. Bu kişi, eşinin ve çocuklarının kendi duygu ve düşünceleri olmasına tahammül edemez; herkesin düşünce ve duygularını değişik yollardan denetlemeye ve yöneltmeye çalışır.

Bir kimse başkalarının davranışlarını denetleme olanağını nasıl bulur? Yollardan biri "kudret" kazanmaktır. Kudret siyasal mevki, zengin olma, şöhret kazanma gibi farklı yollardan elde edilebilir. Kudret kazanma peşinde koşan kişi, kuvvetli mevkiye gelince artık kimsenin kendisini eleştiremeyeceğini umar. Utanca boğulmuş bir çocukluktan sonra, kimsenin kendini eleştiremeyeceği kudretli bir mevkiye gelmek onun için "emniyetli bir yere ulaşmak" anlamına gelir. Ne var ki, ulaştıkları kudretli yerden hiçbir zaman tatmin olamazlar; içlerindeki boşluk devam eder. Çoğu diktatörlerin davranışları bu açıklama tarzı içinde anlam kazanır. İsviçreli psikiyatrist Alice Miller (1991), Hitler'in ve Saddam Hüseyin gibi çağdaş başka diktatörlerin davranışlarını bu yaklaşım içinde açıklar.

Şiddetli Öfke

Çocukken utanca boğulan kişi ifade olanağı verilmeyen kızgınlığını biriktirerek, yaşamı boyunca öfkeli biri haline dönüşür.

Öfke kişiyi iki biçimde korur: 1. Başkalarının kendine yaklaşmasını önler; 2. kendi utanç duygusunu başkalarına aktarır.

Öfkenin ifadelerinden biri gizli ve ince alay yani istihzadır. Hiçbir şeyde anlam göremeyen bu kişiler, yaşamı anlamlı gören ve yaşadıkları olaylardan zevk alan kişilerle sürekli alay ederler, onları aşağılarlar. Bu insanlarda öfke duygu olmaktan çıkmış, varoluş biçimine dönüşmüştür. Bu insanlar sürekli olumsuz oldukları için uzun süre çevrelerinde kalınamaz; olumsuzlukları hastalık gibi çevresindekilere de bulaşmaya başlar.

Kibir ve Gurur

Kibir bir kişinin diğerlerini kıracak, incitecek derecede kendini önemli görmesidir. Kişi kendi zekâsının, becerilerinin, bilgisinin başkalarından kıyaslanamayacak kadar üstün olduğunu sürekli ima eder.

Kibir ve gurur, çocukluktaki utancı kapatmak için takılmış bir maskedir. Bu maske, çocuklukta utançla büyümüş diğer kimseleri rahatsız ettiği halde, sağlıklı bir ortamda yetişmiş kişileri o kadar rahatsız etmez.

Kibir ve gurur maskesini takan kişi kendi özbenliğinin yokluğunu saklamaya o kadar alışmıştır ki, nasıl bir kimse olduğunu kendisi de bilmez. Bu tür maskelerin en acı tarafı budur: Başkalarından saklanmak için kullanılan maskeler, bir süre sonra kişiyi kendi gözünden de saklar.

Eleştirme ve Suçlama

Ana-baba çocukluklarından getirmiş oldukları utanç duygularını eleştirme ve suçlama yoluyla kendi çocuklarına aktarırlar. Bir insanı belirli bir davranışından dolayı eleştirme ve suçlamaya başlayan kişi, kendi utanç duygusunu eleştirdiği kişiye yükler.

Sürekli eleştirilme ve suçlanma utanç yaratır; ne var ki, anababası tarafından çocuğa sürekli uygulandığından, bu davranışı çocuk model olarak kabul eder. Eleştirme ve suçlama ana-babada nasıl bir tutku halindeyse, bir süre sonra çocukta da bir alışkanlık haline gelir.

Çocuk dışarıda arkadaşlarıyla oynamak için annesinden izin ister; anne, "sen kendinden başkasını düşünmeyen bencil bir çocuksun, haydi git oyna, evin bütün işini nasıl olsa ben tek başıma yaparım," biçiminde cevap verir.

Çocuk, "ben çocuğum, bu yaşta oyun benim hakkım. Madem çocuklarına ve evine bakacak gücün yoktu, neden beni ve kardeşlerimi doğurdun," diye düşünemez. Annenin verdiği cevap karşısında çocuk oyun oynama arzusundan, kendinden utanır. Anne kendi utancını, çocuğuna başarıyla aktarmış, kendi gibi sağlıksız birini "topluma armağan etme!" yolunda başarılı bir adım daha atmıştır.

Yargılayıcılık ve Ahlaksallaştırma

Yargılayıcılık *(judgementalism)* ve ahlaksallaştırma (*moralizing:* Ahlak konusuna dönüştürme), mükemmeliyetçiliğin bir türüdür. Yargılayan kişi, kendini diğerinden üstün bir yere koyar; diğer kişinin davranışlarının içinde oluştuğu koşulları bilmeden, kendi algılama çerçevesi içinde değerlendirme yapar. Bu tür yargılayıcı değerlendirmeler, karşıdakini aşağı bir mevkiye düşürdüğünden, yargılayana sahte bir üstünlük duygusu verir.

Ahlaksallaştırma, özellikle ülkemizde sık sık gözlenen bir davranıştır. Birisinin ahlaklı ya da ahlaksız olduğunu söyleyen kişi, kendini ahlak konusunda yüksek bir yere koyarak, "doğruluk ilkeleri"nin kendinden kaynaklandığını ima eder. Bir diğerini ahlaksızlıkla itham etmek, ağır bir suçlamadır ve bu kadar ağır bir suçlamayı psikolojik bakımdan sağlıklı insanlar yapamaz. Ahlak konusunda sık sık yargılama yapanların, yani ahlakçıların, kişilik yapılarında mutlaka büyük bir aksama vardır.

Aşağı Görme

Aşağı görülen çocuk kendi özbenliğinden utanır ve kendini eksik hissetmeye başlar. Çocuğunu hor gören ana-baba onun özbenliği tümüyle reddeder.

Aşağı, hor görme *(contempt)* sesin tonu, davranış biçimi, beden dili (A. ve Z. Baltaş, 1992) ya da sözel yolla ifade edilir. Önem verdiği kişiler tarafından bu tür muameleye uzun süre maruz kalan çocuk, kendi özbenliğinden utanç duymaya başlar.

Aşağı görülerek büyüyen ve kendi özbenliğinden utanan çocuk, diğerlerini aşağı görerek kendi utancını saklamaya çalışır. Başkalarını hor görmek ve aşağılamak onun karakterinin bir parçası haline gelebilir.

Koruması Altına Alma

Mevki, yaş ya da kudret bakımından yüksek olan biri, kendinden daha düşük düzeydeki birini, o kişinin iznini almadan hemen koruması altına alır *(patronizing)* ve onun namına kararlar almaya başlarsa, bu kişi üzerinde olumsuz bir etki yapar. Yüzeyde sanki kudretli kişi, güçsüz kişiye yardım etmektedir; ne var ki bu yardım, güçsüz kişinin onurunu incitmekte ve onu psikolojik anlamda daha güçsüz kılmaktadır. Bu tür uygunsuz "koruma altına alma" davranışı yapan kişi, kendi çocukluğundan getirmiş olduğu bir boşluğu doldurmaya çalışmaktadır; ne yazık ki bu davranış ne yapana, ne de yapılana yarar getirir.

Sürekli Yardım Etme

Bazı insanlar kendilerini o kadar değersiz görürler ki, ancak başkalarına sürekli yardım etmekle bir değer kazanmaya çalışırlar. Bu tür kişiler olur olmaz yerde, herkese her durumda yardım etmeye kalkarlar. Esasında yardım etmeye çalıştıkları kişi kendileridir; ne var ki onlar bunun farkında değildir.

Bu tür patolojik nedenle yardım eden kişi mekanik olarak yardım eder, yardım ettiği kişiyle zengin insancıl bir ilişki geliştirmeye yönelmez; aslında istese de bunu beceremeyeceğini bilir. Bu nedenle, bu tür kişiler için yardım etme, sigara içme, alkol alma ya da tutkunluk geliştirdiği herhangi bir davranışı yapma gibi, kişiler arası derinliği pek olmayan yüzeysel bir davranıştır.

Başkalarına Sürekli Hoş Görünme

Kendi özbenliğiyle ilişki kurmak istemeyen kişinin uyguladığı yöntemlerden biri herkese, her yerde, her zaman hoş görünme ve hoş davranmadır. Bu kişiler, "hoş davranmayı" bir zırh olarak kullanırlar.

Bu konuda araştırma yapan Amerikalı psikolog George Bach (1989) sürekli hoş görünenlerin hem kendilerine hem de karşıdakine hiçbir iyilik yapmadığını, aslında psikolojik anlamda her iki taraf için oldukça sağlıksız bir ortam yarattığını şöyle açıklarlar:

1. Sürekli hoş davranan, sahte bir dostluk ve yakınlık havası yaratarak, kimsenin kendini üzecek dürüstçe bir söz söylemesine izin vermez. Dürüstçe etkileşimin önlendiği bu ilişkide kişinin gelişmesi durur.
2. Sürekli hoş davranan başkalarına açık, dürüst ve samimi söz söylemez; sürekli hoş fakat yüzeysel ve sahtedir. Böylece, ilişki içinde bulunduğu kişilere gelişme fırsatı vermez.
3. Sürekli hoş davranan kişi gerçek benliğini ortaya koyarak ilişki içine girmediği için, onunla kurulan ilişkiler doyumlu olamayacak ve karşı tarafı düş kırıklığına uğratacaktır.

Haset Duymak, Kıskanmak

Utanca boğularak büyüyen kişilerin sık sık gösterdikleri davranışlardan biri de haset ve kıskanmadır *(envy)*. Başkalarının başarısı, kişiliği, malı, arkadaşlığı, eşi onların kendi iç boşluklarını hatırlatacak bir nitelik taşıyorsa, derin bir haset içinde kıvranırlar. Bu haset duygu-

sunu olduğu gibi açığa vuramazlar, bu n
ğeniyormuş gibi davranırlar ama, öneml
ret ederler; örneğin, ilginç konuşmasıyla
sından çıkınca, "güzel bir konuşmaydı,
dı, gerçekten ilginç biri olarak dinlen
karşıdakini abartmalı biçimde överek
çalışırlar; ne var ki övgüleri sahte ve y

Hasetin temelinde yatan ana varsa
ğım içinde değerli değilim; değerli olabilmem
ne, üne gereksinmem var. Bu ilişki, nesne, ün bende yok,
Onun yaşamı anlamlı, benimki ise değil." Bu varsayım, utanca boğularak büyüyen kişinin temel varlık öğesidir.

UTANCA BOĞULMAKTAN KAYNAKLANAN SAPLANMA VE TUTKUNLUK DAVRANIŞLARI

Gerçekle ilişkiyi kesmek amacıyla yapılan her şey bir tutkunluktur; gerçek acı verici olarak algılanır, ondan kaçılmak istenir; acı veren algılamayı değiştirecek tutkunluklar kişinin yaşamında en ön sıraya geçer. Kişi, zamanla tüm enerji ve zamanını bu tutkun davranışa harcamaya başlar ve gerçekle ilişkisini tümüyle keser.

Utanca boğularak yetiştirilen kişinin kendi özünü eksik ve kusurlu bulması, bir davranışı bilmemek ya da yanlış yapmaktan farklıdır. Örneğin, nezaket kurallarını bilmeyen kişi, bu kuralları öğrenebilir; kendi özbenliğinde bir eksiklik yoktur. Ne var ki, utanca boğularak yetiştirilen kişi, kendi özvarlığını kusurlu ve eksik görür; bu öğrenmeyle giderilecek bir durum olarak değil, yaradılışla ilgili bir durum olarak algılanır.

Kendini bu tür algılama acı vericidir; acıdan kurtulmanın yolları, görmüş olduğumuz savunma mekanizmaları ve karakter bozukluklarının yanı sıra, tutkunluk ve saplantılardır. Aşağıda yeme-içme; duygu; düşünce ve faaliyet tutkunluklarını özet olarak inceleyeceğiz.

Nesnel Tutkunluklar

Alkol, sigara, esrar tukunluklarının yanı sıra çok yeme *(obesity)*, anoreks nevrozu ve bulimia, nesnel tutkunluklar arasına girer.

Sigarada hızlı tüketim...

Selma TÜKEL, *İSTANBUL*, **AMERİKA** ve Avrupa'da, sigaraya karşı açılan kampanyalar olumlu sonuç verirken, Türkiye'de kişi başına sigara tüketimi, son 10 yılda 2 kilodan 3 kiloya yükseldi. Halen Türkiye'de, 25 milyon kişinin yılda ortalama 152 paket sigara içtiği saptandı. **"Sigaraya hayır"** kampanyalarıyla tiryaki sayısını azaltan gelişmiş ülkelerin aksine, Türkiye, artan tüketimiyle, Doğu Asya, Orta Asya, Afrika ülkeleriyle aynı düzeye geldi. Türkiye, Avrupa'da sigara içme rekorunu elinde bulunduran Yunanistan ve İspanya'nın ise gerisinde kaldı. Gelişmiş ülkelerde sigara içenlerin sayısı hızla azalırken, Türkiye'deki tiryakilere, her yıl kitleler halinde yenileri katılıyor.

(Hürriyet, 6 Şubat 1992)

Ülkemizde en yaygın tutkunluk sigara ve alkol tutkunluğudur. Sigara tutkunluğu o kadar yaygındır ki, sağlık konusunda halkı eğitme görevi birinci planda gelen doktorlar dahi bu tutkunluktan kendilerini kurtaramamaktadır (Sezer, 1990). Dr. Erol Sezer'in araştırması, hekimlerin yüzde 47'sinin sigara içtiğini; hasta muayene ederken sigara içen hekimlerin oranının ise yüzde 56 olduğunu göstermiştir.

İçkiye 5.5 trilyon ödedik

ANKARA (Hürriyet) Alkol ve alkol bağımlılığı konusu, dün TBMM'de tartışıldı. Alkollü içkilere geçen yıl toplam 5.5 trilyon lira ödeme yapıldığı dile getirilen Meclis oturumunda konuşan Sağlık Bakanı **Yıldırım Aktuna**, alkol ve sigara reklamlarının engellenmesini istedi. TBMM'de yaptığı gündem dışı konuşmada istatistik bilgileri veren ve alkole karşı önlem alınmasını isteyen Refah Partisi Tokat Milletvekili **Ahmet Fevzi İnceöz ise**, Türkiye'de içkiye başlama yaşının 12-14 olduğunu ileri sürdü. Milletvekili **İnceöz**, içki tüketiminde dünya üçüncüsü olan Türkiye'de halen dört milyon alkolik, 15 milyon dolayında da alkol dostu olduğunu söyledi.

(Hürriyet, 15 Şubat 1992)

Çoğu kere, "babam akşamcıdır," "Nazif bey keyif ehlidir; her gün bir duble rakısını mutlaka içer, keyiflenir," gibi sözler duyarız, ama, "babam alkoliktir," "Nazif adında alkolik bir tanıdığım var," sözlerini pek duymayız. Niçin duymayız? Çünkü, alkoliklik o kadar yaygın bir sosyal olaydır ki, içmemek bir tür normaldışı davranış olarak kabul edilir. Kendi gerçeğimizden toplum olarak kaçışımızın somut kanıtını, alkoliklik davranışının artık algılanmayacak kadar yaygın olmasında görebiliriz.

Esrar içme türünden tutkunlukların ne kadar yaygın olduğunu bilemiyoruz; yasal nedenlerden dolayı bu tür tutkunluklar gizli olmak zorundalar. ABD'de, alkolizmden sonra hemen hemen her yaş ve ekonomik grup içinde en yaygın olan tutkunluk, değişik isimler altında bilinen kimyasal (esrar türü maddelere) tutkunluktur. ABD'yi içten içe kemiren bu hastalık, bu toplumun psikolojik sağlık düzeyine bir tür ayna tutar.

Çok yiyerek aşırı şişmanlama *(obesity)*, az yiyerek bir deri bir kemik kalma *(anorexia nervosa)*, yemek yeme davranışını sürdürebilmek için yediklerini dışarı çıkardıktan sonra yeniden yemeye başlama ve yeniden çıkarma ve yine yeme *(bulimia)* davranışları, başka tür nesnel tutkunluklardır. Daha önce söylediğimiz gibi bu tür tutkunlukların hepsinin temelinde, acı veren gerçekten, yani kusurlu özbenlik algılamasından kaçma arzusu yatar.

Duygu ve Heyecan Tutkunlukları

Bireyler belirli bir duyguya saplanıp kalarak ya da tutkunluk geliştirerek de kendi özbenliklerinden kaçarlar. En sık rastlanan duygusal tutkunluklar öfke, hüzün, neşe, dini doğruluk, korku, suçluluk duygularıdır.

Öfke tutkunluğu olan kişi sürekli kızgındır; her an, her yerde, herkese kızgındır. Bu duyguyla o kadar doludur ki, başka hiçbir duygunun yer alması olanağı yoktur. Öfke kişilere kudret kazandırır; çünkü diğerleri öfkeli kişiden çekinirler, onu daha fazla hiddetlendirmemek için, kendi istediklerini değil, onun istediğini yapma yönünde eğilim gösterirler. Öfke tutkunluğu hem kişinin kendi iç boşluğunu duymasına engel olduğundan, hem de istenileni başkalarına yaptırdığından, kendi kendini besler ve gittikçe daha kuvvetli bir tutkunluk haline gelir.

Hüzün tutkunluğu toplumumuzda en yaygın olan duygusal tutkunluktur. Birisi, "nasılsınız?" sorusuna, "eh nasıl olalım, iyi diyelim de iyi olalım," türünde cevap verirse, bu kişide bir karamsarlık tutkusu vardır. Şarkıların, türkülerin, şiirlerin, hikâye, masal ve efsanelerin hüzün dolu olduğu bir toplumda, bu tutkunluğun derinlere giden tarihsel bir kökeni olduğunu anlarız.

Hüzün tutkunluğu olan kişi, başına gelen olaylardan, kendi yaşamında olan bitenlerden kendini sorumlu tutmaz; kendisi aciz zavallı bir yaratıktır; herkes kötüdür ve ona, "felek" de dahil kötülük etmektedir. "İyi," fakir ve acizdir; "kötü," zengin ve kudretlidir. Hüzün tutkusunun yapabileceği bir tek şey kalmıştır; inlemek, ahlamak, vahlamak ve kendisine acındırmak.

Neşe tutkunluğu bizim toplumumuzda görülen hüzün tutkunluğunun tam zıddıdır. Bunu örneğin ABD toplumunda görmek olanağı vardır. Yüzlere plastik, sahte bir gülümseme yapışmıştır ve bu kişiler her yerde, her zaman, herkese gülümserler ve her zaman mutlu imişler gibi bir izlenim verirler. Ne zaman birisi, "nasılsın?" diye sorsa, anında "çok iyiyim, her şey tıkırında gidiyor, daha iyisi olamaz," cevabını yapıştırırlar. Bu kişiler sanki dünyada hiç kimseye gereksinmeleri yokmuş, her şeyin üstesinden gelebilirmiş gibi davranırlar.

Dini doğruluk tutkusu (religious righteousness) da toplumumuzda yaygın bir duygusal tutkunluktur. Sanki kendisi mükemmel ve Allah'ın ne düşündüğünü doğrudan bilen birisiymiş gibi davranan, diğer insanların davranışlarını sürekli yargılayan insan, "dini doğruluk tutkusu" içindedir. Bu duygu içinde olan kişi, Türkçe söylendiği zaman hiçbir anlam derinliği olmayan bir lafın Arapçasını söyler ve birkaç Arapça kelime mırıldandığı için herkesin kendini üstün görmesini ve kendinden çekinmesini bekler. Bu insanlar çoğu kere başkalarını din adına sürekli yargılayarak kendilerine kudretli bir mevki edinir; böylece hem kendi iç boşluğunun acısından uzaklaşmış olur hem de başkaları üzerinde egemenlik kurar.

Korku tutkunluğu, hüzün tutkusu gibi kişiyi aciz kılar; "ben yapamam", "ben korkuyorum", "yardımınıza gereksinmem var," mesajlarını vererek, kendi yaşamının temel sorumluluğundan kurtulmak ister. Bizim toplumda özellikle kadınlar arasında bu tür tutkunluğun yaygın olmasını beklerim; kendini yetenekli ve yapabilir görmek Türk kültürü içinde "kadınca" bir görünüm oluşturmaz. Korku tutkunluğu olan kadın, kendisi gibi utançla büyümüş ve başkasına yardım ederek ve onun yaşamını denetleyerek mutlu olacağını sanan erkeklere büyük bir olasılıkla çekici gelir.

Suçluluk tutkunluğu, acı veren utancı örtmek için kullanılır. Kişi sürekli özür dileme durumundadır ve yaptıklarından ya da yapmadıklarından sürekli pişmanlık duygusu içindedir. Suçluluk duygusu yaşama enerjisinin büyük bir kısımını alacağından, verimli çalışmaya ve yaratıcılığa enerji kalmaz.

Yukarıda kısaca açıklanan duygusal tutkunlukların temelindeki asıl neden, kişinin içindeki boşluğu görmek istememesi, sürekli kendinden uzaklaşmaya çalışmasıdır.

Düşünce Tutkunlukları

Kişinin iç dünyasıyla ilişkisini kesme yöntemlerinden biri de soyutlaştırma, olayları ve duyguları "zihinselleştirme"dir. Kişi kendi yaşamıyla ilgili olaylara bakacak ve kendini anlayarak olumlu bir adım atacak yerde, son derece soyut, evrensel sorunlarla uğraşmaya başlar.

Öğrencilerimde sık sık bu tutkunluğu görmüşümdür: Yabancı dili zayıf, okuması, yazması ve anlatımı üniversite öğretim düzeyinin altında olan öğrencilerin çoğu, içki içme, sürekli sigara tüttürmenin yanı sıra, kendilerini tümüyle ideolojik soyut kavramların tartışmasına vermişlerdir. Bu kavramların tartışması, günlük yaşamlarıyla ve bir birey olarak kendi kişisel sorunlarıyla ilişki içine getirilmeden sürer gider. Bu tartışmalar devam ederken doğal olarak birkaç paket sigara ve şarap ya da rakı şişesi de boşaltılır.

Soyutlaştırma ve zihinselleştirme kişiyi kendi psikoljik gerçeğinden alıp soyut bir zihinsel gerçeğe götürdüğü için, kişiye "emniyetli" görünür. İç dünyasının acısını bu soyut evrende unutur.

Diğer bir düşünce tutkunluğu ayrıntılama *(detailing)* olarak bilinir. Bu tür tutkunluğu olan kimse, duygularının temelini oluşturan konularla alakası olmayan diğer konuların ayrıntılarına saplanır ve bu ayrıntılar içinde kaybolarak duygularına ulaşamaz. Kocasıyla arasındaki ilişkiden mutsuz olan kadın, bu mutsuzluk duygusuyla temas edip, mutsuzluğun kaynağını araştıracak yerde, oldukça ilgisiz olayların ayrıntılarına takılır. Örneğin, Leyla Hanım, kocasının külotunu ütülerken, ütünün kaç derece olması gerektiğini ve "hafif ıslak" ya da "kuru" olarak ütülemenin nasıl farklı sonuçlar verdiği konusunda yarım saat söyleyecek söz bulur. Ütü masasının yeri, pencereye yakın ya da uzak olması, ütü yaparken ne tür müzik dinlediği, vb.

söz konusu edilir. Bu tür ayrıntılama tutkunluğu olan kişilerle konuşurken sıkılırsınız; ne var ki karşıdaki sizin ağzınızı açmanıza fırsat vermez ve oradan ayrılmakta zorluk çekersiniz.

Faaliyet Tutkunluğu

Bir başka tür tutkunluk sürekli faal olma, durmadan sürekli bir şeyler yapma biçiminde kendini gösterir. Bu tutkunluk, kanımca ABD'de yaygındır. İnsanların bir araya gelerek güzel güzel sohbet ettiği enderdir; genellikle tenis oynamak, bisiklete binmek, yürüyüş yapmak, maça gitmek gibi bir şeyler yapmak için bir araya gelinilir. Yapacak bir şey bulamayan kişi duygusal çöküntüye uğrar; çünkü kendinden kaçmak için araç olarak kullandığı faaliyet olmayınca içindeki boşluğu ve anlamsızlığı görür. ABD'de bir tanıdığınıza, "arkadaşım beni ziyarete gelecek," derseniz ardından, "birlikte ne yapacaksınız?" sorusunu duyarsınız. Arkadaşla oturup sohbet etmek ve iç dünyalarınızı paylaşmak bu toplumda alışılagelmiş bir davranış değildir.

Faaliyet tutkunluğunun belirli bir türü, kişinin utanca boğulma ortamının temelinde yatan etkiyle ilişkilidir. Örneğin, küçükken amcası tarafından cinsel yönden kullanılmış kadın, bu tür cinsel davranışı sık sık tekrar eder. Kimsenin önem vermediği, değersiz bir kişi iken, amcasının ilgisi ona önemli olma olanağı vermiştir; cinselliği kullanarak başkaları gözünde önemli olacağını keşfetmiştir. Bu nedenle kendinin önemli olduğunu kendine hatırlatmak için sık sık bu davranışı yapma eğilimi gösterir.

SÖZÜN KISASI

Utanca boğularak yetiştirilen kişi bu utancın verdiği azabı duymamak için değişik savunma mekanizmaları geliştirir. Bu savunma mekanizmaları sayesinde kişi içindeki boşluğu ve anlamsızlığı unutmaya, kendisi için daha az acı verici ayrı bir dünya yaratmaya çalışır. Bu savunma mekanizmaları inkâr, bastırma, çözülme, yön değiştirme, dönüşme, yansıtma, ket vurma, karşıt tepki oluşturma, duygusal yalıtım ve kendine zarar verici davranışlar olarak gruplanır.

Utanca boğularak yetiştirilen kişiler ne kendilerini ne de başkalarını olduğu gibi kabul edebilirler. Diğerleriyle ilişkilerinde sürekli ve tutarlı bazı olumsuz karakter özellikleri gösterirler. Olumsuz karakter özelliklerinin belli başlıları şunlardır: Mükemmeliyetçilik, sürekli güçlenme ve denetlemeye yönelme, şiddetli öfke, kibir ve gurur, eleştirme ve suçlama, yargılayıcılık ve ahlaksallaştırma, hor görme, koruması altına alma, sürekli yardım etme, başkalarına sürekli hoş görünme ve sürekli başkalarını kıskanma.

Gerçekle ilişkiyi kesmek amacıyla yapılan her şey bir tutkunluktur; gerçek acı verici olarak algılanır, ondan kaçılmak istenir; acı veren algılamayı değiştirecek tutkunluklar kişinin yaşamında en ön sıraya geçer. Kişi, zamanla tüm enerji ve zamanını bu tutkun davranışa harcamaya başlar ve gerçekle ilişkisini tümüyle keser. Tutkunluk türleri yeme-içme, duygu-heyecan, düşünce ve faaliyetle ilgili olabilir.

DÖRDÜNCÜ KISIM

Cevaplarınıza Bir Göz Atalım

1. Bölüm'de sakin bir köşeye oturarak, "şu anda nerede olmak ve ne yapmak isterdiniz?" sorusuna cevap verdiniz. Daha sonra yapmak istediğiniz şeylere karşı hissettiklerinizi yazarak iki listeyi birbiriyle karşılaştırdınız. Bu listelerden ilki İçinizdeki Çocuğun, ikincisi ise İçinizdeki Ana-Babanın etkisiyle yazılmıştır; iki listeyi karşılaştırdığınız zaman farklı iki dünya anlayışının, farklı iki yaşam anlamının çarpıştığını görmüş olabilirsiniz.

2. Bölüm'de kendi İç Çocuğunuzu gözlemeniz için bir dizi sorular verildi. İlk soru grubu özbenliğinizle, ikinci grup temel gereksinmelerinizle ve üçüncü soru grubu da sosyal yaşamınızla ilgili sorulardı.

Kitabın bu kısmında her bir soru grubunu ele alıp, verilen muhtemel cevapların anlamlarını tartışacağız. 10. Bölüm'de özbenliğiniz, 11. Bölüm'de temel gereksinmeleriniz ve 12. Bölüm'de de sosyal yaşamınızla ilgili cevaplarınızı gözden geçireceğiz.

10

Özbenliğinizi Nasıl Tanımladınız?

Bu bölümde, benlik algılamanızla ilgili soruları nasıl cevaplandırdığınıza bakacağız. Eğer, kendini olduğu gibi kabul etmiş, sağlıklı bir aile ortamı içinde büyüyerek doğal psikolojik gelişimini tamamlamış bir kişiyseniz, bir başka deyişle, İç Çocuğunuzla ilişkiniz sağlıklı ise, bu sorulara çoğunlukla "Hayır" cevabını vermeniz beklenirdi. Verilen her bir "Evet" cevabı, İçinizdeki Çocuğun sağlıksız bir yönüne işaret etmektedir.

Özbenlikle ilgili soruları konu edindikleri davranışlara göre gruplandırarak, "Evet" cevabının altında yatan İçinizdeki Çocuğun özelliğini gözleyelim.

Özbenlikle İlgili Sorular

1. Yeni bir şey yapmayı düşündüğüm zaman bir gerginlik ve kaygılanma durumu yaşarım.
8. Bir projeye, işe başlamakta güçlük çekerim.
9. Başladığım bir projeyi ya da işi bitirmekte güçlük çekerim.
14. Elimden hiçbir iş gelmez; mutlaka yanlışlıklar yapar ve elimdeki işi doğru dürüst bitiremem.

Bu sorulara "Evet" cevabını vermişseniz,[21] büyük bir olasılıkla çocukluğunuzda kendi başınıza iş yapmanıza olanak verilmemiştir

(21) Her soru için tek tek değerlendirme yapma kitabın genel amacına uygun düşmediğinden, sorular gruplandırılarak değerlendirildi. Her grup içinde okuyucu bir ya da daha fazla "Evet" cevabı vermiş olabilir. Önemli olan hangi soruya ya da kaç tane "Evet" cevabının verilmesinden öte, soru grubunun ifade ettiği psikolojik dinamiği kavramaktır. Soruların gözden geçirildiği bu bölümlerde kişinin iç dünyasını yansıtan bu psikolojik dinamiğin nasıl geliştiği, ne gibi kökenleri olduğu incelenmektedir.

ve bir uğraşı içine girdiğiniz zaman hatanız anında yüzünüze vurulmuştur. Merak etmek ve kurcalamak çocukların en doğal güdüsüdür; bu güdü bilimsel buluşların ve farklı felsefe okullarının temelinde yatar. Çocuk merak ederek çevresiyle ilişkisinde bulunduğu zaman, onun hata yapmasına tolerans gösterecek bir ortama gereksinimi vardır. Çocuğun keşfetmesi, araştırması, kurcalaması, soru sorması ve hata yapması önlendiği zaman çocuk bu tür ilgi ve güdüsünden utanır ve onları bastırmaya yönelir.

Bu tür etkileşimlerin baskın olduğu çocukluk yaşantısından geçen kişi, her yeni durumda, yapılacak her yeni iş başında büyük kaygı duyar, çoğu kere girişimde bulunmak yerine, bu kaygının etkisiyle işten kaçar.[22] Yaptıkları her iş sürekli eleştirilmiş ve aşağılanmış olduğu için başladıkları işi bitirmek bile istemezler. Özbenlikleri hakkında sürekli olumsuz bir imgeleri vardır; kendilerinin beceriksiz ve yeteneksiz olduklarına inanırlar. Başaracaklarına değil, başarısız olacaklarına inanmışlardır. Bu kişiler yaşam boyunca kendilerini sürekli az risk taşıyan alışılagelmiş durumlarda tutarlar.

Özbenlikle İlgili Sorular

2. Sürekli başkalarını memnun etmeye çalışırım; kendimin ne istediğini çoğu kez hiç düşünmem.
10. Kendime özgü bir düşüncem ya da görüşüm yoktur.
15. Gerçekten ne istediğimi bilmediğim duygusu içindeyim.
18. Yaşamım bomboş; genellikle karamsar ve çöküntü içindeyim.
19. Kim olduğumu pek bilmiyorum. Temel yaşam ilkelerimin ne olduğunu ve hayatımın hangi yönde gelişmesi gerektiğini kestiremiyorum.

Bu sorulara "Evet" cevabını vermişseniz, şimdiye kadar okuduğunuz bölümlerin çoğunda kendi çocukluğunuzla ilgili olayların tar-

(22) Burada doğal olarak herkeste az miktarda bulunan kaygı türünden bahsetmiyoruz. Söz konusu olan, kişinin günlük yaşamına ağırlığını koyacak türden bir kaygı!

tışıldığını gözlemiş olabilirsiniz. İç Çocuğu ezilerek büyütülen kişiler kendilerinden başka herkesi "güçlü" ve "haklı" görürler. Hele karşıdaki kızgınsa hemen onların boyunduruğu altına girmeye, onların söylediklerini yapmaya hazırdırlar. Bu tür kişiler sessiz sedasız kendi eziklikleri kabullenmişlerdir; herkese güleryüz göstermek ve herkesle uyum içinde olmak uğruna kendi özbenlik değerlerini geliştirememişlerdir.

Herkesi memnun etmenin oldukça ağır bir bedeli vardır. Herkesi memnun etmeye yönelen kişinin kendine özgü bir düşünce ve görüşü yoktur, çevresinde kim kuvvetli ise onu memnun etmeye yönelir. Aslında ne istediğini pek bilmediğinden, başkalarının düşüncelerine göre hareket etmenin ötesinde bir başka seçeneği de yoktur. Bu boşluk İç Çocuğun boşluğudur ve kendini karamsarlık ve hüzün olarak günlük yaşama yansıtır. Rüzgârın önüne düşmüş bir yaprak gibi, olaylar bu kişileri değişik yönlere sürükler, götürür. Kendilerinin kim olduklarını, temel yaşam ilke ve değerlerinin ne olduğunu bilemezler.

Özbenlikle İlgili Sorular

3. Ben isyankâr biriyim. Biriyle çatışma içine girince kendimi "yaşıyor" hisseder ve canlanırım.

Bu soruya "Evet" cevabı veren kişi İçindeki Çocuğu sağlıklı gelişimini tamamlayamamış, bazen pısırık olma yerine, tam aksi bir davranış geliştirerek, kendini korumaya çalışan biri olabilir. Bu kişilerle oturup normal bir duygusal düzeyde iki laf etmek olanaksızdır; anında sözel saldırıya geçerler ve sürekli "kavga", "çatışma", "sürtüşme" ararlar. Bilinçaltında kendilerinin sevilmeyecek bir kişi olduklarına o kadar inanmışlardır ki, ancak çatışma içindeyken kendilerini gerçek ve "var" hissederler.

İç Çocukluğun yalnızlığı ve getirdiği mutsuz yaşam bakımından, ikinci soruda tanımlanan "pısırık" kişiyle, üçüncü soruda tanımlanan "saldırgan" kişi arasında fark yoktur. Her ikisi de doğal ve dengeli bir gelişimin yokluğundan kaynaklanan birer maske geliştirmişlerdir.

Özbenlikle İlgili Sorular

4. Kalbimin en gizli köşesinde biliyorum ki bende bir eksiklik, bir tuhaflık var. Ben normal değilim.
11. Sürekli yetersizlik duygusuna kapılır ve bu nedenle kendimi eleştiririm.
12. Katı ve mükemmeliyetçi bir kişiliğim var.
15. Her şeyin en iyisini benim yapmam gerekir; en üstün başarılı kişi ben olayım diye sürekli çabalarım.

Yukarıdaki sorulara çoğunlukla "Evet" diyenler, büyük bir olasılıkla utanca boğularak yetiştirilmişlerdir. Utanca boğularak yetiştirilen çocuk anasını, babasını suçlamaz. Kendinde bir eksiklik olduğuna inanır ve yetersizlik duygusu onun yaşamında temel duygulardan biri olur. Ve bu duygu onun özbenliğinin vazgeçilmez bir parçası olur. Bu kişiler her şeyin en iyisini yapmaya çabalayarak, "mükemmeliyetçi" olarak, başarılarıyla kendilerini kendilerine kanıtlamaya çalışırlar. Ne var ki, İç Çocuk o kadar sağlıksızdır ki, hiçbir başarı, bu kişiyi "normal" olduğuna inandıramaz. Yetişkin olunca bu kişiler, başkaları kendini ne kadar överse övsün, bazı konularda ne kadar başarılı olurlarsa olsunlar, içten içe kendilerinde önemli bir eksiklik olduğunu "bilirler."

6. Bölüm'de sözünü ettiğimiz, "doldurulamayacak iç boşluk" bu anlamda kullanılmıştır. Kişiler, temeldeki bu yaşam boşluğunun nereden geldiğinin bilincine varamazlarsa, ömürleri boyunca bu duygudan kurtulamazlar.

Özbenlikle İlgili Sorular

5. Hiçbir şeyi atamam. Değerli, değersiz elime geçen her şeyi biriktiririm.

Güvenlik duygusu gelişmemiş insan değişik tutkunluklar geliştirir. Bu tutkunluklardan biri de, hiçbir şeyi atamama, eline geçen her şeyi biriktirmedir. Böylece, kendi iç dünyasındaki güvensizliği, dış dünyada biriktirdiği nesnelerle karşılamaya çalışır. Tanıdığı, kullandığı nesneleri biriktirerek, 9. Bölüm'de incelediğimiz İç Çocuğunun bilmediği emniyet, güven ve huzur duygularını elde etmeye çabalar.

Özbenlikle İlgili Sorular

6. Cinselliğimle ilgili olarak kendimi gergin ve huzursuz hissederim.

Cinsellik kişilerin özbenliklerinin bir parçasıdır. Utanca boğularak büyütülen çocuk, doğuştan getirdiği, bir başka deyişle doğanın kendine vermiş olduğu cinsiyetiyle ilgili özelliklerden utanç duyar ve yukarıdaki soruya büyük bir olasılıkla "Evet" biçiminde cevap verir. Bu utanç çocukluk yıllarında kişinin bilincinde o kadar derin düzeylere yerleşir ki, kişi cinsellik konusunda kendi duygularının nereden kaynaklandığını bilemez. Bildiği tek şey, kendi cinselliği konusunda gergin ve huzursuz olduğudur. Bu duygu sadece kendi cinselliği konusunda değil, cinsellik konusuna genelleşir, yaygınlaşır.

Burada iki anımı anlatmadan edemeyeceğim. Ben ortaokul öğrencisiydim; kış mevsimi, büyük bir olasılıkla Mart ayı içinde, kedilerin "kızgın" oldukları bir dönemdi. Bahçe duvarının üstünde ya da ağaçta oturan bir dişi kediye karşılık altta ona bakarak bekleşen beş on erkek kedi manzaralarının sık sık görüldüğü bir devreydi. Bu tür beklemelerden sonra bir an gelir hareket başlar ve dişi kediyi erkek kedilerden biri yakalar ve bağırış, çağırış ve miyavlamalar arasında çiftleşirlerdi. Babam bir keresinde duvar üstünde çiftleşen kedileri gördüğünde o kadar hiddetlendi ve bozuldu ki, içeriye girip tüfeği alıp onları öldürmeye kalktı. O zaman, köyden gelme olan ve okuma yazması olmayan analığım, "Efendi, ne kızıyon kedilere, Allah onları öyle yaratmış! Sen kendin yapmadın mı? Aha, 11 tene çocuğun var, onlar nereden geldi? Öldürme kedileri; çok günah olur!" diye kedileri öldürmesini önlemişti.

Babamın cinsel konulardaki rahatsızlığını bir kere de yıllar sonra Ankara'da gözlemiştim. Akrabamız olan kocası bir deniz kazasında ölen lise öğretmeni hanım, kocası öldükten üç yıl sonra babamla bir sosyal ortamda karşılaştığında, güzel ve şık bir giyim içindeydi. Babam, öğretmen hanımla bir iki dakika konuştuktan sonra o ortamı terk etti ve büyük bir suskunluk içinde başka bir odada zamanını geçirdi. Daha sonra, "dul kadının" bu kadar "dişi" görünmesinden çok rahatsız olduğunu öğrendik; ona göre kocası ölen kadının artık dişilikle ilgisi kalmamalıydı.

Bu gözlemler babamın yetiştiği çocukluk ortamı hakkında fikir verdiği gibi, benim yetiştiğim çocukluk ortamım hakkında da ipuçları vermektedir. Cinsellik konusunda duyduğum gerginlik ve huzursuzluğun kaynaklarını, babamla ilgili, yukarıda anlattığım türden olayların bilincine vardıkça daha iyi kavramaya başladım.

Bu tür rahatsız edici duyguların kaynağı, küçüklükten bu konularda utanca boğulmuş İçimizdeki Çocuktur.

Özbenlikle İlgili Sorular

7. Ne zaman kendi hakkımı korusam içimi bir suçluluk duygusu kaplar; "keşke, kendimin değil, diğerlerinin istediklerini yapsaydım," diye düşünürüm.

Yukarıdaki soruya "Evet" cevabı ile belirtilen pişmanlık duygusu, özellikle kendisi için bir şey yaptıktan, ya da kendi hakkını koruduktan sonra duyulan pişmanlık, "nedamet" duygusu, sağlıksız İç Çocuğun varlığının kuvvetli bir belirtisidir. Bu duygunun temelinde 9. Bölüm'de incelediğimiz kendi benlik sınırlarının kaybolması ve başkalarıyla bağlaşıklık içinde olma yatar. Eğer sık sık pişmanlık duyan bir kişi iseniz, İçinizdeki Çocuğu tanımaya, kendi sınırlarınızı belirlemeye çalışın. Altıncı Kısım'daki bölümler bu konuda size yardımcı olmak için yazılmıştır.

Özbenlikle İlgili Sorular

16. Cinsel yönden kendimi ispatlamazsam, seviştiğim kişiyi sürekli memnun etmezsem, benim bir değerim olmayacağı kanısındayım.

İç Çocuk kendini değerli bulmazsa, kendini değerli kılmak için sürekli başkalarını memnun etmeye yönelir. Yukarıdaki soruya verilen "Evet" cevabı bu yönelimi belirtir. Sevişen çiftlerin birbirlerini düşünmeleri ve mutlu etmeye çalışmaları doğaldır ve beklenir. Ne var ki, burada sözü edilen karşılıklı memnun etme değil, "ben yokum, sadece sen varsın; ben sana hizmet etmek için buradayım, bunun dışında benim bir anlamım yok," türünden bir anlayıştır. Bu tür bir anlayış kişinin ne kendine ne de eşine doyumlu bir yaşam getirir. Bu tür eşleri olanların en belirgin duygusu yalnızlık ve sıkılmadır. Bir "hiç"le ilişki kurmak bu iki duygunun temelinde yatar.

11

Temel Gereksinmeleriniz Karşılanmış mı?

2. Bölüm'de verilen bir grup soru, sizin temel gereksinmelerinizden kaynaklanan davranış özelliklerinizi keşfetmeye yönelikti. 8. Bölüm'de belirttiğimiz gibi bir bitkinin suya, toprağa ve güneşe gereksinmesi olduğu gibi, çocukların da doğumdan başlayarak karşılanması gereken temel psikolojik gereksinmeleri vardır. Bu temel gereksinmeleri karşılanmayan ihmal edilmiş çocuk kendi öz varlığından utanç duymaya başlar. Çocukların temel gereksinmelerini dokunma, güven, düzen, sosyalleşme, uyarılma ve kendini değerli hissetme olmak üzere altı kategoride toplamıştık. Aşağıda, temel gereksinmelerle ilgili sorulara verilen "Evet" cevabının belirttiği anlamları inceleyeceğiz.

Temel Gereksinmelerle İlgili Sorular

1. Bedensel gereksinmelerimi tanıyamıyorum. Ne zaman açım, ne zaman yorgunum ya da ne zaman cinsel bakımdan uyarılmış durumdayım pek farkına varamıyorum.
6. Nasıl duygular içinde olduğumu bilemem.
7. Kızdığım zaman kendimden utanırım.
10. Ağladığım zaman kendimden utanırım.
11. Korktuğum zaman kendimden utanırım.
12. Hiçbir zaman olumsuz duygular ifade etmem.

Yukarıdaki sorulara "Evet" cevabını veren kişinin İç Çocuğu kendi duygu ve heyecanlarını ifade ettiği zaman sürekli utanca boğulmuş ve bu nedenle sonunda kendi iç duygusal dünyasıyla ilişkisini kesmeyi öğrenmiştir. Özellikle olumsuz duygular olarak bilinen kızgınlık, hüzün ve korkunun ifadesine izin verilmemiştir. Çocuk kızdığı zaman kendinden daha kudretli olan yetişkin, "bağırıp çağırma yoksa şimdi çarparım!" gibi kesin tepkilerde bulunmuş, onun kızgınlığının altında yatan haklı ya da haksız nedenler araştırılmamış, sadece ezilmek ve bir kenara itilmek istenmiştir.

Hüzün duygusu da insan yaşamında önemlidir; yaşamımızda önemli bir yeri olan bir kişi ya da nesneden ayrılırken çoğu kere hüzün duyarız. Yas tutma, bireysel hüzün duygusunun toplum düzeyinde kabul edilmiş, yapılaştırılmış biçimidir. Nasıl ki toplumlar, önemli kişileri kaybedince yas tutuyorlarsa, çocukların da bir süre hüzün duymaya ve yaşamlarından kaybettikleri şeylere veda etmeye hakları vardır.

Ağlayan bir çocuğa, "kapa çeneni yoksa gelir seni iyice ağlatırım!" diyen ana-baba, çocuklarını duygusal gelişimine büyük bir darbe indirirler. Çocuğun gülmeye gereksinimi olduğu kadar kızmaya ve ağlamaya da gereksinimi vardır.

Korku duygusu da doğaldır. Korku duygusu, hangi durumların tehlikeli olduğunu haber verir ve kendimizi korumamıza yol açar. Korkmalarına izin verilmeyen çocuklar kendi iç dünyalarıyla ilişkilerini sürdüremezler ve zamanla iç dünyalarından koparlar.

İç dünyasıyla ilişkisi kopan insanın, yaşamın en önemli enerji kaynağıyla ilişkisi kesilmiş olur; cansız, şevksiz ve ruhsuz bir ömür sürer. Ne kendisi, ne de onun etkisi altındakilerin doyumlu bir yaşamı vardır. Onlar için "mutluluk" ve "doyumlu yaşam" hiçbir anlam ifade etmeyen boş sözlerdir.

Temel Gereksinmelerle İlgili Sorular

2. Dokunulmaktan hoşlanmam.

Çocuk bol bol kucaklanıp dokunulmamışsa, kendisinin sevilmeyecek biri olduğuna inanır ve kendisi yetişkin olunca ne başkasına rahat rahat dokunabilir ne de kendisine dokunulmasından hoşlanır. Kendine duygusal yönden yakın olmadığı gibi, bedenen yakın olmaktan da hoşlanmaz. Böylece, gelmiş olduğu sağlıksız aile düzenini, ileride kendi kurduğu aileye aktarır.

Temel Gereksinmelerle İlgili Sorular

3. Pek istemediğim halde cinsel ilişkide bulunmaktan kaçınmam.

Bu soruya "Evet"in anlamı şudur: "Benim isteklerim önemli değildir; benim bedenim senin kullanman için bir araçtır, istediğin gibi kullanabilirsin. Ben bir insan olarak bağımsız, kendi düşünce, duygu ve istekleri olan biri değilim. Benim değerim senin isteklerini yerine getirmekle gerçekleşir."

Bağlaşık kişinin temel özbenlik anlayışı budur ve bu nedenle kendi psikolojik sınırlarının, haklarının, özgürlüklerinin farkında değildirler. Bir nesne gibi kullanılmaya alıştırılmışlardır.

Temel Gereksinmelerle İlgili Sorular

4. Yiyecek konusunda kendimi pek denetleyemem; ya çok yerim ya da çok az.
20. Kanımca yiyecek ve seks benim en önemli gereksinmelerim.

---

9. Bölüm'de, gerçekle ilişkiyi kesmek amacıyla yapılan her şeyin bir tutkunluk olduğunu söylemiştik. Gerçek acı verici olarak algılandığı için, ondan kaçılmak istenir; tutkunluklar kişinin yaşamında en ön sıraya geçer.

Yiyecek konusunda kendini denetleyemeyen kişi tutkunluk davranışı içindedir. Bu kişinin sorunu temelde yiyecek değildir; İç Çocuğuna ulaşıp, oradaki boşluğu anlayıp önce onu halletmesi gerekir.

Çoğu kişiler bu boşluğun farkında olmadıklarından, yiyecek, seks, alkol ya da çeşitli maddelere tutkunluklar geliştirerek yaşamlarına anlam getirmeye çalışırlar.

Temel Gereksinmelerle İlgili Sorular

5. Normal cinsel ilişkiden ziyade oral seksten hoşlanırım.
13. Normal cinsel ilişkiden ziyade anal seksten hoşlanırım.
14. Sevişirken acı vermekten ya da acı verilmekten hoşlanırım.
17. Pornografik yayınlara bakmaktan hoşlanırım ve bunun için uzun süre zaman harcarım.
18. Karşıt cinse laf atmaktan ve onları utandırmaktan hoşlanırım.

Yukarıdaki soruların her biri doğal cinsel ilişkinin ötesinde bir davranışı tanımlar. Normaldışı cinsel ilişki isteği nereden kaynaklanır? John Bradshaw (1988), Alice Miller (1990) ve Charles Whitfield (1989) normaldışı her davranışın altında sağlıksız bir İç Çocuğun yattığını söylerler. İç Çocuk gelişiminin hangi aşamasında takılıp kalmışsa (oral ya da anal) bu aşamaya özgü davranışlar gösterecektir. Normal bir yetişkin olarak kendine güveni olmayan kişi, porno yayınlara bakarak mastürbasyon yapmayı daha tehlikesiz ve risksiz bulur. Karşı cinsi bir kişi olarak değil, bir nesne olarak algılamaya saplanıp kalmış "yetişkin çocuk," onlara laf atmaktan içten içe cinsel bir zevk alır. İç Çocuğu sağlıklı olmayan karşı cinsten bir kişi kendisine bu tür laf atılmasından hoşlanır.

Temel Gereksinmelerle İlgili Sorular

8. Kolay kolay kızmam. Ama bir öfkelendim mi, etrafa dehşet saçarım..
9. İnsanların bana kızmasını hiç istemem. Elimden gelen her şeyi yaparak insanların bana kızmasını önlemeye çalışırım.

Yukarıdaki her iki ifade de kişinin kızgınlık duygusuyla arasının iyi olmadığını gösterir. Bu kişi büyürken çevresinde iyi bir model bulunmadığı gibi, büyük bir olasılıkla kızgınlık duygusunu ifade ettiği zaman utanca da boğulmuştur.

Temel Gereksinmelerle İlgili Sorular

15. Bedenimin biyolojik fonksiyonlarından utanç duyarım.

Bedenin en sık biyolojik fonksiyonları utanç duygusuna konu olur. Çocuk utanca boğularak kendi bedeninden ve biyolojik fonksiyonlarından utanır hale gelir. Kendini olduğu gibi kabul edemeyen İç Çocuk, zamanla 9. Bölüm'de sözünü ettiğimiz değişik savunma mekanizmaları geliştirerek gerçekle ilişkisini kesmeyi öğrenir.

Temel Gereksinmelerle İlgili Sorular

16. Rahat uyku uyuyamam.

Rahat uyku uyumamak da sağlıksız İç Çocuğun varlığını gösterir. Utanca boğularak yetiştirilen ve bağlaşık kişiliği olan kimse hiçbir şeyi doğal ve rahat yapamadığı gibi, rahat rahat uyku da uyuyamaz.

Temel Gereksinmelerle İlgili Sorular

19. Çocukları cinsel yönden çekici bulurum ve içimde böyle uygunsuz bir davranışta bulunacağım korkusu var.

Gelişimi belirli bir aşamada durmuş olan "yetişkin çocuk" ancak çocukların çevresinde kendini güçlü ve cinsel yönden yeterli hisseder ve bu duygusal güç, onun gözünde çocukları cinsel yönden daha çekici yapar.

12

Çevrenizde İyi Örnek Var mıydı?

Çocuk çevresindeki büyüklere bakarak onların davranışlarından sosyal yaşamı öğrenir; nerede ne yapılacağını, hangi ortamda ne tür bir davranışın geçerli olduğunu çevredeki kişilerin davranışı söyler.

Aşağıdaki sorulara verilen "Evet" cevabı, yetişirken bu konuda İç Çocuğun yeterli örnek alamadığını gösterir.

Sosyal Yaşamla İlgili Sorular

1. Kendim de dahil, hiç kimseye güvenmem.

Güven duygusu zaman içinde gelişen bir duygudur; temel gereksinmelerin doyumu ve çevrede iyi bir örnek, bu duygunun gelişimi için yeterlidir. Sürekli sözünden dönen, çocuğu hesaba katmayan, kendi arzularını çocuğun isteklerinden hep üstün tutan biri, çocuğa güvensizlik duygusu aşılar. Zamanla çocuk bu güvensizlik duygusunu tüm insanlara geneller ve kimseye güvenmeyen bir insan haline gelir.

Sosyal Yaşamla İlgili Sorular

12. Sigara, içki ya da başka bir şeye tutkunluğu, düşkünlüğü olan biriyle evliyim.
4. Sigara, içki gibi vazgeçemediğim bir tutkunluğum, düşkünlüğüm var.

Sağlıksız bir ortamda büyümüş çocuk, çevresinde görmüş olduğu tutkunlukları zamanla kendi özbenliğinin bir parçası yapar ve yaşamı boyunca ya kendisi bu tutkunlukları gösterir ya da bu tutkunlukları olan biriyle beraber olur. Bu mekanizma o kadar belirgindir ki, üç ya da dört defa evlilik yapan kişiler her evliliklerinde aynı türden "hata"lar yaparlar. "Her üç kocam da alkolikti ve içki içince beni döverlerdi. Allah beni niçin bu kadar şanssız yarattı? Bari bir tanesi alkolik olmasaydı, olmaz mıydı?" diyen kadın, nasıl bir yaşam süreci içinde olduğunu ve ne tür mekanizmalarla alkolik kocaları kendisinin bulduğunu bilmemektedir. Bu tipler, kendilerinin dışında sürekli bir sorumlu ararlar.

Sosyal Yaşamla İlgili Sorular

3. İlişkilerimde saplantılarım vardır ve ilişki içinde bulunduğum kişiyi sürekli denetlemeye çalışırım.

Kendini güçsüz hisseden kişi, her koşulda çevresindekilerin davranışlarını denetlemeye çalışır; çünkü, çevresindekilerin davranışlarını sürekli denetlediği zaman kendisini güçlü ve emniyette hisseder. Kişilerin kendisiyle ilgili düşünce, duygu ve davranışlarını yönlendirerek kendini emniyete almak ister. Bu tür denetleme davranışı sağlıksız İç Çocuğun varlığını gösteren bir işarettir.

Sosyal Yaşamla İlgili Sorular

5. İnsanlarla birlikte olmaktan, özellikle otorite durumunda olan kişilerin çevresinde olmaktan hoşlanmam.

Otorite durumunda olan kişi İç Çocuğa acı anılarını hatırlatır; acizliğini, hiçliğini ve anlamsızlığını hatırlatır. Kendi başına yalnız kalmak rahattır; kimseyi memnun etmek zorunda kalınmaz.

Sosyal Yaşamla İlgili Sorular

6. Yalnız kalmaktan nefret ederim ve yalnız kalmamak için elimden gelen her şeyi yaparım.

---

5. ve 6. soru sanki birbirlerinin zıt kutupları imiş gibi görünmektedir. Ne var ki, işleyen mekanizmalar çok benzerdir; her iki halde de, kendine güveni olmayan, kendini yetersiz hisseden bir insan vardır. 5. soruda söz konusu olan kişi, bu yetersizliği yalnız kalarak ifade ederken, 6. sorudaki kişi, bağlaşıklık geliştirerek ifade etmektedir. Kuvvetli bağlaşık kişilik geliştirmiş insan kendi başına kalamaz, mutlaka çevresinde başkalarının olması gerekir. İç dünyasıyla başbaşa kalmak acı verir.

Sosyal Yaşamla İlgili Sorular

7. Her zaman başkalarının benden bekledikleri neyse onu yaparım.
8. Başkalarıyla çatışma ve sürtüşmeye girmemek için elimden gelen her şeyi yaparım.
9. Başkalarının önerilerine hemen hemen hiçbir zaman itiraz etmem; onların önerileri benim için sanki yapılması gereken bir emirdir.
10. Kendimi her şeyden sorumlu hissederim. Başkalarının sorunlarına çare aramak kendi sorunlarımla ilgilenmekten daha kolay geliyor.

Bu sorulara "Evet" diyen kişi, kendini çevresindekilerden daha değersiz gördüğü için, bütün dikkatini onları memnun etmeye verir; amacı, onları memnun ederek, kendini beğendirmektir. Başkalarının beğenisini aldığı zaman kişi kendini değerli görecektir.

Sosyal Yaşamla İlgili Sorular

11. Hiç kimsenin yüzüne doğrudan "Hayır" demem. Ama istemediğim şeyi yapmamak için dolambaçlı yollara girer, pasif direniş gösteririm.

Pasif direniş "yetişkin çocukların" en sık kullandığı mekanizmalardan biridir. Kendi gücüne güveni olmadığı ve kendi sınırlarını nasıl koruyacağını pek bilmediği için, kişi doğrudan bir çatışma içine girmez. Örneğin, "bu akşam gel bizim çocuğu derse çalıştır," dendiğinde kişi, "hayır gelmeyeceğim, çalıştırmak istemiyorum," diyemez. "Tabii, akşam gelirim," der, ama gitmez. Ertesi gün eğer sorarlarsa, bir bahane uydurur. Bu tür etkileşim, kişiler arası güveni iyice ortadan kaldıran, hastalıklı bir iletişim türüdür. Bu tür hastalıklı iletişim türünün altında da sağlıksız İç Çocuk yatar.

Sosyal Yaşamla İlgili Sorular

12. Birisiyle sürtüşme içine girince ya karşımdakinin üzerine bütünüyle yüklenir ve onu çökertmeye çalışırım ya da tamamen içime kapanır o kişiyle ilişkimi keserim.

Her iki davranış türü de normaldışıdır ve "yetişkin çocuk" davranışıdır. Bu kişi büyürken çevresinde normal yetişkin etkileşimi görmediğinden, sürtüşmenin nasıl çözüleceğini bilemez; bu nedenle bir uçtan öbür uca kolaylıkla sıçrar.

Sosyal Yaşamla İlgili Sorular

13. Anlamadığım konuların açıklığa kavuşması için çok ender olarak soru sorarım.

Çocukluğunda, onun düzeyine inip kendine açıklama yaparak anlatan olmadığı için İç Çocuk soru sormamayı öğrenmiştir. Ancak güven duyduğu ortamlarda, güven duyduğu kişiler arasında olduğu zaman soru sormaya başlar.

Sosyal Yaşamla İlgili Sorular

14. Başkalarının ne söylediğine değil niyetlerinin ne olduğuna önem verir ve cevabımı ona göre veririm.

Sağlıksız aile ortamının en belirgin özelliklerinden birinin ne olduğunu hatırlıyorsunuz: Kurallar gizlidir ve kişi bu gizli kurallara göre hareket etmek zorundadır. Bu alışkanlık içinde olan İç Çocuk sürekli her sözün arkasında gizli anlamlar arar ve söylenene göre değil, kendi yorumuna göre, bir başka deyişle söylenmeyen gizli kurallara göre tepkide bulunur. Bu açıklamadan da anlaşılacağı gibi günlük yaşamımızda sık sık karşılaştığımız iletişim durumlarından öte sağlıksız bir süreç ifade edilmektedir. Günlük yaşamımızda bazen insanlar söylemek istediklerini karşıdakilerin tam anlayacağı şekilde ifade edemezler, ama biz onların kullandığı kelimelerin ötesine geçerek ne demek istediklerini anlarız. Bu doğaldır. Sağlıksız olanı, kim ne konuda ne söylerse söylesin, bu sözlerin altında her zaman bir "art niyet" aramaktır.

Sosyal Yaşamla İlgili Sorular

15. Kendimi anama da babama da yakın hissetmedim.
16. Sevgi ve acıma duygularını pek ayırt edemem; acıdığım insanları daha kolaylıkla severim.

Büyürken sevilmeyen ve duygularının ifadesine izin verilmeyen çocuk duygularını tanımada zorluk çekecektir. Ana ve babasını kendine yakın hissedemeyecek ayrıca sevgi ve acıma arasındaki farkı kavrayamayacaktır. Bu insanlar büyük bir olasılıkla acıdıkları diğer bağlaşık kişilerle ilişki kuracak ve evleneceklerdir.

Sosyal Yaşamla İlgili Sorular

17. Kendim de dahil hata yapana küçük düşürücü sözler söylerim.
19. Rekabetten çok hoşlanan biriyim ve yenilgiyi kolay kolay kabul edemem.

İç Çocuğu sağlıksız insan mükemmeliyetçi insandır; her koşulda mükemmel bir ürünün verilmesini bekler ve bu konuda hiç acıması yoktur. Mükemmeliyetçiliği başkasından beklediği kadar kendinden de bekler. Sürekli yarışma içinde olmak ve en mükemmeli yaparak hep kazanmak istemek, içimizdeki yalnızlık ve boşluğu doldurmak için kullandığımız bir savunma mekanizmasıdır.

Sosyal Yaşamla İlgili Sorular

18. Bir grup içinde olduğum zaman kolayca çoğunluğun dediği yönde fikrimi değiştiririm.
20. En büyük korkum sevdiklerimin beni bırakıp gitmesidir.

Kendi değerine inanmayan, eğer başkalarını memnun edip sürekli onlarla hem fikir olmazsa herkesin kendini terk edeceğine inanan kişi, çoğunluk ne derse o yöne gider ve kimsenin kendini kendisi olduğu için seveceğine inanamaz. Bu nedenle sürekli bir kaygı ve terk edilme korkusu içindedir.

BEŞİNCİ KISIM

İçimizde Konuşanlar

Her normal, sağlıklı insanın içinde değişik sesler vardır. Bu sesler İçimizdeki Çocuğun dünyasını dile getirdikleri kadar İçimizdeki Ana-Babanın da dileklerini dile getirirler. İç Ana-Baba gerçekçi, deneyimli, ciddi ve sonuca yöneliktir. İç Çocuk hayal doludur, masallar ve efsaneler onların yaşamının bir parçasıdır. İç Çocuk oyuncudur, enerji küpüdür, şevk, heyecan ondan gelir ve sonuca değil, sürece yöneliktir. Başkasının ne diyeceğine önem vermez, onun için önemli olan yapmakta olduğu faaliyetin coşkusudur. İç Çocuk enerji, istek ve haz depomuzdur. Onun sesi kaybolduğu zaman yaşamanın zevki de kaybolur. Çok sesli bu iç dünyamızı 13. Bölüm'de ele alacağız.

Sağlıksız İç Çocuk, sevilmemiş, yerilmiş, bastırılmış ve utanca boğulmuş bir geçmişi dile getirir. Sağlıklı İç Çocuk, sevilmiş, övülmüş, yüreklendirilmiş ve desteklenmiş bir geçmişi dile getirir.

14. Bölüm'de, İç Çocuğunuzun sesini duyabilmenin önemi belirtilerek, bu sesi nasıl duyabileceğimiz incelenecektir. İç Çocuğumuzun sesini duyabilmek ve o sesin ne dediğini anlayarak İç Çocuğumuzla sağlıklı bir iletişim içine girmek, sağlıklı ve dengeli bir yaşam kurmamız için gereklidir.

Belirli türden olaylar, belirli türden iç konuşmalar ortaya çıkarırlar. Eğer bu olaylar sık sık tekrar ediyorsa, bu tür iç konuşmalar da sık sık ortaya çıkar. Kendinizi gözleme tutumunu takınınca, bu tür olayları ve neden oldukları iç konuşmaları açık seçik görebilecek duruma gelirsiniz. Böyle bir gözlem İç Çocuk ve İç Ana-Babanız için önemli temel sorunların, belki de çatışmaların ne olduğu hakkında size ipuçları verir.

15. Bölüm'de iç dünyamızda yer alan çatışmaların kaynakları ve bu çatışmaları nasıl çözümleyebileceğimiz incelenecektir. İçimizdeki Çocuk ve İç Ana-Babanın kendilerine özgü gereksinmeleri vardır. İç Çocuğun gereksinmeleriyle İç Ana-Babanın gereksinmeleri birbiriyle uyuşmadığından aralarında bir sürtüşme söz konusudur. Gereksinmeler arasındaki bu sürtüşme iç çatışmanın kaynağını oluşturur. İç çatışmalar bazen oldukça uzun sürelidir ve anlaşılıp çözüme ulaştırılmadığı takdirde ömür boyu devam eder.

İç Çocukla İç Ana-Baba arasında yer alan çatışmaların birdenbire farkına varılamaz; bu tür çatışmalar içimizde yer alır; kişiye huzursuzluk verir, kafayı karıştırarak açık-seçik düşünmeyi engeller. Açık seçik düşünemeyen kişi belirli bir konuda nasıl karar vereceğini bilemez; bir tür zihinsel felce uğrar. Kapasitesinin altında çalışır ve üretir; iç çatışmalar kişinin doyumlu ve verimli bir yaşam sürmesini engeller.

İç çatışmaların en belirgin özelliği, çatışmanın temelinde yatan her iki sesin de hemen hemen aynı güçte olmasıdır. İç Çocuğun ve İç Ana-Babanın sesleri arasındaki bu güç dengesi kişiyi belirli bir yönde karar almaktan alıkoyar. Bir ses biraz güç kazanıp karar o sesin yönünde alınınca, öbür ses sizi rahat bırakmaz; suçluluk duygusu verir; akılsız olduğunuzu, büyük bir hata yaptığınızı tekrar tekrar size söyler. Çoğu kere bu sesten kurtulmak için verdiğiniz karardan vazgeçer ve yine kararsız orta duruma gelirsiniz ve kafanız karışmaya devam eder.

İç çatışmayı çözümde ilk adım İç Ana-Babadan gelmelidir; yaşamınıza şimdiye kadar yön veren ve kudret sahibi olan odur. İç Ana-Baba önce, "benim istediğim olmazsa senin istediğin de olmaz," (kaybet/kaybet), *"benim istediğim olacak ama senin istediğin olmayacak,"* (kazan/kaybet) *yaklaşımlarını denedikten sonra nihayet, "hem benim isteklerimi hem de senin isteklerini karşılayacak bir çözüm bulalım,"* (kazan/kazan) *yaklaşımını kabullenecektir. İç çatışmalara en sağlıklı yaklaşım budur. İç çatışmaları çözmede 8 adımdan oluşan bir yöntem uygulayabilirsiniz.*

13

Çok Sesli İç Dünyamız

5. Bölüm'de aile kurallarını tartışırken örnek olarak Murat ve Hülya adlı bir çiftin arasındaki bir sorunu dile getirmiştik. Verilen örnekte, Hülya, Murat'ın akşam saat 6'da eve geleceğini düşünerek, akşam yemeğini hazırlamıştır. Murat ise o akşam her günkünden daha geç kalır, eve saat 8'de, yemekler soğuduktan sonra gelir.

Murat ve Hülya, bu durumda sadece birbirleriyle değil, aynı zamanda iç dünyalarında kendileriyle de bir konuşma içindedir. Murat, karısının söylediklerine savunucu bir tavır içinde sürekli olumsuz cevap verirken, içinden bir ses, "Sen haksızsın Murat, kadıncağızın her söylediği doğru; bunu sen de bal gibi biliyorsun!" diyebilir.

Bu tür ses Hülya'nın içinde de olabilir. O da, bir yandan kocası Murat'a saldırırken, içindeki bir ses, "Aynı annemin-babama yaptığı gibi davranıyorum; halbuki kendi evimde bu tür davranışta bulunmayacağıma söz vermiştim; bana ne oluyor, neden kendimi bu kızgınlıktan kurtaramıyorum?" diyebilir.

Bu tür iç konuşmalar sadece kızgın olduğumuz zaman değil, her zaman içimizde vardır. Plaja gitmiş biri, güneşin ısısı ile uykulu bir durumda kumlar üzerinde uzanırken, içindeki bir ses, "Böyle tembel tembel uzanacağına, getirdiğin kitapları oku!" der. Aynı durumda kitap okuyan başka birinin içindeki ses ise, "Sen hiç dinlenmesini bilmez misin? Neden gözlerini kapayarak biraz uzanıp güneş, deniz ve temiz havanın tadını çıkarmıyorsun?" diyebilir.

İçimizdeki konuşma her zaman bizimle olduğu ve yaşamımızın sürekli bir parçası durumuna geldiği için, çoğu kere onun farkına varmayız. İçimizdeki sesin farkına varabilmemiz için, iç dünyamızı dikkatle gözlememiz gerekir.

Tek ve Çok Sesli İç Dünyalar

Her normal, sağlıklı insanın içinde değişik sesler vardır. Bu sesler İçimizdeki Çocuğun dünyasını dile getirdikleri kadar İçimizdeki Ana-Babanın da dileklerini dile getirirler.

Eğer, birey sağlıksız bir aile ortamında büyümüş ve bu nedenle doğal gelişimini tamamlayamamışsa, İç Çocuğun sesi zayıf olacaktır. Bazı durumlarda, İç Çocuk o kadar utanca boğulmuştur ki, sesi artık duyulmaz hale gelmiştir. Duyulan tek ses, İçteki Ana-Babanın otoriter sesidir.

Sağlıksız aile, ana-baba rolünü oynayacak kimsenin olmaması, İç Çocuğun hiçbir sosyalleşme sürecine uğramadan başıboş bırakılması biçiminde de kendini gösterir. Böyle bir ortamdan yetişen saldırgan, arsız ve bencil kişinin içindeki ana-babanın sesi zayıf olacak ve kişi bu sesi duyamayacaktır.

Sağlıklı bir aile ortamından gelerek doğal psikolojik gelişimini tamamlamış kişinin içindeki sesler dengeli bir durum gösterir. Bu denge, kişinin içindeki çocuğun kendi hak ve özgürlüklerinin bilincinde olmasından kaynaklanır. Sınırlar iyi tanımlanmıştır. Sağlıklı kişi hem İç Çocuğunun, hem de İç Ana-Babasının seslerini duyar, her iki sesi dinler, karşılaştırır ve dengeli bir yön seçer.

İç Diyalog

1. Bölüm'de sağlıklı psikolojik yaşamı olan insanlarda İç Çocukla İç Ana-Baba arasında sürekli bir diyalog, konuşma olduğunu belirtmiş ve bu iç diyaloğun özelliklerini şöyle sıralamıştık:

1. Büyürken çocuğun çevresinde yer alan dış konuşmanın zamanla içleşmiş halidir,
2. İç Çocuğun ve İç Ana-Babanın kendilerine özgü bir üslup ve iletişim tarzları vardır,
3. Derindir,
4. Her zaman, her yerde ve her durumda devam eder,
5. Farkına varabilmek için iyi gözlemci olmak gerekir; çünkü belli belirsiz bir enerji düzeyinde yer alır.

İç Çocuk bizim enerji, istek ve haz depomuzdur. Onun sesi kaybolduğu zaman yaşamanın zevki de kaybolur. Yine 1. Bölüm'de verilen özellikleri hatırlayın. Mantıksal, zihinsel İç Ana-Babayı dengeleyen duygusal İç Çocuk vardır. Her şey İç Ana-Babaya bırakılsa, tüm yaşam mantık kurallarının sıkıcılığına terkedilirdi; İç Çocuk buna izin vermez, sıcak, renkli bir duygusal yaşamla dünyasını canlandırır. İç Ana-Baba hep, "başkası ne der?" kaygısındadır, İç Çocuk ise, "onlardan bana ne; önemli olan şimdi benim ne istediğimi bilmemdir," der.

İç Ana-Baba gerçekçi, deneyimli, ciddidir ve sonuca yöneliktir. İç Çocuk hayal doludur, masallar ve efsaneler onların yaşamının bir parçasıdır. İç Çocuk oyuncudur, enerji küpüdür, şevk, heyecan ondan gelir ve sonuca değil, sürece yöneliktir. Başkasının ne diyeceğine önem vermez, onun için önemli olan yapmakta olduğu faaliyetin coşkusudur.

Sağlıklı ve Sağlıksız İç Çocuklar

Şimdi 1. Bölüm'de hazırladığınız "A" ve "B" listelerine bakın. Liste "A" da İçinizdeki Çocuğun sesini duyulabiliyor musunuz?

İçimizdeki Çocuğun sesinin ne kadar güçlü olduğunun yanı sıra, İç Çocuğun sağlıklı ya da sağlıksız olması da üzerinde durulması gereken önemli bir yöndür.

Sağlıksız İç Çocuk, sevilmemiş, yerilmiş, bastırılmış ve utanca boğulmuş bir geçmişi dile getirir. Sağlıklı İç Çocuk, sevilmiş, övülmüş, yüreklendirilmiş ve desteklenmiş bir geçmişi dile getirir. Kişinin sağlıklı bir hayat yaşayabilmesi için içindeki olumsuz, sağlıksız çocuğunun yerini zamanla olumlu, sağlıklı çocuğun alması gerekir. Liste "A" daki İçinizdeki Çocuğun sesi, sağlıklı bir çocuğu mu, yoksa İçinizdeki Ana-Babanın bir kopyasını mı dile getiriyor?

Yine İnsan Manzaraları

1. Bölüm'de, gazetelere geçmiş üç olayı sergilemiştik. Hatırlayacağınız gibi ilk alıntı, gençlerin hata yapmalarını olgunlukla karşılayıp, bu fırsattan yararlanarak onlarla iletişim kurma yerine, İçimizdeki Çocuğu yeren, boğan ve yaşama hakkı tanımayan bir anlayışı sergiliyordu. "Sınıfta Yazılan Mektup Uğruna" başlıklı bu yazıda, söz konusu öğretmenin içindeki iç diyalog tamamiyle onun İçindeki Ana-Babası tarafından sürdürülmüştür. Bu öğretmenin İçindeki Çocuk zayıf, olumsuz ve sağlıksız bir çocuktur.

Eğer, bu öğretmen sağlıklı bir İç Çocuğa sahip olsaydı, içinde aşağıdakine benzer bir iç konuşma beklenirdi.

İÇ ANA-BABA: Bu ne saygısızlık, ben ders anlatırken nasıl, hangi cesaretle mektup yazabiliyor!

İÇ ÇOCUK: O kadar büyütme. Sen hiç genç olmadın mı? Zaten olgunlaşmak ve gelişmek için okula geliyorlar; analarından doğduklarında her şeyi bilselerdi okula ve eğitime ne gerek kalırdı?

İÇ ANA-BABA: Bu bana yapılmış büyük bir saygısızlık; onun cezasını mutlaka vermeliyim!

İÇ ÇOCUK: Cezalandır ama, öğreterek cezalandır, ezerek değil. Unutma o senin öğrencin, kölen değil. Yaşamla dolu dolu, cıvıl cıvıl bir insan; gözlerinde pırıltılar var. Ağlayışı da, gülüşü de içten. Senin onun duygusal zenginliğini, cıvıltısını, yaşama coşkusunu karartmana izin vermeyeceğim. Bu büyük bir haksızlık olur. Biraz hoşgörülü olmayı öğren; hoşgörülü olmak seni daha olgun ve sevecen yapar.

İÇ ANA-BABA: Evet, bir öğretmen olarak öğrenciyle konuşarak, onun dersine önem vermesi gerektiğini, "uygun" ve "uygunsuz" davranışın ne olduğunu bilmesinin önemli olduğunu açıklamam gerek. Bu açıklamadan sonra, ailesine yansımayacak biçimde, ona bir tür ceza verebilirim. Bu cezayı ona niçin verdiğimi iyice anlamasını sağlarım. İlerde bana teşekkür edeceğini ona hatırlatırım.

İÇ ÇOCUK: İlle de ceza vermen gerekliyse...

Öğretmenin utanca boğulmuş İç Çocuğu sağlıklı değildir; bu nedenle öğretmenin iç dünyasında bir denge yoktur. Doğal olarak bu durum öğretmenin içinde yetiştiği aile düzeni ve kültür hakkında psikolojik ipuçları vermektedir.

Ne var ki, iç dünyasında denge olmayan sadece öğretmen değildir. Öğrencinin İç Çocuğu da sesini kaybetmiş ve sağlıksızdır. Öğrencinin İçindeki Çocuk sağlıklı olsaydı, şöyle bir iç konuşma gerçekleşebilirdi:

İÇ ANA-BABA: Bu yaptığın çok ayıp bir şey, bundan sonra başkalarının yüzüne nasıl bakacaksın!

İÇ ÇOCUK: Evet, yaptığım hoş bir şey değil; ama, benden her zaman mükemmel olmamı bekleyemezsin.

İÇ ANA-BABA: Ben şimdi arkadaşlarımın, öğretmenlerimin, ana ve babamın yüzüne nasıl bakacağım?

İÇ ÇOCUK: Eğer onlar normal insanlarsa, böyle bir davranışı o kadar da büyük bir hata olarak görmeyeceklerdir. Ne olmuş yani, başkasının canını mı almışım? Düşmana devlet sırrı mı satmışım? Niçin abartılıyor bu kadar bu?

İÇ ANA-BABA: Senin kendinden utanman gerek; artık kolay kolay kimsenin yüzüne bakamazsın!

İÇ ÇOCUK: Yok artık o kadar da değil! Pireyi deve yapmayalım! Bu tür beni utanca boğan yargılamalarınıza dayanarak kendimi değerlendirmeyeceğim. Ben büyümekte olan ve bu gelişim içindeki her insan gibi hata yapabilen biriyim. Kendimi utanca boğup, değersiz görmeyeceğim. Hata yaptığımı kabul ediyorum, bir daha yapmamaya özen göstererek yaşamıma devam edeceğim.

Bu tür iç konuşmanın gerçekleşememesinin altında, kişinin içinde yetiştiği aile düzeninin payı büyüktür. Doğal olarak, bu aile düzeni gökten zembille indirilmedi. İçinde yaşadığımız toplumun ve kültürün temel değerleri, yaşamla ilgili varsayımları bu tür aile düzeninin yaratılıp sürdürülmesinde önemli bir rol oynamıştır.[23]

"Ringden Sevgilerle" başlıklı ikinci alıntı öncekinin tam tersi bir durumu yansıtır. Türk ulusunu, Avrupa Boks Şampiyonası'nda temsil etmenin onurunu, önemini, kutsallığını bu böksörümüz niçin göremedi? Onun da içinde sağlıksız bir çocuk var; ne var ki bu kez, konuşan sadece bu sağlıksız çocuk; İç Ana-Baba'nın sesi zayıf olduğundan duyulmuyor. İçindeki sağlıksız çocuğunun sesi güçlü olan kimsede sorumluluk duygusu gelişmemiştir; davranışlarının sonuçlarından kendisini değil, başkalarını sorumlu tutar. Bu boksörümüz, sağlıklı bir psikolojik gelişim içinde yetişseydi, aşağıdaki gibi bir iç konuşma içinde olurdu:

İÇ ÇOCUK: İtalya'ya her zaman gelme şansım yok. Böyle güzel kadınlar etrafımda bana ilgi gösterirken fırsatı değerlendirmeliyim.

İÇ ANA-BABA: Önce görevini yap, daha sonra eğlen. Unutma, yarın maçta sadece kendini değil, tüm ulusunu temsil edeceksin.

İÇ ÇOCUK: Milletten bana ne; yarın oldu mu, bu fıstıklar ortadan kaybolur; demir tavındayken dövülür; ben işimi şimdi bitirmeliyim.

İÇ ANA-BABA: Her zaman güzel kadınla karşılaşabilirsin; ne var ki, her zaman ulusunu temsil olanağını bulamazsın. Şimdi kendini kendine kanıtlama zamanı gelmiştir. İrade gücünü gösterme zamanı şimdidir.

İÇ ÇOCUK: Aslında, şu kadınla ilişki kurup beraber olmaya can atıyorum; ne var ki, yarın başarısız olursam, bana önem veren insanların gözünde olduğu kadar, kendi gözümde de değerim düşecek. Onun için, şimdi gidip dinleneyim ve kendimi hem bedenen hem de ruhen yarınki maça hazırlayayım.

Yine 1. Bölüm'de, İç Çocuğu gelişmemiş kişinin en önemli özelliklerinden birinin, otorite yanındayken ona sınırsız boyun eğmesi, otorite yanından uzaklaşınca da, son derece sorumsuz davranması

(23) *Yeniden İnsan İnsana* kitabımda, geleneksel otoriter kültürün temel özelliklerini ana hatlarıyla incelediğim için burada tekrar ele almayacağız (Cüceloğlu, 1991b, s. 241-252).

olduğunu belirtmiş ve *Nokta* dergisinin bir araştırmasını değerlendiren Çetin Altan'ın yazısını ve *Hürriyet* gazetesinin bir haberini vermiştik. Her iki olay da, iç dünyalardaki dengesizliği yansıtmaktaydı. İç dünyalardaki dengesizliği, içimizdeki konuşmaların dengesizliğinde görürüz.

İçimizdeki konuşmaları nasıl gözleyeceğimizi önümüzdeki bölümde tartışacağız.

SÖZÜN KISASI

Her normal, sağlıklı insanın içinde değişik sesler vardır. Bu sesler İçimizdeki Çocuğun dünyasını dile getirdikleri kadar İçimizdeki Ana-Babanın da dileklerini dile getirirler. İç Ana-Baba gerçekçi, deneyimli, ciddidir ve sonuca yöneliktir. İç Çocuk hayal doludur, masallar ve efsaneler onların yaşamının bir parçasıdır. İç Çocuk oyuncudur, enerji küpüdür, şevk, heyecan ondan gelir ve sonuca değil, sürece yöneliktir. Başkasının ne diyeceğine önem vermez, onun için önemli olan yapmakta olduğu faaliyetin coşkusudur. İç Çocuk bizim enerji, istek ve haz depomuzdur. Onun sesi kaybolduğu zaman yaşamanın zevki de kaybolur.

Sağlıksız İç Çocuk, sevilmemiş, yerilmiş, bastırılmış ve utanca boğulmuş bir geçmişi dile getirir. Sağlıklı İç Çocuk, sevilmiş, övülmüş, yüreklendirilmiş ve desteklenmiş bir geçmişi dile getirir.

14

İçinizdeki Çocuğu Tanıyor musunuz?

İç Çocuğunun söylediklerini işitemeyen kişi mutlu olamaz; kendisi mutlu olmadığı için, başkasını da mutlu edemez. Daha önceleri defalarca belirttiğimiz gibi, İç Çocuğumuz duygu, heyecan, enerji ve şevk kaynağımızdır. Onsuz zihinsel güç, olgunluk ve tecrübe boş, anlamsız bir kalıptan ibaret kalır.

İç Çocuğumuzun sesini duyabilmek ve o sesin ne dediğini anlayarak İç Çocuğumuzla sağlıklı bir iletişim içine girmek, sağlıklı ve dengeli bir yaşam kurmamız için gereklidir.

Bu bölümde, içimizde yer alan konuşmayı en iyi nasıl gözleyip farkına varabilmemizle ilgili ipuçları ve teknikler vereceğiz.

Gözlemci Bir Tutum

İlk adım, günlük yaşamımıza olup bitenlere gözlemci bir tutum içinde bakmayı öğrenmektir. Yaşamımızda yer alan olayların içinde kaybolmadan, onların dışında kalabilmek ve içimizdeki konuşmaları gözlemek bu tutumun en belirgin öğeleridir.

Biliyorsunuz iç konuşma sürekli vardır; her zaman, her yerde ve her durumda devam eder. Belli belirsiz bir enerji şiddetinde ve derin bir düzeyde yer alır. Bu nedenle, ilk başlarda İç Çocuğunuzun ve İç Ana-Babanızın seslerini kolaylıkla duyamazsınız. Ama, bir süre sonra seslere aşinalık kazanırsınız; İç Çocuğun konuşuş tarzıyla İç Ana-Babanın konuşma biçimini ayırt edebilmeye başlarsınız. Her ikisinin aynı konuda söyledikleri ve seslerinin tonu farklıdır. Çoğu kere bu sesler birbiriyle çelişen, çatışan öneriler ileri sürerler. İç Çocuğunuzun istekleri ve gereksinmeleriyle İç Ana-Babanızın gereksinme ve istekleri farklıdır. Yaşam sorunlarınızın temellerinde bu çelişkiler bulunur. Bu nedenle, çelişkiler konusunu önümüzdeki bölümde ayrı bir konu olarak ele alacağız.

Belirli türden olaylar, belirli türden iç konuşmalar ortaya çıkarırlar. Bu olaylar tekrar ediyorsa, bu tür iç konuşmalar sık sık ortaya çıkar. Kendinizi gözleme tutumunu takınınca, bu tür olayların ve neden oldukları iç konuşmaların neler olduğunu açık seçik görebilecek duruma gelirsiniz.

Bir Örnek

Nurten, Anadolu kökenli bir aile ortamında İstanbul'da büyümüştür. Ana ve babası oldukça geleneksel bir tutum içinde kızlarını büyütmeye çalışmışlar, bir yandan Amerikan Kız Koleji'ne göndermişler, diğer yandan arkadaşları gibi sinemaya, eğlenceye ve gezilere gitmesine izin vermemişlerdir. Nurten'in annesi oldukça güçlü kişiliği olan, zeki ve çevresindekileri sürekli denetim altında bulundurmak isteyen biridir. "Kızını dövmeyen, ileride dizini döver," "kızı kendi başına bırakırsan ya davulcuya ya da zurnacıya gider," anlayışından hareketle, kızının yaşamına küçüklüğünden beri en ince ayrıntılarına kadar yön vermeye çalışmıştır. Babası, oldukça dindar, asık suratlı, evde kimseyle pek konuşmayan ve herkesin çekindiği bir kişidir.

Nurten kolej son sınıfta iken sınıf arkadaşı Adnan'a duygusal yakınlık duymuş, ne var ki, ana ve babasının korkusundan duygularını Adnan'a belirtmekten çekinmiştir. Adnan, Nurten'e ilgi duyduğu ve birçok kereler bunu belirtecek fırsatlar yarattığı halde, uzak ve ilgisiz davranışından Nurten'in kendisini beğenmediğini düşünerek kendisini reddedilmiş hissetmiş ve bir süre sonra Nurten'e duyduğu ilgiyi kaybetmiştir. Nurten Adnan'ın duygularını ve kendisinden gittikçe uzaklaştığını bildiği halde durumu değiştirecek bir şey yapamamıştır.

Şimdi kolejden mezun olan Nurten bir şirkette yönetmen sekreter olarak çalışmaktadır. Kendisinden oldukça yaşlı, saçları dökülmeye yüz tutmuş, şirkette yüksek mevkisi olan Nazmi Bey Nurten'e yakın ilgi göstermeye başlamıştır. Nazmi Bey, gerçekten kibar, olgun, dengeli, güvenilir bir kişiliği olan ve çevresindekilerin saygı duyduğu biridir. Bir müddet sonra Nurten'e kendisinden hoşlandığını ve ciddi bir ilişki kurmak istediğini belirtmiştir. Nurten, Nazmi Bey'in samimiyetine inanmakta ve onun kendisiyle evlenmek istediğini bilmektedir.

Aşağıda Nurten'in İç Çocuğuyla İç Ana-Babası'nın sesleri dile getirilmiştir.

İç Ana-Baba	*İç Çocuk*
Nazmi Bey, herkesin isteyip de bulamayacağı biri.	Benim dengim değil. Yaşlı, durgun. Onunla ben sıkılırım.
Nazmi Bey olgun.	Evlendiğim kişiyle deli dolu oynamak, konuşmak, boğuşmak ve sevişmek isterim. Aramızda şevk, coşku, heyecan olmalı.
Nazmi Bey tecrübeli.	Bana öğretmen değil, oyun arkadaşı gerekli. Beraberce hata yapacağımız, beraberce dünyayı keşfedeceğimiz birini istiyorum.
Ona güvenebilirim.	Sıkılmayacağım, her zaman canlı, değişen, renkli birini istiyorum.
Ekonomik yönden sıkıntı çekmem. Çalışmak zorunda kalmadan kendi evimde oturur, istediğimi yaparım.	Her şeye sıfırdan başlasak ne olur sanki; beraberce kendi emeğimiz ve çabamızla yavaş yavaş istediğimizi alırız.
Bütün istediklerimi yapar.	Bütün istediklerimi yapmayan, benimle cebelleşen, tartışan, kendi diriliği olan birini istiyorum.
Sık sık tatile gider, değişik yerlerde en iyi otellerde kalır, en lüks lokantalarda yemek yerim.	Sevdiğim erkekle her gün yeni bir başlangıç, yeni bir macera olur. Çadırda geçireceğimiz bir tatil, en lüks otelde geçen bir otelden daha zevkli ve doyurucu olur.
Nazmi Bey'le evlenmezsem, beni başka kim ister. Pek güzel bir kız değilim.	Ben, canlı, neşeli, yaşamı seven bir kızım. Benimle yaşamını paylaşan erkek mutlu olur.

Bu iki ses her an Nurten'in içinde varlığını hissettirecektir. Sonunda Nurten, bu seslerden hangisi güçlüyse o yönde karar vermeye yönelecektir. Yukarıda verilen örneklerden, Nurten hangi yönde karar verirse daha şevkli, canlı ve doyumlu bir yaşam içinde olacağını beklersiniz?

Günlük Gözlemler

İç konuşmalar her an devam eder. Şimdi bir an kitabı bırakın, gözünüzü kapayın. Şu anda bu kitabı okumanın dışında, aklınıza başka düşünceler geliyor mu? Örneğin, ders çalışma, bulaşık yıkama, misafirliğe gitme, arkadaşa telefon etme vb. gibi. Başka yapılacak şeylerin farkına varırken, bu fikirlerle ilgili içinizdeki konuşmaların da farkına varmaya başlarsınız.

En kolay tekniklerden biri, elinize bir kâğıt kalem alıp, yukarıdan aşağıya ortadan ikiye bölecek şekilde bir çizgi çekmek ve gözünüzü kapadığınızda duyduğunuz farklı sesleri, bu iki farklı kısıma yazmaktır. Yazarken aklınıza gelenlerin doğruluğuna ya da yanlışlığına bakmadan, içinizden geldiği gibi yazın. İçinizdeki konuşma bitinceye kadar yazmaya devam edin. Daha sonra yazdıklarınızı gözden geçirin. Hangi sesin enerjisi daha yüksek, duygu tonu yüksek, oyuncu, hayalperest ise o İç Çocuğunuzun sesidir. İç Ana-Babanın sesi durgun, ciddi, mantıksal, gerçekçidir. İç Çocuğun duygusu konunun türüne göre neşe, haz ve coşku olabildiği gibi, korku, hüzün, kırgınlık da olabilir.

Ders mi Sinema mı?

Bir hafta sonra verilecek sınava hazırlanmak için derse çalışırken, arkadaşınız telefon ediyor ve birkaç arkadaşla birlikte sinemaya gideceklerini söylüyor ve "sen de gelir misin?" diye soruyor. Hemen içinizdeki konuşma başlıyor:

İç Ana-Baba	*İç Çocuk*
Biliyorsun derse çalışman gerek; bir hafta sonra gireceğin sınav sınıf notunu belirleyecek!	Daha sınava bir hafta var. Şimdi arkadaşlarla sinemaya git, daha sonra çalışırsın.
Kendi kendini aldatma, biliyorsun, "sonra çalışırım," dersin, ama gerçekte o "sonra" hiçbir zaman gelmez. İradeni kullan, evde kal ve başladığın çalışmayı devam ettir.	Benim de diğerleri gibi eğlenmeye, neşelenmeye, biraz gezip tozmaya hakkım var. Oturup hep ders çalışarak mı geçireceğim gençliğimi?

Sen şimdi kendine iyi bir gelecek hazırlıyorsun! Şimdi ciddi biçimde çalışır ve başarıyla eğitimini tamamlarsan, ilerideki yaşamını güçlü temeller üzerine kurmuş olursun.	İleride kimin ne olacağını ben nereden bileyim. Ben şu anda zevkimi alayım, güleyim, oynayayım; ilerisini daha sonra düşünürüm.

Bu konuşmalar sürer gider. İç Çocuk ve İç Ana-Baba birbirlerine tamamiyle rakip iki kişi gibi, biri diğerini bastırarak durumu bir sonuca bağlamaya çalışabildiği gibi, İç Çocuk ve İç Ana-Baba arasında bir uzlaşmaya varma girişimi de olabilir. Uzlaşma arayan İç Çocuk ve İç Ana-Baba sağlıklı bir tutum içindedir; ikisi de birbirinin "meşru" varlığını kabul ettiği için, bir ahenk içinde, birbirlerinin görüşlerini dinleyerek bir uzlaşmaya giderler. Uzlaşma konusuna Altıncı Kısım'da sağlıklı iç Çocuğa kavuşmanın yollarını tartışırken yeniden döneceğiz.

Kaçamak Bir Gece İçin

Anadolu kentlerinden birinde Belediye Bilgisayar İşlem Merkezi Müdürü olan Nusret, bir eğitim kursu için bir haftalığına İstanbul'a geldi. Kendisi gibi değişik Anadolu kentlerinden gelen meslektaşlarıyla tanışan Nusret, kısa zamanda kendini kafa dengi bir grup arkadaşın içinde buldu. Dersler bittikten sonra gruptaki arkadaşlarıyla Beyoğlu'ndaki bir birahanede buluşarak içmek hoş oluyordu. Bir gece arkadaşları oldukça tanınmış bir tavernaya giderek yemek ve eğlenmek istediler. Nusret tavernaya gitmenin kendisine oldukça pahalıya mal olacağını biliyordu. Parası vardı, ne var ki bu parayla karısına ve iki çocuğuna İstanbul'dan hediye almayı planlıyordu.

Nusret'in içindeki konuşma şöyle olabilir:

İç Ana-Baba	*İç Çocuk*
Arkadaşlarından özür dile, kendini iyi hissetmediğini belirt, uygun bir mazeret bul ve gitme.	Bu fırsat bir daha ele geçmez. Bu tavernaya yüksek sosyete gelirmiş, belki bazı film yıldızları ve mankenler gelir de görürsün.

Karının ve çocuklarının yüzüne nasıl bakacaksın? O para sana ait değil! O parayla onlara hediye alacaksın. Tavernaya gitme. Hiç hoş bir davranış olmaz.	Anadolu'nun ufak bir kasabasında yıllarca her gün aynı işi yaptın. Bir kere olsun, eğlenmek, neşelenmek senin hakkın. Onlara hediye götürmesen onların hiçbir şeyden haberi olmaz ki. Fırsat bu fırsat! Eğlenmene bak. Çok ince eleyip sık dokuma.
Taverna dediğin yer ne ki? Birkaç sarhoşun şarkı söyleyip, fahiş fiyatla herkesin kazıklandığı bir yer. Bir baba olduğunu unutma; çocuklarına ve karına karşı	Bıkmadın mı bu görevlerden, sorumluluktan, senin de biraz sarhoş olmak, şarkı söylemek, eğlenmek hakkın var.

Nusret içindeki bu sesleri bir uzlaşmaya kavuşturamazsa, tavernaya gitse de gitmese de mutlu olamayacaktır. İçinde bir çatışma vardır ve bu çatışmayı çözmeden huzura kavuşamayacaktır. İç çatışmalar iç konuşmalarda kendilerini belirtirler. Önümüzdeki bölümde iç konuşmalarda çatışmaların kendini nasıl belirttiğini inceleyeceğiz.

SÖZÜN KISASI

İç Çocuğumuzun sesini duyabilmek ve o sesin ne dediğini anlayarak İç Çocuğumuzla sağlıklı bir iletişim içine girmek, sağlıklı ve dengeli bir yaşam kurmamız için gereklidir.

Belirli türden olaylar, belirli türden iç konuşmalar ortaya çıkarırlar. Bu olaylar tekrar ediyorsa, bu tür iç konuşmalar sık sık ortaya çıkar. Kendinizi gözleme tutumunu takınınca, bu tür olayların ve neden oldukları iç konuşmaların neler olduğunu açık seçik görebilecek duruma gelirsiniz. Böyle bir gözlem İç Çocuk ve İç Ana-Babanız için önemli temel sorunların ne olduğu hakkında ipuçları verir.

15

İçimizdeki Çatışmaların Yansıması

İşinizde amirinizle belirli bir konuda anlaşamama, ev kirasını artırmak isteyen ev sahibiyle tartışma dışınızda yer alan çatışma ve sürtüşmelere örnektir. Dış dünyadaki tartışmalar belirgindir; onlar hakkında başkalarıyla konuşur ve çözümü için değişik yöntemler kullanabiliriz.

İç Çocukla İç Ana-Baba arasında yer alan çatışmaların ise birdenbire farkına varılamaz; bu tür çatışmalar içimizde yer alır; kişiye huzursuzluk verir, kafayı karıştırarak açık-seçik düşünmeyi engeller. Açık seçik düşünemeyen kişi belirli bir konuda nasıl karar vereceğini bilemez; bir tür zihinsel felce uğrar. Kapasitesinin altında çalışır ve üretir; iç çatışmalar kişinin doyumlu ve verimli bir yaşam sürmesini engeller.

Daha fazla ev kirası isteyen ev sahibiyle olan çatışma daha fazla para ödenerek çözülür; çalıştığınız yerden çıkarak başka bir iş bulabilirsiniz. Bu tür çözüm yolları iç çatışmalar için yoktur. İçinizdeki çatışmanın kaynağı olan İç Çocuk ve İç Ana-Babadan kurtulamazsınız. Büyük çabalar sonucu İç Çocuğunuzu ve İç Ana-Babanızı bir süre bastırdığınızı zannedebilirsiniz; ne var ki gerçekte onlar hep oradadır ve etkilerini göstermeye devam ederler.

İç çatışmaları sizin iç konuşmalarınızı yaratıyor; bu iç konuşmaları dinleyip, anladıktan sonra söz konusu çatışmayla ilgili bir şeyler yapabilirsiniz. İç çatışmaların çözümünde ilk adım, içinizde geçen konuşmayı gözleyerek her iki tarafın söylediğini anlamaktır.

İçinizdeki Çocuk ve İç Ana-Babanın kendilerine özgü gereksinmeleri vardır. İç Çocuğun gereksinmeleriyle İç Ana-Babanın gereksinmeleri birbiriyle uyuşmadığından aralarında bir sürtüşme söz konusudur. Gereksinmeler arasındaki bu sürtüşme iç çatışmanın kaynağını oluşturur.

İç çatışmalar bazen oldukça uzun sürelidir ve anlaşılıp çözüme ulaştırılmadığı takdirde ömür boyu devam eder. Daha önceki bölümde vermiş olduğumuz Nurten örneğine dönelim. Nurten'in İçindeki Ana-Baba Nazmi Bey'i bir eş olarak çekici bulur, çünkü sosyal prestij, mantıksal ve ekonomik nedenler onlar için diğer nedenlerden daha önemlidir. Nurten'in İçindeki Ana-Babanın gereksinmeleri sosyal ve mantıksaldır. Diğer yandan Nurten'in İç Çocuğunun gereksinmeleri duygusaldır ve yaşamdan zevk alma, neşe, macera üzerine kurulmuştur. Bu iki yaklaşım arasındaki çatışma aşikârdır; bu çatışma devam ettiği sürece Nurten kararsızlık içinde bocalar; durgun, neşesiz ve dalgın olur. Ne kendi özel yaşamında ne de iş hayatında bir atılım yapamaz.

Nurten'in verimli ve canlı bir yaşama kavuşabilmesi onun iç çatışmasını bir çözüme ulaştırmasına bağlıdır.

İç çatışmaların en belirgin özelliği, çatışmanın temelinde yatan her iki sesin de hemen hemen aynı güçte olmasıdır. İç Çocuğun ve İç Ana-Babanın sesleri arasındaki bu güç dengesi kişiyi belirli bir yönde karar almaktan alıkoyar. Bir ses biraz güç kazanıp karar o sesin yönünde alınınca, öbür ses sizi rahat bırakmaz; suçluluk duygusu verir; akılsız olduğunuzu, büyük bir hata yaptığınızı tekrar tekrar size söyler. Çoğu kere bu sesten kurtulmak için verdiğiniz karardan vazgeçer ve yine kararsız orta duruma gelirsiniz ve kafanız karışmaya devam eder.

Ne Yapmalı?

İç çatışma içinde olduğunuzu kafanızın karışıklığından, durgunluk ve isteksizliğinizden anlarsınız. Böyle bir iç çatışma içinde bulunduğunda kişi nasıl bir yol izlemeli? Çoğu psikologlar aşağıdaki yolu önermektedirler:

1. İç konuşmalarınızı kaydedebileceğiniz bir defter alın ve her sayfayı ortadan çizerek ikiye ayırın.
2. Sakin bir yere çekilin; defteri önünüze alın ve içinizdeki farklı sesleri geldikleri gibi yazmaya başlayın. İçinizdeki sesler daha yeni bir şey söylemeyi sürdürdüğü sürece yazmaya devam edin.
3. Bu konuşmaların altında yatan İç Çocuğun ve İç Ana-Babanın gereksinmelerini tanımlamaya çalışın. Örneğin, daha önce sözünü

ettiğimiz Bilgisayar İşlem Merkezi Müdürü Nusret Bey'in İç Ana-Babası "sorumlu bir eş ve baba olma," İç Çocuk ise "yenilik ve heyecan" istiyordu.

4. Dört tür yaklaşım uygulayabileceğinizi ve her bir yaklaşıma göre farklı sonuçlar alabileceğinizi aklınızda tutun.

İç çelişkiye yaklaşım türleri şunlardır:

- **Kaybet/Kaybet**

Bu yaklaşım kimsenin kazanmasını istemez. Benim dediğim olmayacaksa, onun da istediği olmasın görüşü hâkimdir. Önerilen çözüm ne İç Ana-Babanın ne de İç Çocuğun gereksinmelerini karşılar; her iki taraf da kaybeder.

Bir önceki bölümde verdiğimiz derse çalışma ya da arkadaşlarınızla sinemaya gitme örneğinde *kaybet/kaybet* tutumu içinde olan kişi ne derse çalışacaktır ne de sinemaya gidecektir. Büyük bir olasılıkla masa başında oturacak ve boş gözlerle önündeki kitaba anlamadan bakacaktır. Böylece İçteki Çocuk, "Benim sinemaya gitmeme izin vermediğin için senin ders çalışmanı engelleyeceğim!" demektedir.

Bilgisayar işlem müdürü Nusret Bey, içindeki çatışmaya *kaybet/kaybet* tutumu içinde yaklaşırsa arkadaşlarıyla tavernaya gitmeyecektir; ne var ki, şu ya da bu bahaneyle çocuklarına ve karısına hediye almayacak, alsa bile kendisinin de anlamadığı bir nedenle o hediyeleri otobüste unutacak ya da kaybedecektir.

Nurten bu tür bir tutum içinde ne Nazmi Bey'e ilgi gösterecek, ne de kendinin hoşlanabileceği biriyle tanışmak için çaba harcayacaktır. Durgun, donuk, cansız ve neşesiz, zamanının büyük bir kısmını TV karşısında pasif oturarak geçirecektir.

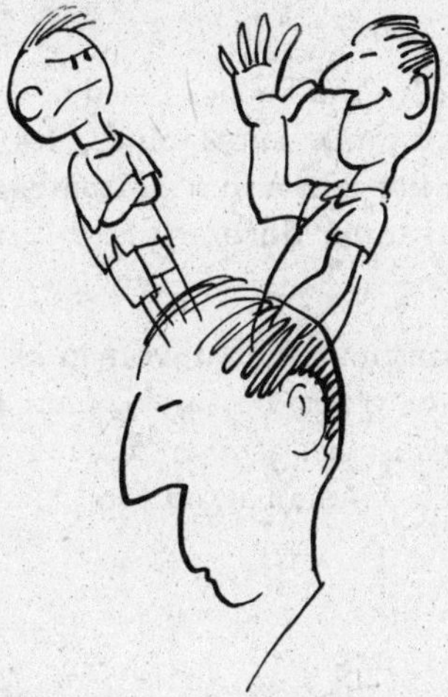

- **Kazan/Kaybet**

Bu yaklaşım İç Ana-Babanızın çatışmayı kazanmasına ve İç Çocuğun ise kaybetmesine yol açar. İç Ana-Baba kudretini kullanır ve İç Çocuğun söylediklerini dinlemeden onu ezer, kendi isteğini gerçekleştirir.

Kazan/kaybet tutumu içinde, daha önce verdiğimiz örnekte derse çalışma durumunda olan kişi, kendisine telefon eden arkadaşlarına sinemaya gitmeyeceğini söyleyecek ve çalışacaktır; ne var ki, içinde bir mutsuzluk, bir kızgınlık olacaktır. İç Çocuk İç Ana-Babaya, "beni zorla masa başında tutar derse çalıştırırsın ama, ben de seni mutsuz ve donuk bir insan yaparım," demektedir.

Bilgisayar işlem müdürü Nusret Bey, içindeki çatışmaya *kazan/kaybet* tutumu içinde yaklaşırsa tavernaya gitmeyecek, çocuklarına ve hanımına hediyeler alarak eve götürecektir. Ne var ki eve geldikten sonra en ufak bir olaydan hem çocuklarına hem de eşine kızacak, niçin bu kadar sinirli olduğunu kendisi de anlayamayacak, içten içe suçluluk hissedecektir.

Nurten bu tür bir tutum içinde Nazmi Bey'e ilgi gösterecek ve büyük bir olasılıkla onunla evlenecektir. Evlendikten sonra kocasıyla doyumlu bir cinsel yaşamı olmayacak, sürekli Nazmi Bey'i kendinden uzak tutacak, mal varlığı içinde duygusal yokluk çekecektir.

- **Kaybet/Kazan**

Bu yaklaşım içinde İç Ana-Baba kaybeder ve İç Çocuk kazanır. İç Ana-Babanın gereksinmesi karşılanmaz, İç Çocuk istediğini elde eder. Gereksinmesi karşılanmayan İç Ana-Baba doyumsuzdur, kızgın ve gergindir; böyle bir durum içindeyken kişinin mutlu olması mümkün değildir.

Kaybet/kazan yaklaşımı içinde davranan kişi arkadaşlarının davetine uyarak sinemaya gider; ne var ki, filmi tam zevkle izleyemez; aklının yarısı evde çalışması gereken derslere takılıdır. Bu huzursuzluk duygusu yanında bulunan arkadaşlarını da rahatsız eder.

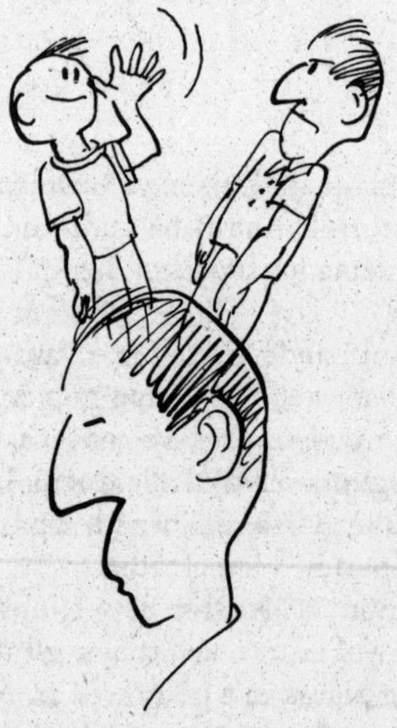

Nusret Bey, içindeki çatışmaya *kaybet/kazan* tutumu içinde yaklaşırsa tavernaya gidecektir. Ne var ki, eve döndükten sonra, çocuklarına ve eşine karşı kendini ezik hissedecek ve onlara karşı içinde bir suçluluk duygusu belirecektir. İçindeki Ana-Baba kendisini durmadan yargılayacak ve onu rahat bırakmayacaktır.

Kaybet/kazan tutumu içinde Nurten Nazmi Bey'e yüz vermeyecek, deli dolu bir yaşam içine girecek ve kendisi gibi İç Çocuğu kuvvetli, sorumluluk duygusu zayıf insanlarla gezip tozacaktır. Ne var ki, bu yaşam içinde bile sürekli bir ses içte kendini yargılayacak ve bu nedenle kendine saygı duyamayacaktır. Kendine İç Ana-Babanın gözüyle baktığı zaman kendini değersiz ve yüzeysel bulacak, yaşamının anlamını kaybettiğini hissedecektir.

• **Kazan/Kazan**

*Kazan /kaza*n yaklaşımında hem İç Ana-Baba hem de İç Çocuk birbirlerini dinlerler; ikisi arasında sürekli iletişim vardır. Her iki taraf birbirinin gereksinmesine önem verir ve karşılıklı birbirlerine yardım ederler. Bu tür etkileşim sonucu, ikisinin de anlaşabileceği bir orta nokta bulurlar. Böylece hem İç Çocuk hem de İç Ana-Baba kendileri için önemli olan gereksinmeleri karşılayabilecekleri bir çözümde anlaşmaya ulaşırlar.

Kazan /kazan yaklaşımını temel kabul eden kişi, arkadaşları telefon edip sinemaya gitmeyi teklif edince hem İç Ana-Babasının hem de İç Çocuğunun isteklerini anlar ve bir uzlaşma aramaya başlar. Örneğin, her gün 6 saat çalışmayı planlayan kişi, İç Ana-Babasına sorar, "şimdi arkadaşlarımla üç saat beraber olacağım, ve önümüzdeki üç gün birer saat fazla çalışarak kaybettiğim çalışma zamanını telafi edeceğim, ne dersin?" der. İç Ana-Baba, "Üç saatten fazla olmasın; çünkü sınav zamanı yaklaşıyor, ders konusunu hafiften almaya gelmez. Şimdi git, iyice eğlen, ne var ki derse çalışman gerektiğini unutma," biçiminde cevap verir. Karşılıklı güven ve saygı vardır. Verilen sözün tutulması beklenir.

Kazan/kazan tutumu içinde Nurten Nazmi Bey'in kişiliğinin ve ekonomik durumunun getirdiği iyi özelliklerinin farkında olacak, ama Nazmi Bey'de bu özellikleri var diye anında onunla evlenmeye

karar vermeyecektir. Nurten Nazmi Bey'le uygarca bir davranış içinde sosyal ilişkisine devam edecek, bir yandan İç Çocuğunun söylediklerini de göz ardı etmeyecektir. Kendi yaşıtı arkadaşlarıyla buluşacak, gezilere gidecek, eğlenecek ve içinden geldiği gibi duygularını ifade edecektir. Bir başka deyişle, İç Ana-Baba ve İç Çocuk birbirlerini tanıyacak ve birbirlerinin isteklerine saygı duyacak, biri diğerini yok etmeyecektir.

Bu yaşam düzeni içinde Nurten ya Nazmi Bey'i daha beğenmeye başlayacak ya da daha hoşlandığı biriyle tanışacaktır. Nurten'in Nazmi Bey'den daha çok hoşlanması demek, Nurten'in İç Çocuğunun da Nazmi Bey'in özelliklerini önemsemesi ve onu beğenmeye başlaması demektir. Nurten'in İç Çocuğu Nazmi Bey'i beğenmeye başlayınca, Nurten'in iç çatışması doğal olarak ortadan kalkacaktır. Nurten'in başka birinden hoşlanmaya başlaması da iç çatışmayı azaltacaktır, İç Ana-Baba ve İç Çocuk arasında birbirlerini yargılamadan sürekli bir iletişim olduğundan, birinin sevdiğinden diğeri de hoşlanacaktır.

İçinizdeki çatışmayı açık seçik birine anlatabilseniz, sizi dinleyen kişi İçinizdeki Ana-Baba ve Çocuğu memnun edecek, bir başka deyişle *kazan/kazan* yönteminin uygulanabileceği bir çözüm yolunu size kolaylıkla gösterebilecekti. Dıştaki için kolayca görülebilecek çözüm yolları, insanın kendisi için zordur. Bu nedenle içinizdeki çatışmaları çözmede kullanabileceğiniz aşağıdaki sekiz adımlık yöntemi öneriyoruz.

İç Çatışmaları Çözmede Kullanılacak 8 Adım

İç çatışmaları dışarıdaki bir kimsenin görmesi olanaksızdır. İç çatışmanızı algılayıp farkına vardıktan sonra dışarıdaki kimseye anlatabilirsiniz. İç çatışmayı çözümde ilk adım İç Ana-Babadan gelmelidir; yaşamınıza şimdiye kadar yön veren ve kudret sahibi olan odur.

İç çatışmanın farkına vardıktan sonra hem İç Ana-Baba hem de İç Çocuk, eski alışkanlıkların etkisiyle önce diğer üç yöntemden birini uygulamaya yönelir. Ne var ki, bu yöntemlerin hiçbiri kişiyi tümüyle mutlu kılamaz. Bu nedenle bir süre sonra, eğer sağlıklı bir tutum içindeyse İç Ana-Baba *kazan/kazan* yöntemini kabullenir ve İç Çocuğun sesini duymaya başlar. Duyulduğunu gören çocuk da *kazan/kazan* tutumunu desteklemeye başlar.

1. Adım: *İç Ana-Baba iç çatışma olduğunu anlar.*

Bu anlayış İç Ana-Babadan gelecektir. İç Çocuk duyulmadığını, değersiz olduğunu hissettiği sürece İç Ana-Babanın isteklerine boyun eğmeyecek, değişik yollardan İç Ana-Babanın gereksinmelerini karşılamasını önleyecektir. İç Çatışmanın farkına varma atılacak en önemli ilk adımdır.

2. Adım: *İç Ana-Baba İç Çocuğu tanıyarak onunla konuşmaya karar verir.*

İç Ana-Baba ve İç Çocuğun birbirleriyle konuşması kâğıt üzerine dökülürse daha etkili ve verimli olur. Bu nedenle daha önce sözünü ettiğimiz gibi bir sayfa yukarıdan aşağıya ortadan ikiye ayrılır ve sol sütunun başına İç Ana-Baba, sağ sütunun üstüne İç Çocuk yazılır. İçte geçen konuşma olduğu gibi nasıl geliyorsa o şekilde kâğıt üzerine dökülür. İçerde herhangi bir düşünce ya da heyecan kalmayıncaya kadar bu işlem devam eder.

3. Adım: *Bu iç konuşma tutanağına bakılarak İç Ana-Baba ve İç Çocuğun dile getirilen gereksinmeleri belirlenir.*

Bu adımda, İç Ana-Baba İçteki Çocuğa, "sen öyle bir şeye nasıl gereksinim duyabilirsin? Olmaz öyle şey!" gibi bir tutum içine girerse bütün emek boşa gider. Her iki taraf kendi gereksinmelerinin açık seçik dile getirilmesine izin vermelidir. 8. Bölüm'de çocuğun temel gereksinmelerini gözden geçirmiştik.[24] Bu gereksinmelerden hangilerinin karşılanmadığı bu adımda belirlenir.

4. Adım: *İç Ana-Baba ve İç Çocuk birbirlerinin gereksinmelerine saygı duymaya ve bu gereksinmelerin karşılanması için birbirlerine yardım etmeye karar verir.*

İç Ana-Baba ve İç Çocuk birbirlerinin gereksinmelerini ciddiye alırlar; yargılamadan bu gereksinmelerin karşılanması için karşıdakine nasıl yardımcı olabileceklerini düşünürler.

5. Adım: *Çözümler listesi hazırlanır.*

İç Ana-Baba ve İç Çocuğun çatışmayı nasıl çözecekleriyle ilgili önerileri bir liste halinde yazılır. Bu aşamada liste hiçbir değerlendirmeye tabi tutulmadan akla geldiği gibi geliştirilir. Bu aşamada okuduğunuz kitaplardan, arkadaşlarınızla konuşmalardan yararlanabilirsiniz.

6. Adım: *Çözümler değerlendirilir.*

Bu aşamada daha önce yapılmış olan çözüm listesi gözden geçirilir; hem İç Ana-Baba hem de İç Çocuk her bir çözümü kendi gereksinmeleri yönünden değerlendirir. Her ikisinin de hoşlandığı ve üzerinde anlaştığı bir çözüme ulaşıncaya kadar bu değerlendirme sürer.

7. Adım: *Çözüm uygulanmaya konur.*

Üzerinde anlaşmaya varılan çözüm günlük yaşamın bir parçası olarak uygulanmaya konur. Her iki taraf çözüm üzerinde anlaştığı için uygulanmanın iç çatışmadan gelen gerginliği azaltması beklenir.

8. Adım: *Uygulamanın sonuçları değerlendirilir.*

İç Ana-Baba ve İç Çocuğun gereksinmelerini ne derecede karşıladığını belirlemek için uygulanan çözüm gözden geçirilerek değerlendiri-

---

(24) Bu gereksinmeler: *1. dokunulma, 2. güven, 3. yapı/düzen, 4. sosyalleşme, 5. uyarılma ve 6. kendini değerli görmedir.*

lir. Bu değerlendirme sonucunda ya bu çözümün uygulanmasının devamına ya da daha iyi başka bir çözümün aranmasına girişilir. Amaç, her iki iç benliğin gereksinmelerini en iyi karşılayacak çözüme ulaşmaktır.

İç Ana-Baba ve İç Çocuğu ahenk içinde olan insan mutlu, doyumlu ve cıvıl cıvıl yaşam enerjisiyle doludur. Bu mutlu aşamaya ulaşmak için birçok zorluklarla mücadele etmeye değer.

Herkes iç huzur ve mutluluk ister. Bu amacı gerçekleştirmek için İçimizdeki Ana-Baba ve Çocuğun sağlıklı bir ilişki içinde olması gerekir. Bu nedenle 6. Kısım'da yer alan bölümleri İç Çocuğun nasıl daha sağlıklı bir duruma getirilebileceği konusuna ayırdık.

SÖZÜN KISASI

İçinizdeki Çocuk ve İç Ana-Babanın kendilerine özgü gereksinmeleri vardır. İç Çocuğun gereksinmeleriyle İç Ana-Babanın gereksinmeleri birbiriyle uyuşmadığından aralarında bir sürtüşme söz konusudur. Gereksinmeler arasındaki bu sürtüşme iç çatışmanın kaynağını oluşturur. İç çatışmalar bazen oldukça uzun sürelidir ve anlaşılıp çözüme ulaştırılmadığı takdirde ömür boyu devam eder.

İç Çocukla İç Ana-Baba arasında yer alan çatışmaların birdenbire farkına varılamaz; bu tür çatışmalar içimizde yer alır; kişiye huzursuzluk verir, kafayı karıştırarak açık seçik düşünmeyi engeller. Açık seçik düşünemeyen kişi belirli bir konuda nasıl karar vereceğini bilemez; bir tür zihinsel felce uğrar. Kapasitesinin altında çalışır ve üretir; iç çatışmalar kişinin doyumlu ve verimli bir yaşam sürmesini engeller.

İç çatışmaların en belirgin özelliği, çatışmanın temelinde yatan her iki sesin de hemen hemen aynı güçte olmasıdır. İç Çocuğun ve İç Ana-Babanın sesleri arasındaki bu güç dengesi kişiyi belirli bir yönde karar almaktan alıkoyar. Bir ses biraz güç kazanıp karar o sesin yönünde alınınca, öbür ses sizi rahat bırakmaz; suçluluk duygusu verir; akılsız olduğunuzu, büyük bir hata yaptığınızı tekrar tekrar size söyler. Çoğu kere bu sesten kurtulmak için verdiğiniz karardan vazgeçer ve yine kararsız orta duruma gelirsiniz ve kafanız karışmaya devam eder.

İç çatışmanın çözümünde ilk adım İç Ana-Babadan gelmelidir; yaşamınıza şimdiye kadar yön veren ve kudret sahibi olan odur. İç Ana-Baba önce, "benim istediğim olmazsa senin istediğin de olmaz," *(kaybet/kaybet)*, "benim istediğim olacak ama senin istediğin olmayacak," *(kazan/kaybet)* yaklaşımlarını denedikten sonra nihayet, "hem benim isteklerimi hem de senin isteklerini karşılayacak bir çözüm bulalım," *(kazan/kazan)* yaklaşımını kabullenecektir. İç Çatışmalara en sağlıklı yaklaşım budur. İç Çatışmaları çözmede sekiz adımdan oluşan bir yöntem uygulayabilirsiniz.

ALTINCI KISIM

Arayış: İç Çocuğunuza Kavuşmanın Yolları

Hüzünü, mutsuzluğu ve stresi yaşamın doğal bir parçası olarak kabul eden kişilerin çoğu, bu çıkmazdan kurtulamadan ömürlerini tüketirler. Umarız bu kitap okuyucuya kendini anlamada bir derece yardımcı olmuş ve onu, İç Çocuğunu arayıp iyileştirme yönünde yüreklendirmiştir. Mutluluğun kaynağı İçteki Çocukla sağlıklı ilişki kurmada yatar. Kişi, İçindeki Çocukla ilişkisinin sağlıklı olma derecesinde doyumlu ve mutlu bir yaşam sürer.

İçinizdeki Çocuğu bulup tanımak kolay değildir; ne var ki, henüz farkında olmadığınız güç ve yetenekleriniz, karşılaşacağınız zorlukları yenmede size yardımcı olacaktır. İçinizdeki Çocuğa ulaşmaya kendinizi adarsanız, eninde sonunda mutlaka başarırsınız. Şimdiye kadar sağ kalabilmeniz yaşam gücünüzün ve uyum yeteneğinizin bir kanıtıdır.

Yaşayabilmek Bir Başarıdır

İçinizde yetiştiğiniz ortama uyum sağlayamasaydınız şu anda bu kitabı okuyor olamazdınız, çünkü uyumsuzluğunuzun sonucu ya öldürülmüş ya da normaldışı davranışlara kendinizi vererek bir akıl hastanesinde kapatılmış bulunurdunuz. İçinizdeki Çocuk çevresine uyumu elinden gelen en iyi biçimde yaparak sizi bu günlere getirdi. Şimdi sıra sizde: İçinizdeki Çocuğa ulaşıp onunla sağlıklı bir ilişki kurmak durumundasınız.

Yaşamını sürdürebilmek için İçinizdeki Çocuk kendi doğal haklarını bazen bilmemezlikten geldi, diğerlerinden saklandı, kendini bir başkasına bağımlı kıldı ve onların gereksinmelerini karşılamaya çabaladı. Ama, yaşamayı başardı. Şimdi içinizde, bırakıldığı yerde, unutulmuş duruyor.

İçindeki Çocuğu hatırlamamak için birçok kimse 9. Bölüm'de incelemiş olduğumuz savunma mekanizmalarını ve karakter bozukluklarını geliştirmiştir. Bu kişiler bu tür savunucu davranışları ve karakter bozukluklarını geliştirmek zorundaydılar; yaşamlarını ancak bu mekanizmaların yardımıyla devam ettirebiliyorlardı. Ne var ki, bunun bedeli İç Çocuğundan ayrı kalmak, mutsuzluk ve doyumsuzluktur.

Altı Aşama

Bu kısımda İç Çocuğunuzla nasıl ilişki kurup geliştirebileceğinizi inceleyeceğiz. Bu ilişki ömür boyu sürecek bir ilişkidir ve birdenbire gelişemez; aşama aşama gelişir. Whitfield (1989, 1991), Gravitz ve Bowden adlı iki Amerikan psikiyatristinin çalışmalarına dayanarak iyileşme sürecinde altı aşama olduğunu kabul eder. Bunlar: 1.Yaşamı sürdürme (survival); 2. uyanış (emergent awareness); 3. temel sorunları görme; 4. olumsuzu olumluya dönüştürme (transformations); 5. bütünleşme (integration) ve 6. öze (genesis/spirituality) ulaşmadır.

16. Bölüm'de uyanış, 17. Bölüm'de temel sorunları anlama, 18. Bölüm'de dönüştürme ve bütünleşme ve son olarak 19. Bölüm'de öze ulaşma konularını inceleyeceğiz.

Yaşamı sürdürme şimdiye kadar kişinin yapageldiği ve başardığı bir süreçtir. Ne var ki bu başarının bedeli mutsuz ve doyumsuz bir yaşamdır. Şimdi sıra diğer aşamaları gerçekleştirerek hak ettiğimiz mutluluk ve doyumluluğa kavuşmaktır.

16

Uyanış

Uyanış olduğu gibi kabul ettiğimiz dünyanın, düşündüğümüzden farklı olabileceğini anlamakla başlar. Önce bir kuşku, sonra reddediş ve geriye dönüş, daha sonra biraz kurcalamaya karar veriş ve gittikçe artan bir ilgiyle soruşturmaya başlama uyanışın tipik gelişim adımlarıdır.

Bu kitabı şu anda okuyor olmanız uyanış aşamasına geldiğinizi gösterir. Bir süre sonra okuduklarınızı saçma bulur ve kitabı bir tarafa bırakabilirsiniz. Ne var ki, mutsuzluğunuz ve içinizdeki sıkıntı o derecelere gelebilir ki, artık reddedemezsiniz; yine araştırmaya ve İçinizdeki Çocuğa ulaşmaya çabalarsınız.

Bu geliş gidişler birkaç kere tekrar ederse şaşırmayın. Alışılan, bilinen ne kadar acı verici de olsa, artık bir parçanız olduğu için ona dönmek istersiniz. Bilinmeyen sizi korkutur. Bazıları bu korkunun altından kalkamaz. Bunu doğal karşılamak gerekir.

Kim Yardımcı Olabilir?

İç Çocuğunuzla tanışmanızda ve sağlıklı bir ilişki geçirmenizde size yardımcı olacak tek kişi sizsiniz. Kendi İç Çocuğuyla tanışmış ve yukarıda belirttiğimiz aşamalarda hayli ilerlemiş bir psikoterapist de size yardımcı olabilir; ne var ki bu tür psikoterapiste ulaşmak her zaman kolay değildir. Kendi İç Çocuğuyla tanışmamış ve yukarıdaki aşamaları yaşamaya başlamayan birine açılır ve ondan yardım isterseniz, kendi sorunlarınızın üstüne bir de onun İç Çocuğunun sorunlarını yüklenirsiniz. Bu nedenle, ilk adım olarak size yardımcı olacak en iyi kişi sizsiniz.

İç Çocuğunuzu Tanıyın

İç Çocuğunuzla tanışabilirsiniz. Amerikalı psikolog Pollard (1987) tarafından önerilen bir tekniği Türk okuyucusunun kolaylıkla anlayabilmesi için bazı değişikliklerle aşağıda veriyorum. Bu tekniği uygulamaya girişen kişi bir gün içinde sonuç alacağını beklememelidir. Güreş ve yüzme gibi bir spor ya da atletizm dalında bir gün içinde netice alınamayacağı gibi, psikoloji alanında da uzun süreli bir zaman yatırımını göze almak gerekir. Okuyucu, aşağıdaki yöntemi en az 6 hafta uyguladıktan sonra faydasını fark edebilir. En azından 6 haftalık bu işe kendini adamaya hazır olmayan okuyucuların, şimdilik bu sürece başlamamasını salık veririm. Henüz başlamak istemeyen kişi bu bölümü okuyabilir ve zihinsel bir anlayışa kavuşabilir; kendini hazır hissettiğinde de uygulamaya girişir.

Hazırlık

İç Çocuğunuzu tanımada en büyük sorumluluk İçinizdeki Ana-Babaya düşer. İlk başlarda İç Çocuğunuz size (İç Ana-Babaya) inanmayacak, sizin kendisini gerçekten tanımak ve sevmek istediğinizden kuşkulanacaktır. Sabırla ve şefkatle İç Çocuğunuzu bekleyin; onu yargılamaktan ve onu sürekli denetlemekten kaçının. İç Çocuğunuzu yargılamamak ve denetlememek sizin için zor olacaktır; yargılama ve denetleme şimdiye kadar yapageldiğiniz davranışlar olduğu için bunlardan kolayca vazgeçemezsiniz. İç Çocuğunuzu denetlemeye çalıştığınızın ve yargıladığınızın farkına varınca, İç Çocuğunuzdan özür dileyin ve onu desteklemeye çalışın.

Günde Otuz Dakika

Hergün otuz dakikanızı İç Çocuğunuzla geçirmeye karar verin. Bu otuz dakika, kimsenin sizi rahatsız edemeyeceği bir mekân ve zamanda yer almalı. Etrafta bir sürü kargaşalık devam ederken, bir köşeye çekilip İç Çocuğunuzla konuşamazsınız. Yorgun argın eve geldikten sonra da İç Çocuğunuzla konuşmaya kalkmayın. Muhtemelen günün en iyi zamanı sabahtır; kimse kalkmadan, iyi bir uykudan sonra erkenden kalkarak İç Çocuğunuzla sohbete başlayabilirsiniz.

İç Çocuğunuzla konuşmaya ayırdığınız zaman her gün, aynı saatte ve otuz dakika olmalıdır; günün değişik saatlerini ayırmak İç Çocuğa önem vermediğiniz anlamına gelir. Her gün aynı saatte, vermiş olduğunuz randevuya gecikmeden İç Çocuğunuzla buluşmak, atılacak ilk önemli adımlardan biridir.

İç Çocuğunuzla Görüşmenizi Yapılandırın

İç Çocuğunuzla görüşmelerinizi yapılandırmanız gerekiyor. İlk adım, İç Çocuğunuza, niçin onunla buluşmak istediğinizi ve nasıl bir yol izleyeceğinizi anlatmaktır. Bu amaçla, yarım saatlik buluşmanın ilk başında İç Çocuğunuzla konuşun. Söyleyeceklerinizi bir kâğıda yazın ve mektup okurmuş gibi, tane tane önceden hazırlamış olduğunuz konuşmayı yapın. Bu aşamaya, *"açış ifadesi, selamlama ve hazır oluş,"* adını veriyoruz. Benim kendi çalışmalarım için aşağıdaki *"açış ifadesi, selamlama ve hazır oluş"* u örnek olarak veriyorum:

> Sevgili Küçük Doğan,(25)
>
> Günaydın. İç Ana-Baban olarak seni daha iyi anlamak istiyorum ve bu amaçla önümüzdeki otuz dakikayı seninle beraber geçirmek istiyorum.
>
> Seni bilmek ve tanımak benim için önemli. Küçük Doğan ve Büyük Doğan'ın arkadaş olup, birbirlerini daha iyi anlamalarını istiyorum. Birbirimizi iyi anlar ve aramızda rahat bir ilişki geliştirirsek hem sen hem de ben daha mutlu oluruz.

---

(25) "Küçük Doğan" ve "Büyük Doğan" benim İç Çocuğumu ve İç Ana-Babamı belirtmektedir. Okuyucu "Doğan" isminin yerine, doğal olarak, kendi ismini koyacaktır.

Duygularını, yaşantılarını ve düşüncelerini daha iyi anlayabilmek için sana sorular soracağım. Bu sorulara içinden geldiği gibi cevap ver. Önümüzdeki 30 dakika içinde senin söylediklerini yargılamadan ve eleştirmeden can kulağıyla dinleyeceğim. Seni, duygu ve düşüncelerini daha iyi anlamak istiyorum.

Seninle konuşurken arasıra hata yapacağımı, farkında olmadan seni eleştirmeye ve yargılamaya kalkışacağımı biliyorum. Bu tür davranışlarımdan dolayı şimdiden senden özür diliyor ve beni affetmeni istiyorum. Seni can kulağıyla dinlemediğimi gözlediğim her zaman senden özür dileyeceğim dinlemeye çalışacağım. Bana göstereceğin anlayış için şimdiden teşekkür ederim.

Seni anlamak ve yakından tanımak isteyen,
Büyük Doğan ; İç Ana-Baban

Defteriniz Hazır Olsun

Bir boş deftere "İç Çocuğumla Konuşmalarım" başlığını verin ve her bir sayfasını yukarıdan aşağıya ortadan ikiye ayırın. Sol sütunun başlığını İç Ana-Baba, sağ sütunun başlığını ise İç Çocuk koyun. Soruları İç Ana-Baba sorarken yüksek sesle konuşun; bu önemlidir. İç Ana-Baba sürekli yüksek sesle konuşsun; böylece, İç Çocuğun sesinden farklı olur ve ikisi arasındaki farkı daha kolaylıkla algılarsınız.

İç Ana-Baba yüksek sesle soruyu sorarken aynı zamanda sol sütuna yazın. Ondan sonra sakin bir şekilde İçinizdeki Çocuğun verdiği cevabı duymaya dikkat edin. İç düşünceleriniz, aklınıza anında geliveren ifadeler, İç Çocuğunuzun sesidir. Bu sesi yargılamadan, eleştirmeden olduğu gibi sağ sütuna yazın.

İlk başlarda çocuk size inanmayacak, çekingen davranacak, bazı denemeler yapacaktır. Sabırsız olur, "Sana bir soru sorduk, niçin cevap vermiyorsun?" ya da, "O ne biçim cevap, böyle saçma sapan düşünce de nereden çıktı?" gibi yargılarsanız, size olanı güveni kaybolur ve İç Çocuğunuzla ilişki kurmanız zorlaşır.

İç Çocuğunuzun verdiği cevap ne kadar tuhaf, gülünç, ya da gereksiz görünse de, yargılamadan onları kaydetmeye devam edin. Unutmayın, uzun yıllar İç Çocuğunuzu eleştirmiş, yargılamış ve bastırmış durumdasınız; kendisini olduğu gibi ifade etmesine olanak vermezseniz, size güveni iyice kaybolur.

Sorduğunuz soruya İç Çocuk cevap verirken, bu cevabı yargılayan ikinci bir ses kafanızda beliriyorsa, bu ikinci ses İçinizdeki Ana -Babadan gelir. Bu durumda İç Çocuğunuzdan yüksek sesle özür dileyin ve konuşmaya devam etmesini rica edin.

Her soruya verilen cevabın sonunda İç Çocuğa teşekkür edin. "Küçük Doğan soruma cevap verdiğin için teşekkür ederim," gibi bir ifade yeterlidir. Bu tür davranış, İç Çocuğunuza değer verdiğinizi gösterecek ve İç Çocuk zamanla daha cesaretlenerek, istediklerini, duygularını ve düşündüklerini daha rahatlıkla söylemeye başlayacaktır.

Otuz dakika dolunca oturumu mutlaka bitirmelisiniz. Bazı oturumlar o kadar iyi gidebilir ki, bitirmek istemezsiniz; otuz dakika yerine bir saat, hatta iki saat yapmak istersiniz. Fakat yine de oturumu bitirin. Oturum iyi de gitse, kötü de gitse, otuz dakika sonra mutlaka bitirilmelidir. Zaman içinde tutarlı hareket etmez, bazen otuz dakika, bazen daha kısa, bazen daha uzun yaparsanız, İç Çocuğunuza karışık mesajlar vermeye başlar ve onun güvenini kaybedersiniz. Aşağıdaki türden bir ifadeyle oturumu bitirin. Bu ifadeye, *"bitirip, ayrılırken selamlaşma,"* adını veriyoruz.

> Sevgili Küçük Doğan,
>
> Yarım saattir konuşuyoruz. Konuşmamızdan zevk aldım ve bu zamanı beraber geçirebildiğimiz için mutluyum. Yarın yine seninle buluşmak istiyorum ve biliyorum ki, yarın da beraber olmaktan mutlu olacağız. (Burada oturumda sizi memnun eden birkaç noktayı örnek olarak verebilirsiniz.)
>
> Tekrar teşekkür ederim,
>
> İç Ana-Baban ; Büyük Doğan

Yukarıda söylenilen önerilere uyarak oturumları sürdürürseniz, muhtemelen bir hafta sonra içinizdeki sesi daha açık seçik duymaya başlarsınız. Zamanla, oturum dışında da İçinizdeki Çocuğun sesini duymaya başlarsınız. Bu durumlarda da iç sesi yargılamayın, elinizden geldiğince dinleyin, anlamaya çalışın. İç Çocuğunuzla ilişkinizin gelişmesine paralel olarak bir iç bütünlüğü, yaşam sevinci ve coşku sizi kapsayacaktır. Bu tür duygu doğru yolda olduğunuzun en belirgin kanıtıdır.

Örnek Sorular

Aşağıdaki sorular örnek olarak verilmiştir. Zaman içinde kendinize en anlamlı gelen soruları kullanın. Kendi sorularınızı oluştururken soruların gittikçe derinleştiğini göz önüne alın. Size verilen tüm örnek soruları gözden geçirdikten sonra kendi sorularınızı aşama aşama oluşturabilirsiniz. Sorunuzu örneklerde verildiği gibi açık seçik biçimde İçinizdeki Çocuğa yöneltin; "Küçük (sizin isminiz), (sorunuz)............? kalıbını uygulayın. Hatırlayacağınız gibi, sorular defterin sol sütununa İç Ana-Baba başlığı altına, cevaplar sağ sütuna İç Çocuk başlığı altına yazılacaktır.

İLK GÜN

(Açış ifadesi, selamlama ve hazır oluş)

1. İçimdeki küçük Doğan, günaydın. Bu sabah kendini nasıl hissediyorsun?

   İç Çocuğunuzun cevabı:..

2. Küçük Doğan, böyle seninle konuşarak kendine analık-babalık yapmam tuhafına gidiyor mu?

   İç Çocuğunuzun cevabı:..

3. Küçük Doğan, şu anda kendini rahat hissediyor musun?

   İç Çocuğunuzun cevabı:..

4. Küçük Doğan, dün gece rahat uyudun mu?

   İç Çocuğunuzun cevabı:..

5. Küçük Doğan, dün akşam yediğin yemek hoşuna gitti mi?

   İç Çocuğunuzun cevabı:..

6. Küçük Doğan, en çok hoşuna giden üç yemeği bana söyler misin?

   İç Çocuğunuzun cevabı:..

7 Küçük Doğan, hoşuna giden bu yemekleri en son ne zaman yedin?

   İç Çocuğunuzun cevabı:..

8. Küçük Doğan, en hoşuna giden film hangisi?

   İç Çocuğunuzun cevabı:..

9. Küçük Doğan, bu filmden hoşlanmana yol açan özellik ne?

İç Çocuğunuzun cevabı:..

10. Küçük Doğan, en sevdiğin müzisyen kim?

İç Çocuğunuzun cevabı:..

11. Küçük Doğan, bu müzisyeni sevmene yol açan özellik ne?

İç Çocuğunuzun cevabı:..

12. Küçük Doğan, dün yaptığın hoşuna giden bir şeyi anlatır mısın?

İç Çocuğunuzun cevabı:..

13. Küçük Doğan, dün yaptığın hoşuna gitmeyen bir şey anlatır mısın?

İç Çocuğunuzun cevabı:..

14. Küçük Doğan, şimdi benimle konuşmaktan memnun musun?

İç Çocuğunuzun cevabı:..

15. Küçük Doğan, bu oturumu bitirmeden önce bana söylemek istediğin bir şey var mı?

İç Çocuğunuzun cevabı:..

(bitirip, ayrılırken selamlaşma mesaji)

İKİNCİ GÜN

(Açış ifadesi, selamlama ve hazır oluş)

1. İçimdeki küçük Doğan, günaydın. Bu sabah kendini nasıl hissediyorsun?

İç Çocuğunuzun cevabı:..

2. Küçük Doğan, bedence kendini nasıl hissediyorsun?

İç Çocuğunuzun cevabı:..

3. Küçük Doğan, duygu ve heyecanların nasıl? Şu anda neler hissediyorsun?

İç Çocuğunuzun cevabı:..

4. Küçük Doğan, en çok hangi müziği seviyorsun?

İç Çocuğunuzun cevabı:..

5. Küçük Doğan, en sevdiğin şarkıcı kim?

İç Çocuğunuzun cevabı:...

6. Küçük Doğan, sevdiğin şarkıcıdan en son ne zaman şarkı dinledin?

İç Çocuğunuzun cevabı:...

7. Küçük Doğan, bu şarkıcıdan kasetin var mı?

İç Çocuğunuzun cevabı:...

8. Küçük Doğan, aynı şarkıcıdan başka kasetler almak ister misin?

İç Çocuğunuzun cevabı:...

9. Küçük Doğan, dün yaptığın hoşuna giden bir şey söyle bana.

İç Çocuğunuzun cevabı:...

10. Küçük Doğan, dün yaptığın hoşuna gitmeyen bir şey söyle bana.

İç Çocuğunuzun cevabı:...

11. Küçük Doğan, dün öğle yemeğinde ne yedin?

İç Çocuğunuzun cevabı:...

12. Küçük Doğan, öğle yemeğinde en hoşuna giden neydi?

İç Çocuğunuzun cevabı:...

13. Küçük Doğan, öğle yemeğinde en hoşuna gitmeyen neydi?

İç Çocuğunuzun cevabı:...

14. Küçük Doğan, dün söylemediğin hoşuna giden bir başka film söyleyebilir misin?

İç Çocuğunuzun cevabı:...

15. Küçük Doğan, o filmde en çok hoşuna giden neydi?

İç Çocuğunuzun cevabı:...

16. Küçük Doğan, bu oturumu bitirmeden önce bana söylemek istediğin bir şey var mı?

İç Çocuğunuzun cevabı:...

(bitirip, ayrılırken selamlaşma mesajı)

ÜÇÜNCÜ GÜN

(Açış ifadesi, selamlama ve hazır oluş)

1. İçimdeki küçük Doğan, günaydın. Bu sabah kendini nasıl hissediyorsun?

   İç Çocuğunuzun cevabı:..

2. Küçük Doğan, kendini rahat hissediyor musun?

   İç Çocuğunuzun cevabı:..

3. Küçük Doğan, beraber yaptığımız oturumlardan memnun musun?

   İç Çocuğunuzun cevabı:..

4. Küçük Doğan, bu oturumlar sırasında seni daha rahat ettirebilmek için ne yapabilirim?

   İç Çocuğunuzun cevabı:..

5. Küçük Doğan, dün gece iyi uyudun mu?

   İç Çocuğunuzun cevabı:..

6. Küçük Doğan, dün gece uyurken rüya gördün mü? Hatırlıyorsan bana anlatır mısın?

   İç Çocuğunuzun cevabı:..

7. Küçük Doğan, en çok hoşuna giden yapmak istediğin spor faaliyeti hangisi?

   İç Çocuğunuzun cevabı:..

8. Küçük Doğan, hoşuna giden bu sporu en son ne zaman yaptın/oynadın?

   İç Çocuğunuzun cevabı:..

9. Küçük Doğan, başarılı bir sporcunun yerine geçmen mümkün olsaydı, kimin yerine geçmek isterdin?

   İç Çocuğunuzun cevabı:..

10. Küçük Doğan, bu sporcunun en hoşuna giden yönleri ne?

    İç Çocuğunuzun cevabı:..

11. Küçük Doğan, akşam yemeğine senin istediğin verilseydi, hangi yemeği isterdin?

    İç Çocuğunuzun cevabı:..

12. Küçük Doğan, şu anda fırsat olsaydı, kiminle telefonla konuşmak isterdin?

    İç Çocuğunuzun cevabı:..

13. Küçük Doğan, bu dünyada en sevdiğin insan kim?

    İç Çocuğunuzun cevabı:..

14. Küçük Doğan, şu dünyada en nefret ettiğin insan kim?

    İç Çocuğunuzun cevabı:..

15. Küçük Doğan, bu oturumu bitirmeden önce bana söylemek istediğin bir şey var mı?

    İç Çocuğunuzun cevabı:..

(bitirip, ayrılırken selamlaşma mesajı)

DÖRDÜNCÜ GÜN

(Açış ifadesi, selamlama ve hazır oluş)

1. İçimdeki küçük Doğan, günaydın. Bu sabah kendini nasıl hissediyorsun?

   İç Çocuğunuzun cevabı:..

2. Küçük Doğan, şu anda kendini bedence nasıl hissediyorsun?

   İç Çocuğunuzun cevabı:..

3. Küçük Doğan, şu anda ne gibi duygu ve heyecanlar içindesin?

   İç Çocuğunuzun cevabı:..

4. Bu oturduğumuz ev/apartmanda en hoşuna giden oda hangisi?

   İç Çocuğunuzun cevabı:..

5. Küçük Doğan, bu odanın hangi özellikleri sana hoş geliyor?

   İç Çocuğunuzun cevabı:..

6. Küçük Doğan, en hoşuna gitmeyen oda hangisi?

   İç Çocuğunuzun cevabı:..

7. Küçük Doğan, bu odayı niçin sevmiyorsun? Odanın hangi özellikleri senin hoşuna gitmiyor?

   İç Çocuğunuzun cevabı:..

8. Küçük Doğan, sevmediğin odayı sevebileceğin bir duruma getirebilmek için neler gerekir?

   İç Çocuğunuzun cevabı:..

9. Küçük Doğan, hüzünlü bir anını hatırlayabilir misin?

   İç Çocuğunuzun cevabı:..

10. Küçük Doğan, bu anını bana anlatır mısın?

    İç Çocuğunuzun cevabı:..

11. Küçük Doğan, mutlu bir anını hatırlayabilir misin?

    İç Çocuğunuzun cevabı:..

12. Küçük Doğan, bu anını bana anlatır mısın?

    İç Çocuğunuzun cevabı:..

13. Küçük Doğan, en sevdiğin arkadaşın kim?

    İç Çocuğunuzun cevabı:..

14. Küçük Doğan, bu arkadaşını bu kadar sevmene yol açan özellikleri ne?

    İç Çocuğunuzun cevabı:..

15. Küçük Doğan, bu oturumu bitirmeden önce bana söylemek istediğin bir şey var mı?

    İç Çocuğunuzun cevabı:..

(bitirip, ayrılırken selamlaşma mesajı)

BEŞİNCİ GÜN

(Açış ifadesi, selamlama ve hazır oluş)

1. İçimdeki küçük Doğan, günaydın. Bu sabah kendini nasıl hissediyorsun?

   İç Çocuğunuzun cevabı:..

2. Küçük Doğan, şu anda rahat mısın?

   İç Çocuğunuzun cevabı:..

3. Küçük Doğan, sırf zevk aldığın için yaptığın neler var, bana anlatır mısın?

   İç Çocuğunuzun cevabı:..

4. Küçük Doğan, bu yaptıklarında sana zevk veren ne gibi özellikler var, bana söyler misin?

   İç Çocuğunuzun cevabı:..

5. Küçük Doğan, yapmaktan zevk aldığın bu faaliyetleri en son ne zaman yaptın?

   İç Çocuğunuzun cevabı:..

6. Küçük Doğan, sahip olduklarıın arasında en değer verdiğin şey ne?

   İç Çocuğunuzun cevabı:..

7. Küçük Doğan, senin için çok değerli bu şeyi kaybettiğinde ne gibi duygular içinde olacağını düşünürsün?

   İç Çocuğunuzun cevabı:..

8. Küçük Doğan, karşıt cinsten en değerli arkadaşın kim?

   İç Çocuğunuzun cevabı:..

9. Küçük Doğan, bu arkadaşının hangi özellikleri senin gözünde onu değerli yapıyor?

   İç Çocuğunuzun cevabı:..

10. Küçük Doğan, son zamanlarda canlı ve neşeli bir günü anımsayabilir misin?

    İç Çocuğunuzun cevabı:..

11. Küçük Doğan, seni bu kadar canlı ve neşeli yapan neydi, bana söyler misin?

    İç Çocuğunuzun cevabı:..

12. Küçük Doğan, en son ne zaman sana biri hediye verdi, hatırlayabilir misin?

    İç Çocuğunuzun cevabı:..

13. Küçük Doğan, bu hediyenin sende uyandırdığı duygular nelerdi, bana anlatır mısın?

    İç Çocuğunuzun cevabı:..

14. Küçük Doğan, küçük bir ev hayvanın olsun ister misin?

    İç Çocuğunuzun cevabı:..

15. Küçük Doğan, bu oturumu bitirmeden önce bana söylemek istediğin bir şey var mı?

    İç Çocuğunuzun cevabı:..

(bitirip, ayrılırken selamlaşma mesajı)

ALTINCI GÜN

(Açış ifadesi, selamlama ve hazır oluş)

1. İçimdeki küçük Doğan, günaydın. Bu sabah kendini nasıl hissediyorsun?

   İç Çocuğunuzun cevabı:..

2. Küçük Doğan, şu anda rahat mısın?

   İç Çocuğunuzun cevabı:..

3. Küçük Doğan, şu anda ne gibi duygu ve heyecanlar içindesin, bana söyler misin?

   İç Çocuğunuzun cevabı:..

4. Küçük Doğan, yüzmeyi sever misin?

   İç Çocuğunuzun cevabı:..

5. Küçük Doğan, yüzmeyle ilgili bir anını bana anlatır mısın?

   İç Çocuğunuzun cevabı:..

6. Küçük Doğan, hatırlayabildiğin en iyi tatil hangisi, bana söyler misin?

   İç Çocuğunuzun cevabı:..

7. Küçük Doğan, bu tatili bu kadar hoş yapan neydi?

   İç Çocuğunuzun cevabı:..

8. Küçük Doğan, bu tatilde yaptığın bazı faaliyetleri ve oyunları bana anlatabilir misin?

   İç Çocuğunuzun cevabı:...

9. Küçük Doğan, tanınmış kişilerden en hoşuna giden, hayran olduğun kim?

   İç Çocuğunuzun cevabı:...

10. Küçük Doğan, o kişinin hangi özelliklerini beğeniyorsun?

    İç Çocuğunuzun cevabı:...

11. Küçük Doğan, önemli gördüğün bir olayı hatırlayabilir misin?

    İç Çocuğunuzun cevabı:...

12. Küçük Doğan, önemli gördüğün bu olay seni nasıl etkiledi, bana söyler misin?

    İç Çocuğunuzun cevabı:...

13. Küçük Doğan, kızdığın, öfkeyle dolu olduğun bir anını bana söyleyebilir misin?

    İç Çocuğunuzun cevabı:...

14. Küçük Doğan, kendinden emin olduğun, kendine tam güven duyduğun bir anını bana söyleyebilir misin?

    İç Çocuğunuzun cevabı:...

15. Küçük Doğan, bu oturumu bitirmeden önce bana söylemek istediğin bir şey var mı?

    İç Çocuğunuzun cevabı:...

(bitirip, ayrılırken selamlaşma mesaji)

YEDİNCİ GÜN

(Açış ifadesi, selamlama ve hazır oluş)

1. İçimdeki küçük Doğan, günaydın. Bu sabah kendini nasıl hissediyorsun?

   İç Çocuğunuzun cevabı:...

2. Küçük Doğan, şu anda rahat mısın?

İç Çocuğunuzun cevabı:...

3. Küçük Doğan, korkuyla dolu olduğun bir anını bana anlatır mısın?

İç Çocuğunuzun cevabı:...

4. Küçük Doğan, bu anını bana daha ayrıntılı anlatır mısın?

İç Çocuğunuzun cevabı:...

5. Küçük Doğan, yeni bir şey yaptığın ya da yarattığın bir anı hatırlayabiliyor musun?

İç Çocuğunuzun cevabı:...

6. Küçük Doğan, ne yapmış ya da yaratmıştın, bana ayrıntılarıyla anlatabilir misin?

İç Çocuğunuzun cevabı:...

7. Küçük Doğan, o işi yaparken ya da bir şeyi yaratırken hissettiklerini bana anlatabilir misin?

İç Çocuğunuzun cevabı:...

8. Küçük Doğan, istediğin bir şeyi elde ettiğin bir anı hatırlayabilir misin?

İç Çocuğunuzun cevabı:...

9. Küçük Doğan, elde ettiğin şey neydi?

İç Çocuğunuzun cevabı:...

10. Küçük Doğan, bu şeyi elde etmek seni neden bu kadar memnun etmişti?

İç Çocuğunuzun cevabı:...

11. Küçük Doğan, çok istediğin bir şeyi elde edemediğin bir anı hatırlar mısın?

İç Çocuğunuzun cevabı:...

12. Küçük Doğan, elde edemediğin bu şeyin senin için ne gibi bir anlamı vardı?

İç Çocuğunuzun cevabı:...

13. Küçük Doğan, istemediğin halde sana zorla verilmiş bir şeyi hatırlar mısın?

İç Çocuğunuzun cevabı:...

14. Küçük Doğan, istemediğin bu şey sana verilince ne gibi duygular içine girdin, neler hissettin ve düşündün?

İç Çocuğunuzun cevabı:...

15. Küçük Doğan, bu oturumu bitirmeden önce bana söylemek istediğin bir şey var mı?

İç Çocuğunuzun cevabı:...

(bitirip, ayrılırken selamlaşma mesajı)

SÖZÜN KISASI

Uyanış olduğu gibi kabul ettiğimiz dünyanın, bizim düşündüğümüzden farklı olabileceğini anlamakla başlar. Bu kitabı şu anda okuyor olmanız uyanış aşamasına geldiğinizi gösterir.

İç Çocuğunuzu tanımada en büyük sorumluluk İçinizdeki Ana-Babaya düşer. İlk başlarda İç Çocuğunuz size (İç Ana-Babaya) inanmayacak, kendisini gerçekten tanımak ve sevmek istediğinizden kuşkulanacaktır. Sabırla ve şefkatle İç Çocuğunuzu bekleyin; onu yargılamaktan ve onu sürekli denetlemekten kaçının.

Hergün otuz dakikanızı İç Çocuğunuzla geçirmeye karar verin. Bu otuz dakika, sizi kimsenin rahatsız edemeyeceği bir mekân ve zamanda yer almalı. Her gün aynı saatte, vermiş olduğunuz randevuya gecikmeden İç Çocuğunuzla buluşmak, atılacak ilk önemli adımlardan biridir.

İç Çocuğunuzla görüşmelerinizi yapılandırın. İlk girişte bir açış konuşması yapın (daha önce yazdığınız metni okuyabilirsiniz), bitirirken yine bir konuşmayla oturumu bitirin. Hergün otuz dakika oturumu sürdürün; ne fazla ne az zaman verin.

İlk başlarda bu bölümde verilmiş olan örnek sorulardan yararlanabilirsiniz.

17

Temel Sorunları Görme

Temel sorun, kişinin yaşamını etkileyen ve bir çözüme ulaşmadığı takdirde devam eden önemli çatışmalar, endişeler ve üzerinde düşünülen konulardır. Whitfield (1991), İçimizdeki Çocukla ilgili olarak 14 temel sorunla karşılaşabileceğimizi söyler. Bunlar:

1. Hep ya da hiç biçiminde düşünme
2. Denetim
3. Aşırı sorumlu ya da sorumsuz olma
4. Kendi gereksinmelerini ihmal etme
5. Uygunsuz davranışı hoşgörme
6. Terk edilme korkusu
7. Çatışma durumlarıyla uğraşma ve çözmede zorlukla karşılaşma
8. Güven duymama
9. Kendi olarak hareket edememe
10. Duyguları ifade edememe
11. Kendini değersiz görme
12. Bağlaşıklık *(co-dependecy)*
13. Kaybettiklerimize yas tutamama
14. Sevgi alışverişinde zorluk çekme

Günlük oturumlar sırasında bu temel sorunlar kendilerini anında göstermezler; ne var ki, İç Çocukla İç Ana-Babanın konuşmaları oturumlarda devam ettiğinde, belirli konuların tekrar tekrar kendini ortaya çıkardığı gözlenir. Kendilerini tekrar tekrar ortaya çıkaran bu konular, büyük bir olasılıkla o kişinin temel sorunlarını oluşturur.

On Dört Temel Sorun

1. Hep ya da hiç biçiminde düşünme. Duygu ve düşüncelerde, olayları ve insanları değerlendirmede bir uçtan öbür uca atlama. Bu tür düşünüş, dünyayı beyaz ve siyah renklerden oluşmuş olarak görmeye yol açar; gerçek yaşamda ise siyah ve beyaz uçlar arasında yer alan birçok farklı tonda "gri renkler" vardır.

2. Denetim. Daha önce 9. Bölüm'de belirttiğimiz gibi, olayları ve insanları sürekli denetleme eğilimi, İç Çocuğun sağlıksız durumunu örtbas etmek için yarattığımız bir savunma mekanizmasıdır. Kendilerini, diğer insanları, olayları, bir başka deyişle yaşamı denetlemeye kalkan kişi olumsuz bir çaba içindedir. Başkalarını denetlemek için onlarla bağlaşık ilişkiler kurmak, duygu ve düşüncelerimizi denetlemek için onları bastırmak sağlıklı değildir; yaşamı denetleyebilmek olanak dışıdır. Yaşamın getirdiği neşe ve mutluluğu kabul etmeyi öğrendiğimiz kadar, getirdiği acı ve sıkıntıyı da kabul edebilmeliyiz.

Yaşamı denetleyerek acı veren olaylardan tümüyle kurtulmak mümkün değildir. Sağlıklı olan, yaşamın olaylarını gücümüz yettiğince yönlendirmek ve gücümüz dışında kalan olayları olduğu gibi kabul edebilmektir.

3. Aşırı sorumlu ya da sorumsuz olmak. İçlerindeki Çocuğun gelişerek kendi sınırlarını öğrenmesine izin verilmeyen kişiler, etrafta olup bitenden, başkalarının duygu ve düşüncelerinden kendilerini sürekli sorumlu tutarlar. Ne var ki, İçteki Çocuğun sağlıksız oluşu bazen aşırı sorumsuzluk biçiminde de kendini gösterir; bu kişiler ne kendi, ne de çevresindeki kişilerin yaşamları yönünden herhangi bir sorumluluk alırlar. Giydikleri, yedikleri, içtikleri, söyledikleri bu aşırı sorumsuzluğu yansıtır.

4. Kendi gereksinmelerini ihmal etme. Başkalarına yardım etme, onları mutlu etme çabasına tamamiyle kendini kaptırmış olan kişi, çoğu zaman kendi gereksinmelerini karşılamayı ihmal eder. Bu tür davranış, aşırı sorumlu olmayla el ele gider. Birey İç Çocuğuyla temas kurup, onun istediklerini anladıkça aşırı sorumluluktan kurtulurken, yavaş yavaş kendi gereksinmelerini de karşılamaya önem verir.

5. Uygunsuz davranışı hoş görme. İç Çocuğu utanca boğulmuş bireyler, sınırlarının farkında olmadıkları için, kendi psikolojik alanlarını korumayı bilemezler. Başkalarının kendilerine önem vermemeleri, onların isteklerini hesaba almamaları, sağa sola itmeleri, hiç anlamı olmayan emirlere uymalarının beklenmesi, onlara doğal gelir. İyileştikçe, İç Çocukla ilişkileri geliştikçe, kendilerine yapılan bu tür davranışların kötülüğünü ve uygunsuzluğunu anlamaya başlarlar ve bu tür ortamlardan uzaklaşırlar.

6. Terk edilme korkusu. Güven ve emniyet duygusu çocuğun temel gereksinmelerinden biridir. Temel gereksinmeleri karşılanmayan İç Çocuk sürekli terk edilme korkusu içindedir. Bu nedenle ilişki kurdukları kişilere o kadar sıkı sıkıya sarılırlar ki, bir süre sonra karşıdakini sıkarlar ve gerçekten korktukları başlarına gelir; kişi kendilerini terk eder.

7. Çatışma durumlarıyla uğraşma ve çözmede zorlukla karşılaşma. İç ve dış çatışmalarla uğraşma ve bu çatışmaları bir çözüme ulaştırma önemli sorunlardan birini oluşturur. Küçükken sağlıksız aile ortamında büyüyenler çatışmadan kaçınmanın değişik yollarını öğrenmişlerdir: Durumdan kaçma, çatışma yokmuş gibi davranma, gücün yetiyorsa karşıdakini korkutup kaçırma, gücün yetmiyorsa sanki onların dediğini kabul ediyormuş gibi yapıp bir süre onları kullanma. Bu tür davranışlar sağlıksız ortamda bir uyum sağlar ama, sağlıklı ortamda daha önemli sorunlar yaratır. Kişi İçindeki Çocukla sağlıklı ilişki kurdukça, çatışmalardan kaçma yerine bu çatışmaları kendini tanıma ve gelişme fırsatı olarak kullanmaya başlar.

8. Güven duymama. Sağlıksız aile içinde yetişen çocuk, sürekli koşullu olarak sevilmiş, kendi gerçeğini olduğu gibi ortaya koyduğu zaman desteklenip, takdir edilmemiştir. Bu nedenle kişi hem kendi gerçeğine, hem de başkalarına güvenemez. Kimsenin kendisini olduğu gibi kabul edeceğine inanamaz.

9. Kendisi olarak hareket edememe. Kendisine güveni olmadığı için, içinden geldiği gibi kendi düşünce ve duygularını gösterecek biçimde hareket edemez.

10. Duyguları ifade edememe. Sağlıksız aile çocuğa duygularını ifade etme olanağı vermemiştir; ne zaman çocuk gerçek duygularını açığa vursa ya azarlanmış, korkutulmuş ya da utanca boğulmuştur. Bu kişiler, İçlerindeki Çocukla sağlıklı ilişkiler geliştirince, gerçek duygu ve heyecanlarını da ifade etmeye başlayacaklardır.

11. Kendini değersiz görme. Çocuğun kendine güven duygusu geliştirememesinin altında yatan nedenler, onun kendini değersiz görmesine de yol açar. Kişinin İç Çocuğuyla sağlıklı ilişkisi geliştikçe, kendine verdiği değer artmaya başlar.

12. Bağlaşıklık *(co-dependency)*. Kendine güveni olmayan, kendini değersiz gören, terk edilme korkusu içinde olan kişi, yaşamını başkasına kendini bağlayarak anlamlı kılar. Sağlıksız aile içinde büyüyen çocuğa kendisi olabilme olanağı verilmediği için, çocuk ancak anababasıyla bağlaşarak yaşamını sürdürebilmiştir. Bağlaşıklıktan bağımsızlığa giden yol uzun bir yoldur ve bu yolda ancak yavaş ve bilinçli olarak ilerlenir.

13. Kaybettiklerimize yas tutamama. Çocuğun duygularını ifade etmesine izin verilmediği gibi, yaşamında kaybettiği önemli şeyler için yas tutmasına, ağlamasına, içine kapanmasına da izin verilmemiştir. İçindeki Çocuğa ulaşabilmesi için kişinin küçükken kaybettiği önemli şeylere yas tutabilmesi ve böylece duygusal yaşamıyla ilişki içine girebilmesi zorunludur.

14. Sevgi alışverişinde zorluk çekme. Bir kişiye duyduğu sevgiyi ifade etme ve kendine yöneltilen sevgiyi olgunlukla kabul etme, İç Çocuğuyla ilişkisi olmayan kişi için zordur. Kendisinin değersiz olduğuna inandığı ve kimseye güvenmediği için birini gerçekten sevmekte zorluk çeker. Sevebilse bile, bu duyguyu ifade etme, aile içinde daha önce izin verilmediği ve sürekli cezalandığı için, hemen hemen imkânsızdır. İçindeki Çocukla sağlıklı ilişkiyi geliştirdikçe, bu kişi sevme ve sevilme duygularını ifade etmeye başlayacaktır.

TEMEL SORUNLARI GÖZLEME

Sizin için önemli olan temel sorunları birdenbire göremezsiniz. İç Çocuğunuzla yaptığınız oturumlar ilerledikçe, sorduğunuz sorular daha anlamlı ve iç dünyanıza daha ışık tutucu olur. Yavaş yavaş temel sorunlarınızın ne olduğunu hisseder ve bu konuda iç Çocuğunuzla konuşmaya başlarsınız.

İç Çocuğunuzla ilişkinizi hızlandırmada kullanılabilecek tekniklerden biri sizin için anlamı olan bir çocukluk resminizi önünüze koyup, ona bakarak İçinizdeki Çocukla konuşmanızdır. Aşağıda verilen sorular, temel sorunlarınıza ulaşmanızı daha kolaylaştıracak nitelikte dir. İç Çocuğunuzla ilişkiniz ilerledikçe çocukluk hatıralarınızı anımsamaya başlayacak ve tüm çocukluğunuzu baştan sona yeniden yaşayabileceksiniz. Ne var ki, bu sefer İç Çocuğunuzu seven ve anlayan bir İç Ana-Baba eşliğinde bu hatıraları değerlendireceksiniz.

Oturumlar Yoluyla Arayışa Devam

Aşağıdaki sorular, biraz daha derinlerde olan temel sorunlara ulaşmayı amaçlamaktadır. Zamanla kendiniz, sizin için daha etkili olan soruların ne olduğunu bilecek ve bu soruları oturumlarda kullanmaya başlayacaksınız. Oturumlara başlamadan önce, 16. Bölüm'de verdiğimiz uyarıları göz önünde tutun.

1. Oturumları belirli bir zamanda ve sakin bir ortamda yapın. (Sabah erken yapmanızı salık vermiştik; yine hatırlatalım.)

2. İç Ana-Babanın sorularını yüksek sesle sorun.
3. İç Çocuğun cevaplarını olduğu gibi yazın.
4. Her bir cevaptan sonra İç Çocuğa yüksek sesle teşekkür edin.
5. Otuz dakika sonra oturumu mutlaka bitirin.

SEKİZİNCİ GÜN

(Açış ifadesi, selamlama ve hazır oluş)

1. İçimdeki küçük Doğan, günaydın. Bu sabah kendini nasıl hissediyorsun?

   İç Çocuğunuzun cevabı:..

2. Küçük Doğan, kendini neden böyle hissettiğini bana söyler misin?

   İç Çocuğunuzun cevabı:..

3. Küçük Doğan, okulla ilgili en güzel hatıranı bana söyler misin?

   İç Çocuğunuzun cevabı:..

4. Küçük Doğan, okulla ilgili başka aklına gelen güzel, hoş hatıralar var mı?

   İç Çocuğunuzun cevabı:..

5. Küçük Doğan, en hoşuna giden bir olayı bana anlatır mısın?

   İç Çocuğunuzun cevabı:..

6. Küçük Doğan, okulla ilgili en kötü hatıranı bana söyler misin?

   İç Çocuğunuzun cevabı:..

7. Küçük Doğan, bu hatıranın altında yatan olayı kötü yapan sence neydi?

   İç Çocuğunuzun cevabı:..

8. Küçük Doğan, okulla ilgili aklına gelen en nefret ettiğin olay hangisi?

   İç Çocuğunuzun cevabı:..

9. Küçük Doğan, şimdi yapmak istediğin ve hoşuna giden ne gibi faaliyetler var?

   İç Çocuğunuzun cevabı:..

10. Küçük Doğan, hoşuna giden bu faaliyetleri en son ne zaman yaptın?

İç Çocuğunuzun cevabı:...

11. Küçük Doğan, doğada gezmek ve oynamak hoşuna gider mi?

İç Çocuğunuzun cevabı:...

12. Küçük Doğan, hangi tür doğa (orman, kır, deniz kıyısı gibi) daha hoşuna gider?

İç Çocuğunuzun cevabı:...

13. Küçük Doğan, hangi hava durumu (yağmur, bulutlu, karlı, rüzgârlı) en hoşuna gider?

İç Çocuğunuzun cevabı:...

14. Küçük Doğan, hoşuna giden hava durumu sende ne gibi duygular uyandırır?

İç Çocuğunuzun cevabı:...

15. Küçük Doğan, bu oturumu bitirmeden önce bana söylemek istediğin bir şey var mı?

İç Çocuğunuzun cevabı:...

(bitirip, ayrılırken selamlaşma mesajı)

DOKUZUNCU GÜN

(Açış ifadesi, selamlama ve hazır oluş)

1. İçimdeki küçük Doğan, günaydın. Bu sabah kendini nasıl hissediyorsun?

İç Çocuğunuzun cevabı:...

2. Küçük Doğan, vücudun nasıl hissediyor?

İç Çocuğunuzun cevabı:...

3. Küçük Doğan, vücudunun neresinde gerginlik hissediyorsun?

İç Çocuğunuzun cevabı:...

4. Küçük Doğan, vücudunun neresi en gevşemiş ve rahat hissediyor?

İç Çocuğunuzun cevabı:...

5. Küçük Doğan, en sevdiğin kitap hangisi?

İç Çocuğunuzun cevabı:..

6. Küçük Doğan, bu kitabı niçin seviyorsun?

İç Çocuğunuzun cevabı:..

7. Küçük Doğan, sevdiğin hoşuna giden bu kitabı ya da ona benzer bir kitabı en son ne zaman okudun?

İç Çocuğunuzun cevabı:..

8. Küçük Doğan, 1'den 10'a kadar değişen bir ölçek üzerinde okumayı ne kadar sevdiğini bana söyler misin?

İç Çocuğunuzun cevabı:..

9. Küçük Doğan, çocukken neşeli ve enerji dolu olduğun bir zamanı hatırlıyor musun?

İç Çocuğunuzun cevabı:..

10. Küçük Doğan, o zaman kaç yaşında idin?

İç Çocuğunuzun cevabı:..

11. Küçük Doğan, bu yaşınla ilgili anılarını bana biraz daha anlatır mısın?

İç Çocuğunuzun cevabı:..

12. Küçük Doğan, böyle güzel duygular içine girdiğin en son zamanı hatırlıyor musun?

İç Çocuğunuzun cevabı:..

13. Küçük Doğan, sana verilen bir hediyeyi hatırlıyor musun?

İç Çocuğunuzun cevabı:..

14. Küçük Doğan, bu hediye sende ne gibi duygular uyandırdı?

İç Çocuğunuzun cevabı:..

15. Küçük Doğan, bu oturumu bitirmeden önce bana söylemek istediğin bir şey var mı?

İç Çocuğunuzun cevabı:..

(bitirip, ayrılırken selamlaşma mesajı)

ONUNCU GÜN

(Açış ifadesi, selamlama ve hazır oluş)

1. İçimdeki küçük Doğan, günaydın. Bu sabah kendini nasıl hissediyorsun?

   İç Çocuğunuzun cevabı:...

2. Küçük Doğan, ne gibi duygular ve heyecanlar içindesin?

   İç Çocuğunuzun cevabı:...

3. Küçük Doğan, çocukken çok sıkıldığın ya da karamsarlığa gömüldüğün bir anı hatırlıyor musun?

   İç Çocuğunuzun cevabı:...

4. Küçük Doğan, o zaman kaç yaşındaydın?

   İç Çocuğunuzun cevabı:...

5. Küçük Doğan, o zamanki yaşantından bana biraz söz eder misin?

   İç Çocuğunuzun cevabı:...

6. Küçük Doğan, en son ne zaman o tür kötü duygular içine girdin?

   İç Çocuğunuzun cevabı:...

7. Küçük Doğan, sevinç ve neşeyle dolu olduğun bir zamanı hatırlıyor musun?

   İç Çocuğunuzun cevabı:...

8. Küçük Doğan, o zaman kaç yaşındaydın?

   İç Çocuğunuzun cevabı:...

9. Küçük Doğan, bana o zamanla ilgili hatıralarından söz eder misin?

   İç Çocuğunuzun cevabı:...

10. Küçük Doğan, beş ve on yaşları arasında hatırlayabildiğin bir bayram, düğün ya da kutlama var mı?

    İç Çocuğunuzun cevabı:...

11. Küçük Doğan, hayatında en sevdiğin kimse kim?

    İç Çocuğunuzun cevabı:...

12. Küçük Doğan, onu sevmene yol açan özellikler neler?

    İç Çocuğunuzun cevabı:..

13. Küçük Doğan, hayatında en nefret ettiğin kimse kim?

    İç Çocuğunuzun cevabı:..

14. Küçük Doğan, ondan o kadar nefret etmene yol açan özellikler neler?

    İç Çocuğunuzun cevabı:..

15. Küçük Doğan, bu oturumu bitirmeden önce bana söylemek istediğin bir şey var mı?

    İç Çocuğunuzun cevabı:..

(bitirip, ayrılırken selamlaşma mesaji)

ON BİRİNCİ GÜN

(Açış ifadesi, selamlama ve hazır oluş)

1. İçimdeki küçük Doğan, günaydın. Bu sabah kendini nasıl hissediyorsun?

   İç Çocuğunuzun cevabı:..

2. Küçük Doğan, bedence ve duygusal olarak kendini daha iyi hissediyor musun?

   İç Çocuğunuzun cevabı:..

3. Küçük Doğan, niçin böyle hissettiğini bana anlatır mısın?

   İç Çocuğunuzun cevabı:..

4. Küçük Doğan, 10 (20, 30, 40) yıl önce seni mutlu eden bir olay hatırlıyor musun?

   İç Çocuğunuzun cevabı:..

5. Küçük Doğan, bu olayın seni niçin bu kadar mutlu ettiğini biliyor musun?

   İç Çocuğunuzun cevabı:..

6. Küçük Doğan, 10 (20, 30, 40) yıl önce seni üzen bir olay hatırlıyor musun?

   İç Çocuğunuzun cevabı:..

7. Küçük Doğan, bu olayın seni niçin bu kadar üzdüğünü biliyor musun?

   İç Çocuğunuzun cevabı:..

8. Küçük Doğan, en sevdiğin renk ne?

   İç Çocuğunuzun cevabı:..

9. Küçük Doğan, bu renkte giyim eşyan var mı?

   İç Çocuğunuzun cevabı:..

10. Küçük Doğan, büyük Doğan'ın giydiği elbiselerin rengini beğeniyor musun?

    İç Çocuğunuzun cevabı:..

11. Küçük Doğan, büyük Doğan senin sözünü tutsaydı, onun giydiklerini nasıl değiştirmek isterdin?

    İç Çocuğunuzun cevabı:..

12. Küçük Doğan, yardıma ihtiyacın olduğu bir anı hatırlıyor musun?

    İç Çocuğunuzun cevabı:..

13. Küçük Doğan, başkasına yardım ettiğin bir anı hatırlıyor musun?

    İç Çocuğunuzun cevabı:..

14. Küçük Doğan, geçen haftalarda seni pek çok mutlu eden bir olay hatırlıyor musun?

    İç Çocuğunuzun cevabı:..

15. Küçük Doğan, bu oturumu bitirmeden önce bana söylemek istediğin bir şey var mı?

    İç Çocuğunuzun cevabı:..

(bitirip, ayrılırken selamlaşma mesaji)

ON İKİNCİ GÜN

(Açış ifadesi, selamlama ve hazır oluş)

1. İçimdeki küçük Doğan, günaydın. Bu sabah kendini nasıl hissediyorsun?

   İç Çocuğunuzun cevabı:..

2. Küçük Doğan, ne gibi duygu ve heyecanlar içindesin?

   İç Çocuğunuzun cevabı:...

3. Küçük Doğan, ilkokulda en sevdiğin öğretmenin kimdi?

   İç Çocuğunuzun cevabı:...

4. Küçük Doğan, o öğretmeni niçin bu kadar sevmiştin?

   İç Çocuğunuzun cevabı:...

5. Küçük Doğan, o öğretmenin gibi olmak ister miydin?

   İç Çocuğunuzun cevabı:...

6. Küçük Doğan, ilkokulda en sevmediğin öğretmenin kimdi?

   İç Çocuğunuzun cevabı:...

7. Küçük Doğan, o öğretmeni niçin sevmemiştin?

   İç Çocuğunuzun cevabı:...

8. Küçük Doğan, en sevdiğin yer neresi?

   İç Çocuğunuzun cevabı:...

9. Küçük Doğan, bu yeri bu kadar sevmene yol açan nedenleri söyler misin?

   İç Çocuğunuzun cevabı:...

10. Küçük Doğan, şu anda istediğin yere gitme olanağın olsa, en çok nereye gitmek isterdin?

    İç Çocuğunuzun cevabı:...

11. Küçük Doğan, bu yerin seni mutlu edecek özellikleri ne?

    İç Çocuğunuzun cevabı:...

12. Küçük Doğan, kendi kendine kalıp başını dinlemek fırsatını bulabiliyor musun?

    İç Çocuğunuzun cevabı:...

13. Küçük Doğan, seçme özgürlüğün olsaydı, daha sık kendi başına kalmayı mı, yoksa başkalarıyla beraber olmayı mı isterdin?

    İç Çocuğunuzun cevabı:...

14. Küçük Doğan, seçme özgürlüğün olsaydı, önümüzdeki tatilde nereye gitmek isterdin?

    İç Çocuğunuzun cevabı:...

15. Küçük Doğan, bu oturumu bitirmeden önce bana söylemek istediğin bir şey var mı?

    İç Çocuğunuzun cevabı:...

(bitirip, ayrılırken selamlaşma mesajı)

ON ÜÇÜNCÜ GÜN

(Açış ifadesi, selamlama ve hazır oluş)

1. İçimdeki küçük Doğan, günaydın. Bu sabah kendini nasıl hissediyorsun?

   İç Çocuğunuzun cevabı:...
2. Küçük Doğan, bedence ve duyguca kendini daha iyi hissediyor musun?

   İç Çocuğunuzun cevabı:...
3. Küçük Doğan, cevabını bana biraz açıklar mısın?

   İç Çocuğunuzun cevabı:...
4. Küçük Doğan, en sevdiğin tatil hangisiydi, bana söyler misin?

   İç Çocuğunuzun cevabı:...
5. Küçük Doğan, bu tatili niçin bu kadar sevdin?

   İç Çocuğunuzun cevabı:...
6. Küçük Doğan, en hoşlandığın cinsel duygu ve deneyimini bana söyler misin?

   İç Çocuğunuzun cevabı:...
7. Küçük Doğan, bu cinsel deneyimini paylaştığın, ya da buna yol açan kişiyi hatırlıyor musun? Kim olduğunu bana söyleyebilir misin?

   İç Çocuğunuzun cevabı:...
8. Küçük Doğan, o zaman kaç yaşındaydın?

   İç Çocuğunuzun cevabı:...
9. Küçük Doğan, hiç hoşlanmadığın cinsel duygu ve deneyimini bana söyler misin?

   İç Çocuğunuzun cevabı:...

10. Küçük Doğan, hoş olmayan cinsel deneyimini paylaştığın, ya da buna yol açan kişiyi hatırlıyor musun? Kim olduğunu bana söyleyebilir misin?

    İç Çocuğunuzun cevabı:...

11. Küçük Doğan, o zaman kaç yaşındaydın?

    İç Çocuğunuzun cevabı:...

12. Küçük Doğan, başarılı olduğun bir anı hatırlıyor musun?

    İç Çocuğunuzun cevabı:...

13. Küçük Doğan, bu başarı anını bana biraz daha ayrıntılarıyla anlatır mısın?

    İç Çocuğunuzun cevabı:...

14. Küçük Doğan, başarısız olduğun bir anını bana anlatır mısın?

    İç Çocuğunuzun cevabı:...

15. Küçük Doğan, bu oturumu bitirmeden önce bana söylemek istediğin bir şey var mı?

    İç Çocuğunuzun cevabı:...

(bitirip, ayrılırken selamlaşma mesajı)

ON DÖRDÜNCÜ GÜN

(Açış ifadesi, selamlama ve hazır oluş)

1. İçimdeki küçük Doğan, günaydın. Bu sabah kendini nasıl hissediyorsun?

   İç Çocuğunuzun cevabı:...

2. Küçük Doğan, bedence kendini nasıl hissediyorsun?

   İç Çocuğunuzun cevabı:...

3. Küçük Doğan, bedeninin neresi gergin?

   İç Çocuğunuzun cevabı:...

4. Küçük Doğan, bedeninin neresi gevşek?

   İç Çocuğunuzun cevabı:...

5. Küçük Doğan, çocukluğunla ilgili hatırlayabildiğin en iyi şey ne?

İç Çocuğunuzun cevabı:..

6. Küçük Doğan, ne gibi özellikleri bu hatırayı iyi yapıyor?

İç Çocuğunuzun cevabı:..

7. Küçük Doğan, çocukluğunla ilgili hatırlayabildiğin en kötü şey ne?

İç Çocuğunuzun cevabı:..

8. Küçük Doğan, hangi özellikleri bu hatırayı kötü yapıyor?

İç Çocuğunuzun cevabı:..

9. Küçük Doğan, ilkokulda (ortaokul, lise, üniversite) en sevdiğin arkadaşların kimlerdi?

İç Çocuğunuzun cevabı:..

10. Küçük Doğan, şimdi beraber zaman geçirmekten en hoşlandığın kim?

İç Çocuğunuzun cevabı:..

11. Küçük Doğan, bu kişinin ne gibi özellikleri onunla zaman geçirmene yol açıyor?

İç Çocuğunuzun cevabı:..

12. Küçük Doğan, daha fazla arkadaşların olmasını ister misin?

İç Çocuğunuzun cevabı:..

13. Küçük Doğan, özlemini duyduğun, yaşamında eksikliğini hissettiğin bir kişi var mı?

İç Çocuğunuzun cevabı:..

14. Küçük Doğan, özlemini duyduğun bu kişinin ne gibi özellikleri sana en çekici geliyor?

İç Çocuğunuzun cevabı:..

15. Küçük Doğan, bu oturumu bitirmeden önce bana söylemek istediğin bir şey var mı?

İç Çocuğunuzun cevabı:..

(bitirip, ayrılırken selamlaşma mesajı)

SÖZÜN KISASI

Kişinin yaşamını etkileyen ve çözülmediği takdirde süregiden önemli çatışmalar, endişeler, üzerinde düşünülen konular, o kişinin temel sorunlarını oluşturur. Hep ya da hiç biçiminde düşünme; denetim; aşırı sorumlu ya da sorumsuz olmak; kendi gereksinmelerini ihmal etme; uygunsuz davranışı hoş görme; terk edilme korkusu; çatışma durumlarıyla uğraşma ve çözmede zorlukla karşılaşma, güven duymada zorluk; kendi olarak hareket edememe; duygularını ifade edememe; kendini değersiz görme; bağlaşıklık; kaybettiklerine yas tutamama ve sevgi alışverişinde zorluk çekme en sık karşılaşılan temel sorunları oluşturur.

Sizin için önemli olan temel sorunları hemen göremezsiniz. İç Çocuğunuzla yaptığınız oturumlar ilerledikçe, sorduğunuz sorular daha anlamlı ve iç dünyanıza daha ışık tutucu olur. Yavaş yavaş temel sorunlarınızın ne olduğunu hissederek bu konuda İç Çocuğunuzla konuşmaya başlarsınız. Burada verilen soruları kullanarak temel sorunlarınızı araştırmaya başlayabilirsiniz.

18

Olumsuzu Olumluya Dönüştürme ve Bütünleşme

Yaşamı sürdürebilme, uyanış ve temel sorunların farkına varış basamaklarında başarılı oldukça, temel sorunlara daha başka bir gözle bakmaya kendinizi hazır hissedecek ve bir anlamda bu temel sorunları olumlu güç kaynakları haline dönüştüreceksiniz. Daha sonra olumsuzu olumluya dönüştürmekle yetinmeyecek, yeni kazandığınız kişilik boyutlarınız arasında ilişkiler kurarak bir bütünlük kazanmaya başlayacaksınız. Bu bölümde önce Dönüştürme, daha sonra Bütünleşme aşamalarını göreceğiz.

DÖNÜŞTÜRMELER

Kötü alışkanlıkları, korkuları, bağlantıları bırakıp daha özgür, daha bilinçli ve daha gerçekçi olma yoluna girdiğimiz zaman yaşamımızın olumsuz yönlerini olumluya dönüştürmeye başlarız. En önemli dönüşüm sağlıksız, bağlaşık, kendine değer vermeyen, utanca boğulmuş İç Ana-Babadan, gerçek benliğimizi temsil eden İç Çocuğumuza ulaşmakla başarılır. Olumsuzu olumluya dönüştürdüğümüz zaman bilinç düzeyimizde bir yükselme, enerjimizde ve yaşama sevincimizde bir artma olur. Yaşamımızı olumsuz zeminden daha olumlu bir zemin üzerine oturturuz. Başkalarının elinde bir oyuncak olmaktan kurtulur, yaşamımızı kendi gücümüz ve dileğimizle yöneltmeye başlarız.

Bu tür kişilik dönüşümü İçimizdeki Çocuğa ulaşmak ve onun sorunlarıyla ilgilenmekle mümkün olur. İçimizdeki Çocuğun sağlıksız yönlerini deşmek bize acı verecektir; ne var ki, bu acının yanı sıra yaşamın gerçek enerji kaynağına da ulaşmış olacağız. İçimizdeki Çocuğun sağlıksız yönleriyle iletişim kurmadan, olumsuzu olumluya dönüştürmek mümkün değildir.

Temel sorunlara ulaşıp, günlük oturumları devam ettirerek bu sorunları bir bir çözümleyip olumluya dönüştürdükçe, üzerinizden büyük bir yükün kalktığını hissedecek ve gittikçe derin bir özgürlük duygusunun bütün benliğinizi kapladığını göreceksiniz. Temel sorunlar ve onların dönüşümleri şöyle bir durum gösterecektir:

Temel Sorunlar	*Dönüşmüş Hali*
1. Hep ya da hiç biçiminde düşünme	Gerçekle temas kurup, gerçeği olduğu gibi değişik derecelerde temsil edebilmeyi öğrenme
2. Denetim	Yaşamı denetlemekten vazgeçme ve kendini hayatında olup bitenlerden makul ölçülerde sorumlu hissetme
3. Aşırı sorumlu ya da sorumsuz olmak	Kendi yaşamından, iyi tanımlanmış belirli ölçüler içinde sorumlu olma
4. Kendi gereksinmelerini ihmal etme	Kendi gereksinmelerine önem vererek ciddiye alma ve bu gereksinmeleri karşılama

5. Uygunsuz davranışı hoş görme	Uygun olmayan davranışları, uygunsuzluğu derecesinde, kendi sınırları ve sorumluluğu içinde tepkiyle karşılama
6. Terk edilme korkusu	Terk edilme korkusunun kaynağını anlayarak, bu bağlaşıklık duygusundan kurtulma ve duygusal özgürlüğe kavuşma
7. Çatışma durumlarıyla uğraşma ve çözmede zorlukla karşılaşma	Çatışma durumlarını yaşamın doğal bir parçası kabul ederek onları doğal sınırları içine çekme ve çözme
8. Güven duymama	Gerçekçi sınırlar içinde güven duygusu geliştirme
9. Kendi olarak hareket edememe	Duygu, düşünce ve davranışlarını olduğu gibi gösterebilme anlayışına kavuşma
10. Duygularını ifade edememe	Duygu ve heyecanların farkına varabilme, onları uygun ortamlarda ifade edebilme
11. Kendini değersiz görme	Kendini diğer insanlardan ne aşağı, ne de üstün görme. Her insan gibi kendinin de değerli ve saygıya değer olduğunu kabul etme
12. Bağlaşıklık	Başkalarının duygu, düşünce ve davranışından sorumlu olmaktan kurtulup, kendi yaşamından gerçekçi sınırlar içinde sorumlu olmayı öğrenme
13. Kaybettiklerimize yas tutamama	Geçmiş kaybettiklerimize yas tutmayı bir sonuca bağlayıp, olgun bir insan olarak şu anda kaybettiklerimize gerçekçi sınırlar içinde yas tutabilme
14. Sevgi alışverişinde zorluk çekme	Başkalarının özgürlüğünü tanıyarak onları olduğu gibi sevebilme ve bu sevgiyi gerçekçi, açık seçik ve dürüst olarak ifade edebilme

Bu temel sorunların hepsi, aynı zamanda ve birdenbire dönüşüme uğrayarak çözülemez. Günlük oturumlarınızı devam ettirdikçe, İç Çocuğunuzla ilişkiniz kuvvetlendikçe, yaşamınız içindeki olaylar bu temel sorunları harekete geçirir ve bunların bilincine vararak, yavaş yavaş, derece derece dönüşümleri başarırsınız. Örneğin, kendi gereksinmelerine önem vermeyen ve sürekli bağlaşık olduğu kişilerin gereksinmelerini karşılayabilmek için kendi gereksinmelerini arka plana atan bir kişi, birdenbire dönüşüm yapıp, tam anlamıyla sağlıklı bir hale gelmeyecektir. Büyük bir olasılıkla bu kişi şu basamaklardan geçerek adım adım kendi dönüşümünü gerçekleştirecektir:

1. **basamak.** Kendinin de karşılanması gereken gereksinmeleri olduğunun farkına varma.
2. **basamak.** Bu gereksinmelerin ne olduğunu gözleme ve bunlar karşılanmadığı zaman ne gibi duygular içinde olduğunun bilincine varma.
3. **basamak.** Kendi gereksinmelerini karşılamak için ilk adımı atma, teşebbüs etme.
4. **basamak.** Kendi gereksinmelerini gerçekçi ve sorumluluk duygusu içinde karşılamaya öncelik verme.

İçinde büyüdüğü ailenin sağlıklı ya da sağlıksız oluş derecesine göre kişiler bu adımlardan hızlı bir şekilde ya da yavaş yavaş geçerler. Bazı kişiler haftalarla, bazı kişiler aylarla ifade edilebilecek zaman sürelerine gerek duyarlar. Gelişmeyi zorlamamak ve kendi normal seyrine bırakmak gerekir. Zorlama iyi sonuçlar vermez ve İçinizdeki Çocukla ilişkinizi yeniden koparır.

Her bir gelişim aşamasında günlük oturumlarınızda İç Çocuğunuzla konuşarak onun ne gibi duygu ve düşünceler içinde olduğunu anlarsınız. İç Çocuğunuzun sözlerine iyi kulak verin; onun sesini iyi dinler ve ilişkinizi ona göre ayarlarsanız, mutlaka sağlıklı bir dönüşümü başarırsınız.

Ben Zayıfım, Mağdurum Duygusundan Ben Güçlüyüm Duygusuna Dönüşüm

İç Çocuğuyla ilişki kuran, "Vah zavallı ben, bana neler yapmışlar, mutsuzluğumdan tümden sorumlu olan bu kişiler," görüşüne kapılırsa, olumsuzu olumluya dönüştürme olanağını bulamaz. İç Çocukla ilişki, ona ulaşma ve onu iyileştirmek için kurulur, şu andaki durumun içine kapanıp, "Benim elimden ne gelir, ben mağdurum, artık ben mahvolmuş bir insanım," havasına bürünmek için değil. Bu iki zihniyet arasındaki farkları aşağıdaki listede daha iyi görebilirsiniz:

Ben Zayıfım, Mağdurum Anlayışı	*Ben Güçlüyüm Anlayışı*
Sahte benlik birinci plandadır	Gerçek benlik baskındır
Sürekli kendini kısıtlar	Sürekli kendi sınırlarını genişletme, büyüme çabası vardır
Sürekli söz konusu edinilen geçmişteki "orada" ve "o zaman"dır	Sürekli söz konusu edinilen "burası" ve "şimdi"dir
Birey, bitmeyen, sonu gelmemiş olaylarla ilgilenir	Birey, bitirilmiş ya da bitirilmekte olan olaylarla ilgilenir
Birey, kişisel haklarının farkında değildir	Birey, çok sayıda iyi tanımlanmış kişisel haklarının bilincindedir
Birey durgunluk ve gerileme içindedir	Birey gelişme ve büyüme içindedir
Kişiler arası ilişkilerde birey hiç ya da çok az paylaşır	Kişiler arası ilişkilerde birey uygun miktarlarda, gereken ölçüde paylaşır
Bireyin yaşamı sürekli tekrar edilen aynı hikâyedir	Bireyin yaşamı sürekli gelişen bir hikâyedir
Birey aynı şeyi tekrar etme eğilimindedir	Kendiliğindenlik ve akıcılık baskındır
Bireyin iç ve dış dünyasındaki olayların büyük bir miktarı bilinçsizdir	Bireyin iç ve dış dünyasındaki olayların çoğunluğu bilinçlidir
Birey saplanıp kaldığının farkında değildir	Birey, gittikçe artan derecelerde kendi oluşumunun ve varlığının farkına varır
Bireyin yaşamında belirli bir odak noktası yoktur	Bireyin yaşamında belirgin bir odak noktası vardır

Birey kendini daha sağlıklı yapma konusuna ilgisizdir	Birey, kendine değer verir ve daha sağlıklı olmaya çalışır
Birey, diğerlerinden gelen düşünce ve önerilere kapalıdır	Birey, güven duyduğu uygun kimselerin düşünce ve önerilerine önem verir
Kendini duygu ve heyecanlarına kapatmıştır	Keder ve mutluluğuyla ilişki içindedir ve olumlu ve olumsuz duygularının kolaylıkla farkına varır
Kimseyle sağlıklı işbirliği içine giremez	Beraber iş yapmaktan zevk alır
Kendini olduğundan daha büyük göstermeye önem verir	Alçakgönüllü fakat kendinden emindir
Birey yaşamında olanak ve seçeneklerin kısıtlı olduğuna inanır	Birey yaşamında olanak ve seçeneklerin bol olduğuna inanır
Bireyin belirgin yaşam felsefesi, "zavallı dünya, zavallı ben" anlayışı içinde biçimlenir	Bireyin belirgin yaşam felsefesi, "yaşam güzel, yaşadığım için mutluyum" anlayışı içinde biçimlenir
Üzerinde durulan temel konu hastalıktır	Üzerinde durulan temel konu sağlıktır
Birey sürekli kendini lanetlenmiş hisseder	Birey kendini çoğunlukla mutlu hisseder

Bu dönüşümler yaşamınızda yer alırken, yukarıdaki listede verilen konularla, temel sorunların ilişkisini görmeye başlayacak ve büyük bir olasılıkla günlük oturumlarda İç Çocuğunuzla bu ilişkiler üzerinizde duracaksınız. Bu dönüşümün yavaş fakat sürekli bir süreç olduğunu unutmayın.

Kendine Güvenli Davranmayı Öğrenme

Kendi sınırlarını öğrenip, kendi gereksinmelerinin farkına vararak onları karşılamaya yönelince, kendine güvenli *(assertive)* davranış ile saldırgan *(aggressive)* davranış arasında bir bocalama geçirebilirsiniz.

Saldırgan davranış sonucu kendi gereksinmelerinizi karşılayabilirsiniz, ne var ki, etkileşiminizin sonucu ne siz ne de karşınızdaki iyi, olumlu duygular içinde olacaktır. İlişki içinde olduğunuz kişiyle aranızda bir husumet ve gerginlik başlayacaktır.

Kendine güvenli davranış sonucu hem kendi gereksinmelerinizi karşılar hem de ilişki kurduğunuz kişiyle aranızda iyi bir duygusal ortam yaratırsınız.(26)

Sağlıksız aile ortamı içinde yetişenler ya saldırgan bir tutumu ya da içine kapanıp bir köşeye çekilmeyi alışkanlık haline getirmişlerdir. Kendine güvenli davranış görmedikleri için ya saldırgan yolla, ya da başka dolaylı sağlıksız yollardan insanları hoşnut etmeye çalışarak gereksinmelerini karşılamaya yönelirler.

Diğer konulardaki dönüştürme alanlarında olduğu gibi, içine kapalı ya da saldırgan bir insan olmaktan kendine güvenli bir insan haline gelme bir anda oluverecek bir iş değildir. Bu tür temel kişilik dönüştürmeleri uzun zaman alır ve yavaş yavaş gelişir. Kendine güvenli davranışı öğrenme için özel gruplar oluşturulabilir. Böyle bir olanağın yakın çevrenizde olup olmadığını araştırarak, bilinçli bir adım atabilirsiniz.

Daha sağlıklı hale geldikçe, eski çevrenizin tepkisi genellikle olumsuz olacaktır. Bu nedenle, onların tepkilerine önem vererek değil, günlük oturumlarınızda İç Çocuğunuzla kurmuş olduğunuz ilişkinin kalitesini göz önüne alarak davranışlarınızı değerlendirin. Sağlıklı dönüştürmeleri adım adım gerçekleştirdikçe, İç Çocuğunuz daha neşeli, daha enerjik olacak ve içinizde daha derin bir mutluluk duygusu taşıyacaksınız.

Dış olumsuz etkilere karşı koyabilmek için, ne gibi haklarınız olduğunu iyi bilmeniz gerekir. Bu nedenle, kendi temel hak ve özgürlüklerinizin iyice bilincine varmanız gerekir. Yardımcı olabilmek amacıyla aşağıda kişisel hak ve özgürlüklerin bir listesini sunuyoruz.

---

(26) Kendine güvenli ve saldırgan davranış arasındaki benzerlik ve farklılıklar *İnsan ve Davranışı* (1991a) adlı kitabımda daha ayrıntılı olarak incelenmiştir; ilgilenen okuyucu daha geniş bilgiyi oradan elde edebilir. Ayrıca, kendine güvenli davranış ve kendine güvenli davranışı elde etmek için eğitim konusunda Acar ve Zuhal Baltaş'ın *Stres* adlı eseri (Baltaş ve Baltaş, 1987) kaynak olarak kullanılabilir.

Kişisel Hak ve Özgürlükler Listesi

Aşağıdaki liste, uygulamış olduğu grup terapisine katılan insanların söylediklerini bir araya getiren Whitfield (1989) tarafından oluşturulmuştur.

1. Sadece yaşamımı sürdürmenin ötesinde birçok seçeneklerim bulunmaktadır.
2. İçimdeki Çocuğu keşfetme ve onunla ilişki kurma hak ve özgürlüğüm var.
3. Çocukken istediğim halde bana verilmeyen, istemediğim halde bana zorla verilen şeylerle ilgili üzülme ve bu üzüntümü ifade etme hak ve özgürlüğüm var.
4. Kendi değer ve ölçütlerimle davranışlarımı yöneltme hak ve özgürlüğüm var.
5. Kendi değer sistemimi benim için uygun ve geçerli bir düzen olarak görme ve kabul etme hak ve özgürlüğüm var.
6. Hazır olmadığım, tehlikeli ya da benim değerlerime uymayan şeylere "hayır" deme hak ve özgürlüğüm var.
7. Onurlu ve şerefli bir yaşam sürdürme hak ve özgürlüğüm var.
8. Kendi yaşamımla ilgili karar verme hak ve özgürlüğüm var.
9. Benim için neyin önemli ya da önemsiz olduğuna karar vererek yaşamımı ona göre düzenleme hak ve özgürlüğüm var.
10. Başkalarının benim istek ve ihtiyaçlarıma saygı duymalarını bekleme hak ve özgürlüğüm var.
11. Konuşma ve davranışlarıyla beni küçük düşüren insanların yanından uzaklaşma hak ve özgürlüğüm var.
12. Başkalarının davranış, duygu ve düşüncelerinden kendimi sorumlu görmeme hak ve özgürlüğüm var.
13. Hata yapabilme ve mükemmel olmama hak ve özgürlüğüm var.
14. Benimle ilişki içinde olan kişilerin dürüst olmalarını bekleme hak ve özgürlüğüm var.
15. Duygu ve heyecanlarımı olduğu gibi hissetme hak ve özgürlüğüm var.
16. Sevdiğim bir kişiye sırasında kızabilme hak ve özgürlüğüm var.
17. Kendimi olduğum gibi kabul etme hak ve özgürlüğüm var.

18. Korktuğum zaman, "bu kişi ya da olay beni korkutuyor," deme hak ve özgürlüğüm var.
19. Kararlarımı duygu, heyecan temeli ya da istediğim başka bir temel üzerine verme hak ve özgürlüğüm var.
20. Verdiğim bir karardan vazgeçme hak ve özgürlüğüm var.
21. Mutlu olma hak ve özgürlüğüm var.
22. Düzenli ve sürekli ilişkiler içinde olma hak ve özgürlüğüm var.
23. Kendi mekânıma ve kendi zamanıma sahip olabilme hak ve özgürlüğüm var.
24. Rahat, oyuncu, şaklaban olabilme hak ve özgürlüğüm var.
25. Hiçbir şey yapmadan oturup, istediğim gibi dinlenme ve eğlenme hak ve özgürlüğüm var.
26. Değişme ve gelişme hak ve özgürlüğüm var.
27. Kendimce değerli arkadaşlar bulup onlarla birlikte zaman geçirme hak ve özgürlüğüm var.
28. Sağlıklı ve sevecen bir ortamda olma hak ve özgürlüğüm var.
29. Bence önemli olan şeyleri kaybettiğim zaman yas tutma hak ve özgürlüğüm var.
30. Benimle tutarlı ve güvenilir ilişki içinde olan insanlara güvenme hak ve özgürlüğüm var.
31. Başkalarını ve kendimi affedebilme hak ve özgürlüğüm var.
32. Kendimi ve başkalarını sırf var oldukları için koşulsuz sevme hak ve özgürlüğüm var.

Sizin yaşamınızda bu listedeki temel özgürlük ve hakların bir kısmı anlamlı, bir kısmı ise anlamsız olabilir. İçinizdeki Çocukla oturumlarınızda ilişkileriniz geliştikçe, bu temel özgürlük ve haklara daha sahip çıkacak ve kolay kolay bunlardan vazgeçmeyeceksiniz.

BÜTÜNLEŞME

İçindeki Çocukla ilişkisi sağlıksız olanın yaşamında belirli bir odak noktası yoktur; yaşamının her yönü bölük pörçük, parçalar halindedir; zihni bulanık ve karmakarışıktır. İç Çocukla ilişki düzelip sağlıklılaşma yolunda yavaş fakat sürekli adımlar atılmaya başlanınca, zamanla kişiye özgü bir odak noktası ve parçalar arasındaki ilişkilerde bir belirginleşme başlar. Zihin kargaşasının yerini açıklık ve sükûnet alır. Bu sürece bütünleşme *(integration)* diyoruz.

Bütünleşme aşamasını tamamlamış kişi, kendisi olmaktan mutludur ve kendisi olduğu için kimseden özür dilemek ihtiyacı duymaz. Suçluluk duygusu ve utanç içine girmeden yaşamaktan zevk alır. Gereksinmelerini ve isteklerini uygun sınırlar dahilinde karşılamayı öğrenmiştir.

Bütünleşme: Uyanış, Temel sorunların farkına varma, Dönüştürme aşamalarından sonra gelir. Ne var ki, bütünleşme doğrusal bir çizim içinde sürekli yükselen bir iyileşme süreci olarak düşünülemez; sık sık geriye dönüşler, sıçramalar ve düşüşler gözlenir. Temel sorunlardan biriyle, örneğin gereksinmelerini karşılamakla ilgili bir bütünleşme gerçekleşirken, bir olay güven temel sorununda bir geriye dönüş ortaya çıkarabilir. Bu tür anlık iniş çıkışlara, geriye dönüş ve düşüşlere pek önem vermemek gerekir; uzun zaman süresi içinde yavaş da olsa bir mesafe katedilmekte, bir ilerleme olmaktadır; bu akıldan çıkarılmamalıdır.

SÖZÜN KISASI

Kötü alışkanlıkları, korkuları, bağlantıları bırakıp daha özgür, daha bilinçli ve daha gerçekçi olma yoluna girdiğimiz zaman yaşamımızın olumsuz yönlerini olumluya dönüştürmeye başlarız. Bu tür kişilik dönüşümü İçimizdeki Çocuğa ulaşmak ve onun sorunlarıyla ilgilenmekle mümkün olur. İçimizdeki Çocuğun sağlıksız yönlerini deşmek bize acı verecektir; ne var ki, bu acının yanı sıra yaşamın gerçek enerji kaynağına da ulaşmış olacağız. Her bir gelişim aşamasında günlük oturumlarınızda İç Çocuğunuzla konuşarak onun ne gibi duygu ve düşünceler içinde olduğunu anlayabilirsiniz. İç Çocuğunuzun sözlerine iyi kulak verin; onun sesini iyi dinler ve ilişkinizi ona göre ayarlarsanız, mutlaka sağlıklı bir dönüşüme ulaşırsınız.

İçindeki Çocukla ilişkisi sağlıksız olanın yaşamında belirli bir odak noktası yoktur; yaşamının her yönü bölük pörçük, parçalar halindedir. İç Çocukla ilişki sağlıklılaşınca kişiye özgü bir odak noktası ve parçalar arasındaki ilişkilerde bir belirginleşme başlar. Bu sürece bütünleşme adı verilir.

19

Öze Ulaşma

İçinizdeki Çocukla sürekli bir diyalog içine girerek geçmişin sağlıksız etkilerini yavaş yavaş giderip, yeni ve sağlıklı ilişkiler kurunca yaşamınızın birçok yönünde değişiklikler göreceksiniz. En belirgin değişiklik, yaşamı olumsuz bir gözlükle gören halsiz ve yorgun bir kimse olma yerine, daha olumlu, canlı ve mutlu bir kimse haline gelmenizdir. Daha önce mutsuz, kızgın, yalnız, bezgin, kendine güveni olmayan, çökmüş ve korkulu bir insan, İçindeki Çocukla ilişkisini sağlıklı bir biçimde düzenlemeyi becerince mutlu, neşeli, canlı, olumlu, kendine güveni olan, umut dolu bir insan olma yolunda adımlar atar. Bu gelişmenin en son aşaması, insanın kendi gerçek özüne ulaşmasıdır. Bu öz, Yunus Emre'nin, "Bir Ben var bende benden içeri," dediği anlama yakın düşen, manevi anlamda bir özdür. Bu öze ulaşma aşamasına yaklaşınca bireyin manevi yaşamı zenginleşmeye başlar; yaşamı kendi dar kişisel çerçevesi içinde görmekten kurtulur, daha geniş boyutlarda ilişki kurar.

Manevi Yaşamın Özellikleri

Manevi yaşamın tanımı kolay değildir; ne var ki, manevi yaşamı olan insanla olmayan insan arasında dünyaya ve kendi yaşamına bakış yönünden büyük farklar vardır. Bu nedenle, tanımı pek açık seçik yapılamasa dahi, insan yaşamındaki etkisi bakımından dikkatle incelenmeye değer bir alandır.

Bence manevi yaşam, kişinin kendisiyle, diğer insanlarla, doğa, evren ve evren ötesiyle ilişkisini düzenleyen bir inanç ve duygu düzenidir. Bu düzenin temel bazı özellikleri vardır. Bu özelliklerden biri, manevi yaşamın ***paradoksal*** (göründüğünden farklı, hatta aykırı) bir görünüm vermesidir. Örneğin, manevi yaşam hem belli belirsiz bir varoluş gösterir hem de son derece kesin ve vazgeçilmezdir. Ne-

fes alış verişimiz, ya da kalbimizin atışı bu özelliğe örnek olarak verilebilir. Çoğu kere nefes alış verişimizin ya da kalbimizin atışının farkında değiliz; ne var ki, bir an düşününce, bunların yaşamımızda ne kadar güçlü olaylar olduğunu anlayabiliriz. Nefes alamazsak, ya da kalbimiz atmazsa, kısa sürede ölürüz.

Manevi yaşam ***kişiye özgüdür***, insanın iç dünyasının bir parçasıdır, dışarıdan başkasının emri ya da öğüdü ile tanımlanamaz. Kişi, kendine özgü bilinçaltı ve bilinçüstü çabalarıyla farkında olarak ya da olmayarak zamanla kendi manevi yaşamını düzenler. İç Çocuğuyla ilişkisini sağlıklı olarak kurmayı becerenler daha bilinçli biçimde manevi yaşamlarının özelliklerinin farkında olurlar.

Manevi yaşam ***kullanışlıdır***; kullanılmayan, soyut bir felsefe sistemi değil, bireyin günlük yaşamında karşılaştığı her türlü konuyu kapsayan bir özelliği vardır. Manevi yaşamı zengin ve sağlıklı olan kişi, karşılaştığı sorunları çözmede ve yaşamın getirdiği olumsuz yönlerden kendini kurtarmada başarılıdır. Her türlü koşul ve durumlarda kendini çaresizliğe, umutsuzluğa, karamsarlığa kaptırmaz.

Manevi yaşam ***yaşantısaldır*** (*experiential*; kişinin iç dünyasında olup biten yaşantı ve denemeler üzerine kurulmuştur), mantıksal soyut düşünce üzerine kurulmaz. Manevi yaşamın ne olduğunu anlamak için soyut felsefi tartışmalara girmek, başkalarının tefsir ve beyanlarını okumak yararsızdır. Manevi yaşamın ne olduğunu anlamak için onu yaşamak, iç dünyada hissetmek gerekir. Yaşamadıkça bu özü bilmek olanağı yoktur.

Manevi yaşam sözle anlatılıp, ***tasvir edilemez***. Yunus Emre'nin dile getirdiği anlamda "İçimizdeki Ben"i içeren manevi yaşamın konusu o kadar geniş ve sınırsızdır ki, kişi bu konuda uzmanların yazdığı binlerce kitap okusa dahi manevi yaşamın sınırlarına ulaşamaz.

Manevi yaşam her şeyi içine alır, ***kapsamlıdır***; hiçbir şeyi dışarıda bırakmaz. Evrende bilinen ve bilinebilecek her şey manevi yaşamla ilişki kurar.

Manevi yaşam ***destekleyicidir, reddetmez, yargılamaz***, olanı olduğu gibi kabul ederek o noktada ilişki kurar. Bu özelliği bir duygu, düşünce ya da ilkenin manevi yaşamın bir parçası olup olmadığını anlamamıza yardımcı olur. Eğer herhangi bir düşünce, tutum, duygu diğer insanlarla ya da olaylarla ilgili bir yargılama ve dışlama getiriyorsa, o düşünce, tutum ya da duygu manevi yaşamın, gerçek özün bir parçası değildir.

Manevi yaşam insan yaşamının her yönüne ***sağlık ve iyilik getirir.*** Kötülük ve stresi atar, onun yerine huzur ve iyilik tohumları eker.

Manevi yaşam kısıtlamaz, geriye götürmez, ***gelişim ve özgürlük getirir.*** Manevi yaşam sürekli destekleyici ve iyilik getirici özellikleri kişinin iç dünyasını besler, zenginleştirir ve farkında olmadan kişiye adım adım iç özgürlük getirir, daha sağlıklı olma yolunda onu geliştirir.

Yukarıda yazılı özelliklerinden dolayı, manevi yaşam kişiyi ***doyumlu bir yaşama götürür.*** Bu anlamda İç Çocuğunuzla ilişki kurmak için çabalamanız, aslında kendi manevi yaşamınızın bir arayışı olarak kabul edilir.

Manevi yaşamın en belirgin özelliği kişinin ilişkilerinin kalitesi ve derinliğinde yatar. Manevi yaşamı zengin kişi, kendi iç dünyasıyla (İç Çocuğuyla) sağlıklı ve yoğun bir ilişki içindedir. Bu sağlam zeminden aldığı güç ve enerji ile, kendi ailesi, yakın çevresi, şehri, toplumu, ulusu ile ilişkiler geliştirir ve sürekli destekleyici, geliştirici ve sağlık getirici etkisini bu ilişkiler içinde gösterir. Manevi yaşamı zengin olan bu kişi, sadece bununla yetinmez, doğanın her yönüyle ilişki kurar, hayvanları korur, dünya barışına katkıda bulunmaya çalışır. Bu çabalar, belirli bir politik ideoloji ya da şöhret arama duygusundan kaynaklanmaz; onun manevi yaşamının bir sonucu olarak kendini gösterir. Bu aşamada kişi, kimsenin kendine kötülük yapmasına izin vermediği gibi, kendisinin de kimseye kötülük yapmasına izin vermez. Evrendeki her şeyin kendi içinde, yaratılışından gelen bir güzelliği ve değeri bulunduğu anlayışı duygu, düşünce ve davranışında yaşar.

Din ve Manevi Yaşam İlişkisi

Sevgiyle yoğrulmamışsa yüreğin
Tekkede, manastırda eremezsin
Bir kez gerçekten sevdin mi dünyada
Cennetin, cehennemin üstündesin.

Bir sır daha var, çözdüklerimizden başka
Bir ışık daha var, bu ışıklardan başka
Hiçbir yaptığınla yetinme, geç öteye!
Bir şey daha var, bütün yapıtlardan başka

Ömer Hayyam[27]

(Çeviren: Sabahattin Eyüboğlu, 1981)

Manevi yaşamdan söz edilince çok sayıda okuyucunun aklına hemen din kavramı gelecektir. "Din ile manevi yaşam arasındaki ilişki nedir?" sorusu, doğaldır.

Din, aslındaki amacına ve anlamına uygun bir öğreti içinde çocuğa verildiği ve dinin derin anlamı yaşamın değişik yönlerinde duygu, düşünce ve davranışlarda bir örnek, model olarak gösterildiği zaman, manevi yaşamın gelişmesine yol açar. Bu durumda din ve manevi yaşamın özellikleri birbirine benzerler.

Ne var ki din, diğer tüm sosyal düzen ve kurumlar gibi, ancak kişilerin algılama ve olgunluk kapasitesi içinde anlaşılıp ve yorumlanır. Kişi içinde yetişmiş olduğu aile düzeni sağlıksız olduğundan korku ve nefret dolu biri olarak yetişmişse, onun din anlayışı da korku ve nefrete dayanacak, dini başkalarını yargılama ve kendi çıkarları uğruna kullanma aracı yapacaktır. Bu kişinin din anlayışı onun için bir tür savunma mekanizmasıdır; din kurallarını ve ayetleri, başkalarını yargılamak, sindirmek, korkutmak için kullanır. Böyle bir din anlayışı, İç Çocuğu da sürekli yargılar ve onun gelişmesini tümüyle önler.

Manevi yaşam çok daha geniş, kapsamlı ve sonsuzdur. Manevi yaşam kuralcı değildir; manevi yaşam için, kişinin kendi iç dünyasının özellikleri önemlidir; bu özellikleri yargılamadan, değiştirmeden daha da geliştirmek, kişiyi daha çok kendisi yapmak ister. Dışarıdan hiçbir ölçüt, kıyaslama ve ölçek kullanarak kişinin kendine özgü özelliklerini yargılamaz. Onun olduğu gibi değerli olduğunu kabul

(27) Ömer Hayyam'ın şiirlerine dikkatimi çeken Suzan Alptekin'e teşekkür ederim.

eder ve kendi özellikleri içinde bilincini derinleştirerek, evrendeki ilişkiler ağı içinde yerini bilmesine doğru kişiyi götürür. Mevlana bu anlamda herkese gönül kapısını açmış, kimseyi yargılamamış, ayrıcalığın değil, birliğin övgüsünü yapmıştır.

Aşağıdaki özellikler, din ile manevi yaşam arasında fark olup olmadığını görmenize yardımcı olur:

1. Kişiye özgülük. Manevi yaşam kişiye özgüdür. Kişi, kendine özgü bilinçaltı ve bilinçüstü çabalarıyla, farkında olarak ya da olmayarak, zamanla kendi manevi yaşamını düzenler.

Din, kişiye özgü olmaktan çıkıp, bir grubu, bir cemaati merkez aldığından, kişinin manevi yaşamının temeli olamaz. Bir sosyal nizamın temeli olur, manevi yaşamın değil.

2. Yaşantısal olma. Manevi yaşam yaşantısaldır. Bilgi entelektüel düzeyde kalırsa manevi yaşama temel oluşturamaz. Manevi yaşamın ne olduğunu anlamak için soyut felsefi tartışmalara girmek, başkalarının tefsir ve beyanlarını okumak gerekmez. Manevi yaşamın ne olduğunu anlamak için onu yaşamak, iç dünyada hissetmek gerekir. Yaşamadıkça bu özü bilmek olanağı yoktur.

Din belirli kurallar, ilkeler ve bu ilkelerin yaşama nasıl uygulandığı üzerine kuruluysa, manevi yaşamın temeli olamaz. Din bu yapılaşmış haliyle yaşantısal değil kuralcıdır ve kişinin kendine özgü iç dünyasına değer veremez, böyle bir iç dünyayı tanıyamaz. Kişinin iç dünyasına değer verdiği anda, zaman içinde gelişmiş ve birçok din aliminin inceleme ve eleştirisinden geçmiş din kuralları ve ilkelerinin geçerliği tartışılmaya başlanır. Bu tür tartışmaya ve araştırmaya kurumsallaşmış kuralcı dinin hoşgörüsü yoktur.

3. Yargılayıcılık. Manevi yaşam yargılamaz, olanı olduğu gibi kabul ederek o noktada ilişki kurar. Herhangi bir düşünce, tutum, duygu diğer insanlarla ya da olaylarla ilgili bir yargılama ve dışlama getiriyorsa, o düşünce, tutum ya da duygu manevi yaşamın, gerçek özün bir parçası değildir. Mevlana ve Yunus gibi, Anadolu'nun manevi yaşamını zenginleştiren atalarımız, bu nedenle cennet ve cehennem gibi yargılayıcı kavramlardan ziyade, aşk ve sevgi gibi birleştirici, destekleyici sağlık getirici süreçlerden söz etmişlerdir.

Din, kurumlaşmış yapısına ve kuralcılığına sıkı sıkıya bağlıysa, ister istemez yargılayıcı olacak, kendisinin istediği gibi davranmayanları cezalandıracak, istediği yönde davrananları ise ödüllendirecek bir yargı düzenini de beraberinde getirecektir. Bu özelliğiyle din, insanların kendileri olmalarına hiçbir zaman olanak vermeyecek, İçimizdeki Ana-Baba gibi, bizi sürekli yargılayacak ve çoğu kere de duygu, düşünce ve yaptıklarımızdan dolayı utanca boğacaktır.

Bu üç ölçüt, bir kişinin din anlayışının, burada anlattığımız türden bir manevi yaşamın temelini oluşturup oluşturmadığını gösterir. Gördüğünüz gibi din yaşamı, manevi yaşamın temelini oluşturabiliyorsa sağlıklı bir iç yaşama ulaşmaya kolaylaştırıcı bir etki getirir. Ne var ki, kurumsallaşmış kuralcı bir din yaşamı, tam tersi bir etki oluşturmakta, kişinin iç yaşamıyla ilişki kurmasını zorlaştırmaktadır.

Gözlemci Öz

İç Çocuğumuzla ilişkimiz gelişip sağlıklı hale geldikçe, içimizde sakin bir gözlemcinin olduğunu fark etmeye başlarız. Bu gözlemci sakin, kendinden emin, yargılamasız bir gözlemcidir ve tüm yaratıcı bilincin kaynağını teşkil eder. Gözlemci özünüz geliştikçe, günlük yaşamınızı olduğu gibi yaşamaya devam edecek, fakat sanki bir başkası dışarıdan sizi seyrediyormuş gibi, hem davranışları, hem de bu davranışların altında yatan duygu ve düşünceleri gözlemeye başlayacaksınız. Örneğin, sizi oldukça kızdıran bir durumda sadece kızmakla kalmayacak, bu kızgınlığa yol açan iç dünyanızın dinamiklerini bir film gibi seyredebileceksiniz.

"Şu kişi bana bunu söyledi. O kişiyi sevmiyorum, çünkü beni değersiz ve aptal buluyor. Demek ki o kişinin beni değerli bulması önemli. Niçin önemli olduğunu biliyorum, çünkü şimdiye kadar hep başkalarını memnun ederek yaşamaya alışmışım, birisi benim hakkımda olumsuz düşününce, buna ancak kızgınlıkla cevap veriyorum. Bu kızgınlığımı doğrudan söyleyecek cesaretim yok, çünkü ben büyürken çevremde kimse kızgınlığını açık seçik doğrudan göstermezdi, ancak o kişinin arkasından konuşulur ve pasif direnmeyle ifade edilirdi."

Gözlemci özünüz geliştikçe, iç dünyanızın dinamiğini, bir orkestra şefinin senfoni yönetirken gösterdiği duyarlılıkla izleyebilecek ve neyin sizden neyin dışarıdan kaynaklandığını anlayabileceksiniz. Böylece, kendi özünüzle sürekli ilişki içinde olacak, iç ve dış olayları dengeli biçimde yerlerine koyarak, "kaybolmuşluk" duygusu içine girmeyeceksiniz. Gözlemci öz, bizim gerçek özümüzdür; her şeyi bilen, gören, anlamlandıran ve yönlendiren gerçek benliğimizdir.

Amerikalı psikiyatrist Arthur Deikman, *The Observing Self* (1982) adlı kitabında insanda birbirinden farklı dört benlik olduğunu savunur. Bunlara 1. düşünen benlik *(the thinking self)*; 2. duygusal benlik *(the emotional self)*; 3. işlevsel/fonksiyonel benlik *(the functional self)* ve 4. gözleyen benlik *(the observing self)* adını verir. İlk üçü nesnel benliğimizi temsil eder, çünkü düşünme, duygu ve işlevlerimiz yaşamla ilişki içinde kazandığımız becerilerle gelişir ya da körelir. Ne var ki, gözleyen benlik Deikman'a göre, en birincildir ve en temelde yatar; diğer üç benlik anlamlarını gözleyen benlikten elde eder. Bu benliğin yaşantıların, duyguların ve düşüncelerin ötesinde bir varoluşu söz konusudur.

Bir kişi kolunu kaybetse, "ben artık kendim değilim, başka bir insanım," der mi? diye soran Deikman, bu soruyu vücudun diğer parçaları için sorduktan sonra, duygular ve düşünceler için de sorar. Her bir soru, "ben düşüncelerim değilim," "ben duygularım değilim," cevabına götürür, çünkü düşünce ve duygular değişse de kişi kim olduğunun bilincini sürdürür. Sonuçta, kişinin gerçek tanımını yapanın en temeldeki gözlemci benliği olduğu sonucuna varan Deikman, bu gözlemci benliğin bozulmasının en büyük buhranı yaratacağı kanısını ortaya atar.

Sözünü ettiğimiz gözlemci öz, Deikman'ın "gözlemci ben" kavramından kaynaklanır. Ne var ki, "ben" yerine "öz" kelimesi anlatılmak isteneni daha iyi ifade ediyor. Bu "öz"ün aşkın *(transcendental)* bir niteliği vardır, bilincimizin temelini oluşturur ve duyuları, algılamaları, duygu ve düşünceleri, her türlü psikolojik alışkanlıkların ötesinde kendi başına süregiden bir bilinç, bir farkında oluş, bir bakıştır.

Gözlemci özümüzle gerçek ilişkimiz, İçimizdeki Çocukla sağlıklı ilişkimizden sonra daha gelişir, daha berraklaşır. Bir tür "gözdeki perde" kalkar, görmeye başlarız. Bu anda, yaşamımızda sağlıksız İç Çocuğumuzun merkez aldığı olumsuz duygular, sağlıklı mutlu duygular haline dönüşür. Bu duyguların listesini şöyle verebiliriz:

Sağlıksız İç Çocuğun Merkez Aldığı Acı Veren Duygular	*Sağlıklı İç Çocuğun Merkez Aldığı Mutluluk Veren Duygular*
Korku	Umut
Kızgınlık	Şefkat
Hüzün	Neşe
Nefret	Sevgi
Yalnızlık	Beraberlik
İncinme, Küsme	Beraberlikten hoşlanma
Can sıkıntısı	Yaşamdan zevk alma
Bunalma	Mutluluk duygusu
Aşağılık duygusu	Eşitlik duygusu
Şüphe	Güven
İğrenme	Çekici bulma
Kendine güvensizlik duygusu	Merak ve araştırıcılık
Zihin bulanıklığı	Zihin açıklığı
Reddedebilme	Destek/kabul görme
Doyumsuzluk	Doyumluluk
Zayıflık	Güçlülük
Suçluluk duygusu	Masumiyet, suçsuzluk
Utanç	Onur
Boşluk	Doygunluk ve mutluluk

Özünüzle ilişkinizi kurunca, olumsuz duyguları kendinizin bir parçası olarak göremezsiniz, onların dışarıdan gelen kaynaklarını hemen görür ve bu nedenle kolayca etkisinden kurtulursunuz. Olumsuzun etkisinden kurtulunca, İçinizdeki Çocuk kendi coşkusu ve sevecenliğiyle, olumsuz duyguyu olumluya dönüştürür ve bu yönde sizinle ilişki kurmaya başlar.

Bitirirken

İç Çocuğunuzu arayış uzun süreli bir yolculuktur. Elma ağacı dikildikten bir hafta sonra o ağaçtan elma toplamayı beklerseniz, kendinizi hayal kırıklığına baştan mahkûm etmiş olursunuz.

Biyolojik gelişmelerde olduğu gibi, psikoloji alanındaki gelişmeler de yavaş adımlarla ilerler. Sabırsızlık ve baskı, normal gelişim süreçlerini bozar. Yıllar boyu süren bir hastalığı bir anda iyi etmeyi beklemeyin. İç Çocuğunuza inanarak hergün İç Çocuğunuzla buluşmaya devam edin.

SÖZÜN KISASI

Öze ulaşma aşamasına yaklaşınca bireyin manevi yaşamı zenginleşmeye başlar; yaşamı kendi dar kişisel çerçevesi içinde görmekten kurtulur, daha geniş boyutlarda yaşamla ilişki kurar. Manevi yaşam, kişinin kendisiyle, diğer insanlarla, doğa, evren ve evren ötesiyle ilişkisini düzenleyen bir inanç ve duygu düzenidir. Manevi yaşam paradoksal, kişiye özgü, kullanışlı, yaşantısal, tasvir edilemez, kapsamlı, yargılamasız, sağlık, gelişim ve özgürlük getirici özelliklere sahiptir.

Manevi yaşamı gelişmiş kişinin önemli özelliklerinden biri içindeki gözlemci özün gelişmiş olmasıdır. Gözlemci öz geliştikçe, günlük yaşam olduğu gibi devam eder, fakat sanki bir başkası dışarıdan onu seyrediyormuş gibi, hem davranışlarını hem de bu davranışların altında yatan duygu ve düşüncelerini gözlemeye başlar. Gözlemci özün gelişimine paralel olarak olumsuz duygular olumlu duygulara dönüşme sürecine girer. Özle ilişki kurulunca, olumsuz duyguların dışarıdan gelen kaynakları anında görülür ve bu nedenle kolayca etkisinden kurtulunur.

Kaynaklar

Bach, George R. *Creative Aggression: The Art of Assertive Living*. Introduction by Herb Goldberg. New York: NAL-Dutton, 1989.

Baltaş, Acar ve Baltaş, Zuhal. *Stres*. İstanbul: Remzi Kitabevi, 1987.

Baltaş, Acar ve Baltaş, Zuhal. *Bedenin Dili*. İstanbul: Remzi Kitabevi, 1992.

Bateson, Gregory. The biosocial integration of the schizophrenic family. Ackerman, N. W., Beatman, F. L., Sherman, S. N. (eds) *Exploring the Base for Family Therapy*. New York: Family Service Association, 1961.

Bateson, Gregory. The group dynamics of schizophrenia. Appleby, L., Scher, J. M., Cummings, J (eds) *Chronic Schizophrenia: Exploration in Theory and Treatment*. Glencoe, Illinois: The Free Press, 1960.

Bateson, Gregory. The new conceptual frames for behavioral research. *Proceedings of the Sixth Annual Psychiatric Institute*. Princeton: The New Jersey Neuro-Psiychiatric Institute, 1958.

Beattie, Melody. *Co-Dependent No More*. San Francisco, CA: Harper and Row Publishers, 1987.

Bradshaw, John. *Healing The Shame That Binds You*. Deerfield Beach, Florida: Health Communications, Inc., 1988.

Bradshaw, John. *Homecoming*. New York: Bantam Books, 1990.

Bradshaw, John. *The Family: A Revolutionary Way to Self Discovery*. Deerfield Beach, Florida: Health Communications, Inc., 1988.

Cüceloğlu, Doğan. *İnsan ve Davranışı*. İstanbul: Remzi Kitabevi, 1991a.

Cüceloğlu, Doğan. *Yeniden İnsan İnsana*. İstanbul: Remzi Kitabevi, 1991b.

Deikman, Arthur J. *The Observing Self: Mysticism and psychotherapy*. Boston, Massachusetts: Beacon Press, 1982

Eyüboğlu, Sabahattin *Hayyam: Bütün Dörtlükler*. İst.: Cem Yayınevi, 1981.

Firestone, Robert. *The Fantasy Bond: Structure of Psychological Defenses*. New Yok: Human Sciences Press, 1985.

Fossum, M. and Mason, M. *Facing Shame*. New York: W. W. Norton, 1986.

Geçtan, Engin. *Çağdaş Yaşam ve Normaldışı Davranışlar*. İstanbul: Remzi Kitabevi, 1989

Kâğıtçıbaşı, Çiğdem. *Çocuğun Değeri: Türkiye'de Değerler ve Doğurganlık*. İstanbul: Boğaziçi Üniversitesi, İdari Bilimler Fakültesi, 1981.

Kâğıtçıbaşı, Çiğdem. Socialization in traditional society: A challenge to psychology. *International Journal of Psychology, 19*, 145-157, 1984.

Kâğıtçıbaşı, Çiğdem. Family and socialization in cross-cultural perspective: A Model of change. *Nebraska Symposium on Motivation, 37,* 1989.

Kaufman, Gershen. *Shame: The Power of Sharing.* Cambridge, Massachusetts: Schenkman Books, 1985.

Maslow, Abraham. *The Farther Reaches of Human Nature.* New York: Penguin Books, 1976.

Masterson, James F. *The Narcissistic and Borderline Disorders.* New York: Brunner&Mazel, 1981.

Mellody, Pia. *Facing Co-Dependence.* New York, N. Y.: Harper & Row, 1989.

Miller, Alice. *Breaking Down The Wall Of Silence.* New York: Dutton, 1991.

Miller, Alice. *For Your Own Good.* New York, N. Y.: The Noonday Press, 1990.

Miller, Alice. *Pictures of Childhood.* Toronto: Collins Press, 1988.

Miller, Alice. *The Darama of the Gifted Child.* New York: Basic Books/Harper Colophon, 1981.

Miller, Alice. *Thou Shall Hot Be Aware: Societ's Betrayal Of The Child.* New York: Meridian, 1990.

Ouimette, Victor. *Josè Ortega Y Gasset.* Boston: Twayne Publishers, 1982.

Peck, Scott M. *The Different Drum: Community Making and Peace.* New York: Simon & Schuster, 1987.

Peck, Scott M. *The Road Less Traveled.* New York: Simon & Schuster, 1978.

Pollard, John K. *Self-Parenting: The Complete Guide to Your Inner Conversations.* Malibu, CA: Generic Human Studies Publishing, 1987.

Satir, Virginia. *Conjoint Family Therapy.* Palo alto, CA: Science and Behavior, 1967.

Sezer, Erol ve meslektaşları. Elazığ'da görev yapan hekimlerin ve diş hekimlerinin sigara konusundaki davranışları tutumları. *Doğa - Turkish Journal of Medical Sciences, 14 (1990),* I. Kısım: 381-390; II. Kısım: 657-668.

Sullivan, Harry S. *The Interpersonal Theory of Psychiatry.* New York: Norton, 1953.

Weiss, Laurie. *An Action Plan for Your Inner Child.* Deerfield Beach, Florida: Health Communications, Inc., 1991.

Whitfieid, Charles, L. *Healing the Child Within.* Deerfield Beach, Florida: Health Communications, Inc., 1989.

Whitfield, Charles, L. *A Gift to Myself.* Deerfield Beach, Florida: Health Communications, Inc., 1990.

Whitfield, Charles, L. *Co-Dependence: Healing the Human Condition.* Deerfield Beach, Florida: Health Communications, Inc., 1991.

Yavuzer, Haluk. *Çocuk ve Suç.* İstanbul: Remzi Kitabevi, 1990.

Yavuzer, Haluk. *Çocuk Psikolojisi.* İstanbul: Remzi Kitabevi, 1991a.

Yavuzer, Haluk. *Ana-Baba ve Çocuk.* İstanbul: Remzi Kitabevi, 1991b.

Açıklamalı Terimler

Aile kuralları *(family rules)* Ailedeki bireylerin birbirleriyle ilişkilerini düzenleyen temel inançlar ve varsayımlar. Aile kuralları sağlıklı ve sağlıksız ailede farklı yapılar gösterirler.

Aile rolleri *(family roles)* Aile içindeki bireylerin hangi durumlarda ne yapacaklarını belirleyen ve herkesin bildiği bir düzen içinde gerçekleştirilen davranış örüntüleri.

Aile sistemi *(family system)* Aile sistemi ana, baba, kardeşler, varsa büyükbaba, büyükanne, teyze, hala, dayı ve amca gibi aile içindeki bireylerin, birbiriyle nasıl etkleşimde bulunduklarını düzenleyen kuralların tümüdür.

Bağlaşık kişilik *(co-dependent personality)* Kendi başına var olamayan, psikolojik yönden başkalarına sürekli bağlanmış kişilik. Bağlaşık kişiliği olanlar mutluluklarını, değerlerini ilişki içinde oldukları başkalarının gözünde, sözünde, davranışında ararlar; başkalarının algılamalarına bağlanmışlardır. Katılaşmış aile rolleriyle yetişen bu kişilerin kişisel özelliği yoktur, belirli kategoriler içinde dünyayı görür, "kalıplaşmış benlik yapıları" vardır. Bu kişiler, kendilerine özgü bir yaşam geliştirme girişimi için gerekli enerjiyi, isteği ve cesareti içlerinde bulamazlar.

Bağlaşıklık *(co-dependency)* Kendini sürekli başkalarının değerlendirmelerine göre yargılama ve yönlendirme.

Ben merkezli *(self-centered)* Kendi düşünce, duygu ve gereksinmelerinin ötesinde diğer bireylerin görüş ve gereksinmeleriyle ilgilenmeyen, kendi dünyası içine kapanık birey.

Bütünleşme *(integration)* İç dünyasında birbirleriyle ilişkisiz duran yönleri ilişkili hale getirerek anlamlı bir iç yapı oluşturma. Uyanış, temel sorunların farkına varma, dönüştürme aşamalarından sonra gelir. Bütünleşme aşamasını tamamlamış kişi, kendisi olmaktan mutludur ve kendisi olduğu için kimseden özür dilemek ihtiyacı duymaz. Suçluluk duygusu ve utanç içine girmeden yaşamaktan zevk alır. Gereksinmelerini ve isteklerini uygun sınırlar dahilinde karşılamayı öğrenmiştir.

Denetleme *(control)* Her türlü etkileşimde duygu, düşünce ve davranışların gözden geçirildikten sonra ifade edilmesi. Bu tutum içinde kendiliğinden ortaya çıkan davranış kötüdür ve mutlaka cezalandırılmalıdır. Denetleme kendiliğindenliği *(spontaneity)*, doğal olarak gelişen ve ifade edilen duyguları öldürür.

Dıştan denetimli kişi *(person with external locus of control)* Kendi istek, gereksinim, algılama ve yorumlarından daha çok diğerlerinin istek, gereksinim, algılama ve yorumlarına göre davranışlarını düzenleyen birey.

Dönüştürme *(transformation)* Olumsuz duygu, düşünce ve eğilimleri olumlu duygu, düşünce ve eğilimler haline getirmek. En önemli dönüşüm sağlıksız, bağlaşık, kendine değer vermeyen, utanca boğulmuş İç Ana-Babadan, gerçek benliğimizi temsil eden İç Çocuğumuza ulaşmakla başarılır.

Eksik insan *(disfunctional person)* Kendilerini olduğu gibi kabul edemeyen, bir tür hayal dünyası içinde, kendilerini olduklarından daha farklı gören, duyguları, düşünceleri, amaçlarıyla ilişkileri kopuk olan ve yaşamlarını kendi diledikleri yönde değil, çevresindeki kişilerin diledikleri yönde yaşayan kişiler.

Esnek aile rolleri *(flexible family roles)* Bireye değişik davranış biçim ve örüntülerini seçme olasılığı veren aile rolleri esnektir.

Etkili iletişim *(effective communication)* Temelinde farkında olma, ayrıntılı olarak iç ve dış dünyanın bilincinde olmanın yattığı iletişim. Kişinin kendini bilmesi, onun kendi algılama, yorumlama, yansıtma, duygu ve arzularının farkında olması demektir. Karşıdakinin farkında olan kişi ise, onun davranışların nasıl bir iç dünyaya işaret ettiğini, onun deneyim ve yaşantılarının ne olduğunu anlar.

Sağlıklı temel kişilik *(true personality)* İç dünyasındaki yaşantıları ve deneyimleri, başkasının değerlendirmelerinden daha baskın olan bağımsız kişilik. Bu kişiler kalıplaşmamış esnek aile rolleri içinde yetişmiş iç dünyası daha zengin, dünyayı çok boyutlu görebilen, hoşgörülü bireylerdir.

Gizli kurallar *(hidden rules)* Açık-seçik ifade edilmeyen, gizli, kimsenin tartışamadığı, ailenin sağlıksız durumunu hem yaratan, hem de devam ettiren kurallar.

Güven duygusu *(trust)* Zor durumlarda kişilerin hiçbir art düşünce olmadan kendine yardım edeceği ve karşılaşılan zorlukları çözmede işbirliği yapacağı duygusu. Güven duygusu, kişilerin birbirlerine değer verdiği, desteklediği bir ilişkiler ortamı içinde gelişir.

Güvensizlik duygusu *(distrust)* Kişilerin art düşüncesiz davranmadıkları, zor durumlarda kimsenin kendisine yardım etmeyeceği duygusu. Sağlıksız ailede yetişen kişi, kimseden saygı ve gerçek sevgi görmediği için, kimsenin kendine yardım edeceğine inanmaz. Yardım etmek isteyenlerin mutlaka bir "art düşüncesi, çıkarı vardır," diye düşünür.

Hayali bağlanma *(fantasy bond)* Hayali bağlanma içinde olan çocuk, kendini utanca boğan ana-babasıyla kendini özdeşleştirir ve sanki ana-baba onu koruyormuş, onun iyiliğini istiyormuş gibi düşünür. Anababanın (ya da kendini utanca boğan başka bir kişinin) kötü davranışları arttıkça hayali bağlanmanın şiddeti de artar.

İç Ana-Baba *(inner parent)* Toplum kurallarını uygulamayı birinci plana alan, kendi iç dünyasından daha çok dış dünyanın kendisini nasıl algıladığına,"başkaları ne der"e önem veren sınırlı, mantıksal, ağırbaşlı, deneyimli ve gerçekçi yanımızı belirten benlik.

İç Çocuk *(inner child)* Kimseyi etkilemeyi düşünmeden, içimizden geldiği gibi davrandığımızda kendini gösteren heyecan yaşamımızın kaynağını oluşturan, özgür, duygusal, coşkulu, saf ve hayal dolu bir yanımızı belirten öz benlik.

İç diyalog *(inner dialog)* İç Çocukla İç Ana-Baba arasında yer alan konuşma. İç konuşma çocuğun çevresinde yer alan dış konuşmanın zamanla içleşmiş halidir ve İç Çocuğun ve İç Ana-Babanın kendilerine özgü bir üslup ve iletişim tarzları vardır. İç diyalog derindir ve süreklidir, her yerde ve her durumda devam eder.

İçten denetimli kişi *(person with internal locus of control)* Diğerlerinin istek, gereksinim, algılama ve yorumlarına göre değil, kendi istek, gereksinim, algılama ve yorumlarına uyarak davranışlarını düzenleyen birey.

Katı aile rolleri *(rigid family roles)* Bireye değişik davranış biçim ve örüntülerini seçme olasılığı vermeyen, kalıplaşmış aile rolleri katıdır.

Koşullu sevgi *(conditional love)* "Şöyle davranırsan seni severim, böyle davranırsan sana küserim," mesajını sürekli veren ve bireyin özünü değil, sadece davranış türünü algılayan yaklaşım. Böyle bir ortamda birey kendi istediği gibi davranmaktan sürekli korkar, sürekli başkasını memnun etmeye yönelir ve eksik insan olarak yetişir.

Koşulsuz sevgi *(unconditional love)* "Sen, sen olduğun için sevgiye layıksın; kendin olarak istediğini düşün, duy, yap; benim sevgim devam edecektir," diyen, bireyin özünü, bireyin davranışı ne olursa olsun seven yaklaşım. Böyle bir ortamda kişi kendi olmaktan korkmaz ve gelişim aşamasını doğal süreci içinde tamamlayarak bütünleşir.

Maske *(mask)* İç dünyasını kendinden ve diğerlerinden saklamak için oluşturulmuş düşünce, duygu ve davranışlar bütünü.

Mükemmeliyetçilik *(perfectionism)* Yapılan her işte, söylenilen her sözde, girilen her sınavda kişinin mükemmel olmasının beklendiği tutum. Bu tutum içinde her şey göstermeliktir, başkalarının beğenisi için yapılır. Ölçütler kişinin dışında, başkaları tarafından belirlenmiştir; herkes bu ölçütlere uymak zorundadır; bireyin ölçütleri değiştirmeye ya da tartışmaya hakkı yoktur.

Narsistik kişilik *(narcistic personality)* Kendi bedensel ve psikolojik özelliklerine hayran olan ve kendini çok beğenen kimse.

Olgun insan *(mature person)* (1) İyi belirlenmiş benlik sınırları olan; (2) kendini değerli bulan; (3) yaşamının değişik yönleri arasında denge kuran; (4) duygularını tanıyan ve ifade edebilen kişi.

Özbenlik *(core identity)* Başkasının etkisi altında kalmadan, salt iç dünyamızdan kaynaklanan kendimizle ilgili duygu, düşünce, algılama ve değerlendirmelerin tümünün etkileşiminden doğan sonuç algı. Özbenliğimiz, kendimizi nasıl gördüğümüzün toplam ifadesidir.

Özdeşim/özdeşim kurma *(identification)* Çocuğun büyürken çevresinde bulunan kimselere bakıp onları taklit ederek bilincinde olmadan uygun sosyal davranış normlarını kazanması süreci. Örneğin, çocuğun kendi cinsiyetinden olan annesi ya da babası gibi cinsel rollerini öğrenmesi bu süreçle oluşur.

Paranoid kişilik *(paranoid personality)* Hiç bir temele dayanmadığı halde, diğer insanlara güvenmeme ve sürekli şüphe etme eğilimi gösteren kişilik yapısı.

Sağlıklı aile *(functional family)* Üyelerinin gereksinmeleri doğal olarak karşılanan ve her bir kişinin, o aileye ait olmaktan mutlu olduğu ailedir. Sağlıklı ailede görev ve sorumluluklar doğal olarak yerine getirilir; kişiler bağımsız oldukları halde, birbirlerine isteyerek ve zevkle yardım ederler; herkes duygusal ve bilinçlenme yönünden sürekli bir gelişim içindedir. Aile, toplumla ilişkisini dengelemiştir; ne toplumdan kopar, ne de toplumun baskısına tümüyle boyun eğer.

Sağlıksız aile *(dysfunctional family)* Üyelerinin gereksinmeleri doğal olarak karşılanmayan ve mutsuz ve doyumsuz oldukları halde, bu hastalıklı durumu devam ettirebilmek için çaba gösteren aile. Sağlıksız ailelerde hâkim olan zihniyet zehirli terbiyedir ve yargılama, suçlama, aşağılama ve kötülüme kuralları baskındır.

Sağlıklı İç Çocuk *(healthy/functional inner child)* Sevilmiş, övülmüş, yüreklendirilmiş ve desteklenmiş bir geçmişi dile getirir. İç Ana-Babayla ilişkisi sağlıklıdır.

Sağlıksız İç Çocuk *(unhealthy/dysfunctional inner child)* Sevilmemiş, yerilmiş, bastırılmış ve utanca boğulmuş bir geçmişi dile getiren çocuk. İç Ana-Babasıyla ilişkisi bozuktur.

Savunma mekanizmaları *(defense mechanisms)* Bireyin kendine verdiği değeri sarsacak ya da kaygısını artıracak kişisel özelliklerinin veya da güdülerinin farkına varılmasının, bazı davranışları yaparak ya da yapmayarak birey tarafından önlenmesi. Bu davranışların yapılması ya da yapılmaması bilinçaltında bir kararı içerdiğinden birey savunma mekanizmalarının farkında değildir.

Suçlama *(blame)* Denetlenmeden yapılan ve mükemmel olmayan davranışlar ortaya çıkınca suçlama, kabahati başkasının üzerine atma kendini gösterir. Suçlama, olayları olduğu gibi kabul etmemenin bir sonucudur. Bu tür suçlamalarla aile, her şeyin denetim altında tutulmaşı gerektiği ve her yapılan şeyin mükemmel olmasının zorunlu olduğu kurallarını pekiştirmiş olur.

Temel aile gereksinmeleri *(basic family needs)* Karşılanmadığı takdirde aile üyelerinin birbirleriyle etkileşimini olumsuz yönde etkileyecek gereksinmeler. Örneğin, her ailenin bir "anne"ye ve bir "baba"ya gereksinmesi vardır. Bu gereksinmeler karşılanmadığı zaman aile ilişkileri olumsuz olarak etkilenir.

Terk etme *(abondonement)* Çocuğun bedensel, duygusal ve sosyal gelişimi için gerekli uyarıcıları ve ortamları ona vermeyerek onu yalnız bırakmak.

Tutkunluk *(addiction)* Gerçekle ilişkiyi kesmek amacıyla yapılan her şey bir tutkunluktur; gerçek acı verici olarak algılanır, ondan kaçılmak istenir; acı veren algılamayı değiştirecek tutkunluklar kişinin yaşamında en ön sıraya geçer. Kişi, zamanla tüm enerji ve zamanını bu tutkun davranışa harcamaya başlar ve gerçekle ilişkisini tümüyle keser.

Utanca boğmak *(shaming)* Çocuğun yaptıklarını, söylediklerini sürekli yererek onun özbenliğinde bir kusur olduğunu ima etmek. Kişi kendi özbenliğinden utanmaya başlayınca iç dünyasıyla ilişkisini koparmaya ve özbenliğine yabancılaşmaya başlar; birçok psikolog ve psikiyatrist sigara, esrar, alkol gibi olumsuz tutkunluklar ve düşkünlüklerin temelinde insanın iç dünyasına yabancılaşmasının yattığını söylerler.

Yetişkin çocuk *(adult child)* Bedenen geliştiği halde içindeki çocuk gelişememiş, psikolojik gelişiminin belirli bir düzeyinde takılıp kalmış kişi.

Zehirli terbiye *(poisonous pedagogy)* Eleştirme, yargılama ve suçlama ile çocuk yetiştirmeye verilen ad. Zehirli terbiye, eşitsizlik üzerine kurulmuştur – hükmeden ve hükmedilen vardır. Ana-baba olmak, çocuğa esir muamelesi yapmaya yeterli bir nedendir; ne kadar haksız olurlarsa olsunlar, ana-babaya her zaman, her konuda boyun eğilmelidir.

İngilizce-Türkçe Sözlük

abandonment: terk etme / edilme
abuse: kötü davranma
addiction: tutkunluk, düşkünlük, bağımlılık,
addictive: tutkusal, tutkunluk, alışkanlık yaratan
adult child: yetişkin çocuk
affective isolation: duygusal yalıtım / soyutlama
alienation: yabancılaşma
ambivalent: ambivalant, kararsız, belirsiz
anorexia nervosa: anoreksi, az yiyerek bir deri bir kemik kalma
arrogance: kibir, gurur, ukalalık
assertiveness: kendine güvenli davranma

blame: suçlama
boundary: sınır
bulimia: bulumya, yemek yeme davranışını sürdürebilmek için yediklerini dışarı çıkardıktan sonra yeniden yemeye başlama ve yeniden çıkarma ve yine yeme

co-dependent: Bağlaşık kişilik (bkz. dip not s.37)
Collage: kolaj, birçok farklı görüntünün bir araya gelerek oluşturduğu karmaşık bütün.
compulsion: saplantı
compulsive: saplantısal / kompalsif
confluence: anlaşma noktası
contempt: hor / aşağılık görme
conversion: dönüşme
core dependency needs: temel bağımlılık gereksinmeleri
core identity: özbenlik
criticism: eleştirme

denial: inkâr
dependency: bağımlılık
detailing: ayrıntılama
disfunctional family: sağlıksız aile
displacement: yön değiştirme
dissociation: çözülme

ego boundary: benlik / ego sınırı
egocentric: ben-merkezli / egosentrik
enmeshment: ağa takılır gibi iç içe girip, birbirine kaynaşarak dolaşmak
envy: haset duymak / kıskanmak
exhibitionism: kendini teşhir etme / teşhircilik
existence: öz varlık
external locus of control: dıştan denetimli(lik)

fantasy bond: hayali bağlanma
frustration: engellenme duygusu, bozulma duygusu

functional family: sağlıklı aile

grief: yas tutma
grieving: yas tutmak

identification: özdeşleşme
identity: özbenlik
inhibition: ket vurma
inner conversation: iç konuşma
inner dialogue: iç diyalog
integration: bütünleşme
intellectualizing: zihinselleştirme
internal locus of control: içten denetimli(lik)
internalization: içselleştirme

judgementalism: yargılayıcılık

locus of control: denetim odağı

mind-reading: aklından geçenleri bilme
mirroring: yansıtma/yansıtılma
moralizing: ahlaksallaştırma, ahlak konusu yapma

obesity: Aşırı şişmanlık

patronizing: koruması, denetimi altına alma
pattern: örüntü, şekil düzeni
people pleaser: başkalarını memnun etmek için çabalayan
perfectionism: mükemmeliyetçilik
poisonous shame: utanç
poisonous pedagogy: zehirli terbiye
projection: yansıtma
rage: şiddetli öfke, hiddet
reaction formation: karşıt tepki oluşturma
religious righteousness: dini doğruluk duygusu
repression: bastırma

self: benlik/kendilik
self-centered: ben merkezli
self harming behavior: kendine zarar verici davranış(lar)
self-actualization: kendini gerçekleştirme/özgerçekleşim
self-image: benlik imajı
shame: utanma, utanç
shame-based: utanca boğulmuş/utanç zeminli
shame-core: özü utanç dolu/utanç özlü
source relationship: kaynak ilişkiler
spirit: ruh, can, öz
spiritual: manevi
spirituality: özüne dönüş/manevi yaşam/ruhsal yaşam
spontaneity: kendiliğindenlik
spontaneous: kendiliğinden
survive: yaşamını sürdürmek
symbiotic: sembiyotik

toxic shame: utanç

voyeurism: Cinsel haz amacıyla başkasını gizlice gözleme / dikizcilik